"十三五"普通高等教育应用型规划教材·市场营销

营销策划

原理与方法

主　编　左仁淑
副主编　朱丽萍　杨泽明

MARKETING PLANNING

中国人民大学出版社
·北京·

FOREWORD

前　言

在创意经济迅速发展的时代，策划无处不在。营销策划不仅是营销岗位的核心能力，也是企业创业者和文化创意者都需要具备的专业能力。

营销策划是市场营销及相关专业的专业基础课程，在人才培养和专业应用方面都有十分重要的价值。教材建设是课程建设的核心工作，也是专业建设的有机组成部分，是人才培养的重要基础。同时，好的教材也是营销策划岗位人员的工具书，在“以本为本”的办学理念和“互联网+”的时代背景下，对传统的教材进行创新和开发具有非常重要的意义。

《营销策划：原理与方法》是四川大学锦城学院教材专项基金资助项目。本书基于营销策划岗位能力，以基础知识和理论为顶层设计，以左仁淑教授负责的中国大学慕课——营销策划为主线，以营销策划比赛优秀方案为案例，形成了全书的主要内容。

1.1 课程设计

1.1.1 以市场需求为导向确定培养目标

营销策划能力是一种综合能力，是调研、创新、设计、文案、决策、沟通、执行等能力的综合体现。企业对市场营销人才的需求调研显示，营销策划能力是市场营销岗位最重要的基础能力之一，而销售能力、信息分析与处理能力、开发与创新能力也直接和营销策划能力相关。图 A-1 列出了用人单位对市场营销专业毕业生相关能力的要求。另外，根据对市场营销专业毕业生的相关调查，认为营销策划类课程对专业知识能力培养特别重要的比例超过 88%，认为营销策划类实践环节对专业能力培养特别重要的比例超过81%；在毕业生就业岗位的调研中，首次就业的营销策划类岗位7个，其相关知识能力要求如表A-1所示。

本课程以企业的需求为基础，以市场为导向进行设计，针对营销策划岗位群及相关岗位群的人才培养需求确定课程的知识目标、能力目标和素养目标，并且体现在每个章节。

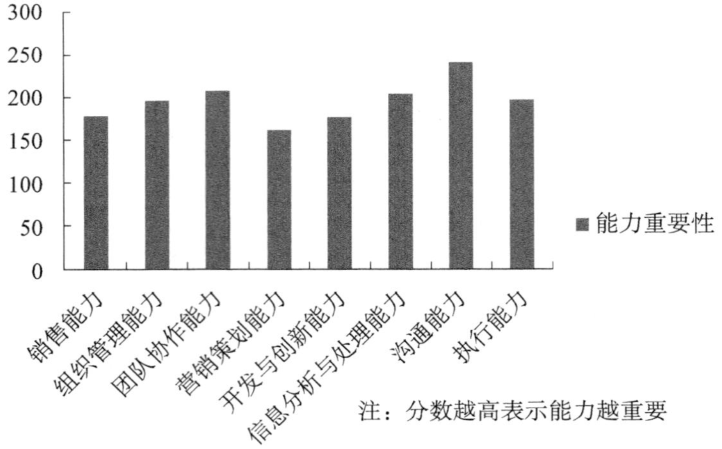

图A-1　用人单位对市场营销专业毕业生相关能力的要求

表A-1　毕业生首次就业相关岗位群对知识和能力的要求

岗位（群）	营销策划岗位/市场活动专员/广告策划专员/公共关系策划专员/品牌策划专员/渠道策划专员/媒体策划专员	对应的专业	市场营销
典型行业	制造业、房地产行业、汽车行业、零售行业、餐饮服务业、互联网行业、广告行业、媒体行业、会展行业、咨询策划行业等		
学历要求	本科/专科		
主要职责	1. 进行市场调研与分析，研究市场信息 2. 根据公司战略计划起草营销策划方案 3. 负责制定营销策划最终的可执行方案 4. 协助营销策划主管具体执行策划方案 5. 跟踪策划方案执行，解决执行中遇到的问题 6. 在执行方案时协调与其他部门的关系 7. 撰写并递交方案执行情况的总结报告 8. 进行产品、品牌、广告、促销活动策划和支持工作 9. 公司其他相关文案工作		
岗位晋升路径	策划（销售）文案——营销策划专员——企划主管——企划部长或营销经理——营销总监		

岗位(群)人才需求指标分析	知识要求	1. 专业知识：市场营销、管理学、市场调研、消费心理、品牌管理、销售管理、客户管理、生产运营、传播与媒体、电子商务、网络营销、商务谈判等 2. 相关知识：人文、历史、技术、产业等知识
	技能要求	1. 培养调研能力、分析能力、数据能力、设计能力、文案能力、表达能力 2. 培养创新能力、开发能力、学习能力、执行能力 3. 掌握营销策划相关的工具和方法 4. 掌握办公软件、图形设计和影视设计工具、数据技术工具应用能力
	素养要求	良好的思想品德、职业道德；良好的职业素养和习惯；积极求胜的态度；敏锐的市场意识；商业思维和格局；创新思维；综合的沟通能力；情绪管理与抗压能力
	实践经验要求	初级职位可以直接由应届毕业生担任，有一定的营销策划实践经验，有撰写策划方案和统筹策划执行经验、销售相关经验者优先，对于中高级职位要求有一定年限的工作经验
典型支撑课程		市场营销、市场调查与预测、广告学、消费者行为学、营销与策划、销售管理、整合营销传播、商务写作、电子商务、网络营销、品牌策划与管理、客户关系管理、公共关系、平面设计

资料来源：邹广严．大学生就业岗位调查报告．2版．北京：科学出版社，2018.

1.1.2 以课程设计为基础保障教学质量

2018年6月，教育部在四川成都召开新时代全国高等学校本科教育工作会议。会议强调，坚持“以本为本”，推进“四个回归”，加快建设高水平本科教育，全面提高人才培养能力。打造“金课”是提升本科教育质量的重要环节，为将教育质量落实到营销策划课程，本教材专注细节，以课程设计为基础，与慕课配套、与线下课堂融合，将八个设计有机融入各个章节，协助任课教师进行有效的课程设计和课堂设计，充分保障教学质量。本教材在教学质量提升方面的创新如表A-2所示。

表A-2　课程设计的八项内容

序号	课程/教材设计	内容
1	教学目标	每章节细化到知识目标、能力目标、素养目标
2	教学内容	设计理论、方法、策略和应用体系；增加互联网等新内容；内容结构化，线上线下、教材和慕课呼应
3	教学方法	慕课教学、翻转课堂；O2O教学法；案例教学法；以赛促学法
4	教学互动	慕课线上讨论、答疑；线下思考题、习题库和案例讨论
5	课堂管理	慕课学习进度管理、学习质量评价
6	考核方式	慕课试题库、在线考核、证书管理；线下平时考试、期末考试
7	作业设计	线上单元练习；线下习题库、翻转任务
8	学习资料	课外读物、课程视频、电子课件、电子教案、习题库、案例库、网络学习资源

1.1.3 以“以赛促学”为手段培养应用能力

营销策划是一门实战性很强的课程，培养学生的应用能力是重要的教学目标。本课程的教师团队都具有丰富的实践经验，在教学中开创了“以赛促学”的教学改革实践，课程与赛事融合、与实践融合，先后举办了星慧杯、弗雷兹杯、东风风神杯、凯德商用“脑赢家”、号棚山杯、兴业银行杯、格力中央空调杯、锦欣杯营销策划大赛。学生通过比赛，学习运用营销策划的知识和方法解决企业的实际问题，全方位训练调研、策划、文案、表达能力，成效非常显著。同时，在四川大学锦城学院将营销策划课程形成的“以赛促学”上升到市场营销专业人才培养体系，形成了“三维平台、四个结合、五大特色”的应用型人才培养模式，如表 A－3 所示。

表 A－3 “以赛促学”应用型人才培养模式

三维平台	专业教学平台：专业课程教学的载体 综合实训平台：岗位能力训练的依托 校企合作平台：校企合作关系的桥梁
四个结合	赛事与岗位能力结合、赛事与教学计划结合 赛事与课程教学结合、赛事与四大课堂结合
五大特色	计划性、综合性、规范性、开放性、全员性

1.1.4 以“互联网＋课程”为特色开展教学模式创新

本课程是“互联网＋课程”的重要实践，是对教学方法改革的重要探索，其中比较突出的形式为慕课教育和翻转课堂。慕课（massive open online courses，MOOC）即大规模开放型在线课程，特色鲜明：一是大规模，与传统的课堂不同，本课程可以向上万学生开放；二是开放性，突破学校和教室、教师的限制，不分国籍、不分区域、不分学校、不分职业，只要有意愿都可以学习；三是在线课堂，学习不受时空的限制，随时随地学习，也可以线上线下相结合，方便教师进行课堂组织，授课、课堂组织、课程管理、考核都有更多更智能的方式，形成线上线下相互融合的教学和辅导体系，大大提升学习效果。翻转课堂（inverted classroom）是指重新调整课堂内外的时间，将学习的决定权从教师转移给学生。翻转课堂与混合式学习、探究性学习等其他教学方法和工具综合运用，让学习更加灵活、主动，让学生的参与度更强，是对传统课堂教学结构与教学流程的变革，由此将引发教师角色、课程模式、管理模式等一系列变革。

目前，营销策划课程已经在“爱课程（中国大学 MOOC）”平台运营 4 轮，慕课视频 23 个，时长 304 分钟，学员人数累计 18 419 人，学员来自南京大学、四川大学、电子科技大学、同济大学、山东大学、厦门大学、河海大学等各个高校和企业组织。《营销策划：原理与方法》是与慕课平台配套开发的“全媒体”教材，包括教科书、慕课视频、电子课件、试题库等系列学习资源。

1.2 教材内容

1.2.1 内容体系

本教材基于体系化设计，主要内容由 9 章构成，如图 A－2 所示。为突出教材的应用性，第 1 章到第 3 章为营销策划基础篇，第 4 到第 9 章为策略篇。

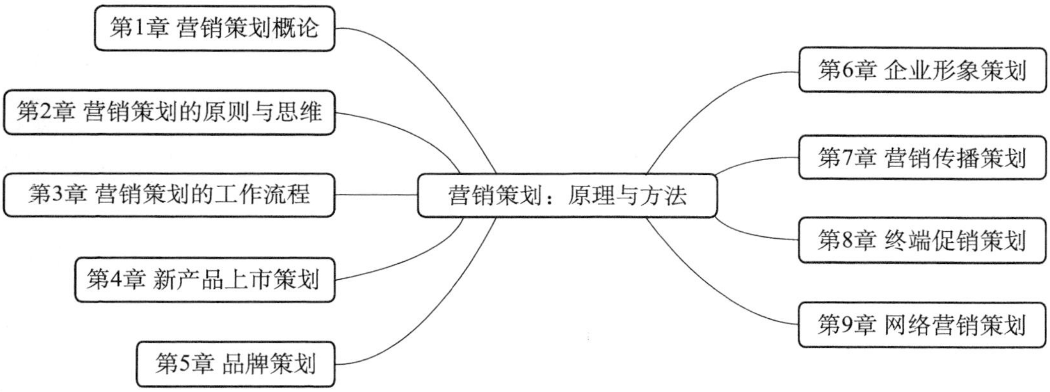

图 A－2　教材内容体系

第 1 章营销策划概论的主要内容为营销策划的基本认知、营销策划的理论基础和营销策划的内在依据；第 2 章营销策划的思维与原则包括营销策划的原则和营销策划的思维；第 3 章营销策划的工作流程主要阐述营销策划的团队建设、项目计划书的撰写和营销策划方案的设计；第 4 章新产品上市策划的重点内容是新产品开发的程序、新产品上市策划的执行流程、新产品上市策划方案的内容、新产品上市推广策划；第 5 章品牌策划重点阐述品牌认知、品牌价值、品牌创建等内容；第 6 章企业形象策划围绕个人形象与企业形象认知、企业形象设计原则、企业形象识别系统和企业形象法律保护进行阐述；第 7 章营销传播策划的主要内容为营销传播概述、识别目标受众、营销传播内容策划、营销传播媒体和接触点策划、大众传播策划、人员传播策划；第 8 章终端促销策划的主要内容为终端促销策划概述、终端促销策划的常见类型、节假日促销策划；第 9 章网络营销策划的主要内容为网络营销策划概述、网站建设与运营策划、网络广告策划、社会化媒体营销策划。

左仁淑教授负责全书的总体设计和内容策划、慕课建设规划和实施、第 2 章和第 5 章的编写，同时负责全书统稿；第 1 章和第 4 章由朱丽萍编写，第 7 章和第 9 章由杨泽明编写，第 3 章和第 8 章由黄春艾编写，第 6 章由邱伟编写。

1.2.2 教材特色

本教材是在“互联网＋课程”背景下开创的“全媒体”教材，为参与课程的师生和学员提供了O2O体系化的新资源。主要包括：

1. 视频资源。提供了23个视频，覆盖全部课程的重要知识点，视频制作精良，主题突出，内容精彩，通过学习平台流媒体播放，实现共享学习、随时学习、移动学习、自主学习、互动学习，也可以与线下课堂进行翻转，为教师授课提供了全新的视频资源。

2. 教材资源。同时出版线下和线上教材，为师生和学院提供实体教材和电子教材，教材内容丰富具体，同时提供了方法和应用工具等实用性、操作性内容。

3. 课件资源。提供全课程电子课件，与教材和视频配套并相互融合补充，方便教师的教学和学员的学习。

4. 案例资源。结合每个章节的内容，结合新技术、新产业的发展，提供大量的案例，有助于教师组织翻转课堂教学讨论、理论加实战进行课堂教学，也有助于学员知识的巩固和应用。

5. 考核资源。每个章节均有单元练习题、思考题，并且提供习题库，可以直接在线上完成单元练习、作业和考试，系统自动评定成绩，方便学员学习任务的完成和教师的课程考核。

1.3 学习建议

1.3.1 学员对象

营销策划课程的对象主要包括两类：一类是在校大学生，作为专业课程学习专业知识、训练营销策划能力；另一类是各类企业的营销人员，学习营销策划的知识，掌握专题策划的策略和方法。

1.3.2 教学目标

1. 知识目标。掌握营销策划的原则与思维、组织工作、基本流程等基础知识，掌握新产品上市策划、品牌策划、企业形象策划、终端促销策划、传播策划、网络营销策划等重点专题知识，并应用到其他策划领域。

2. 能力目标。通过课程的学习培养调研能力、文案写作能力、策划能力、销售能力、管理能力、创新能力、计划和执行能力等专业技能。

3. 素养目标。培养创新意识和创新思维，培养商业素养和战略视角以及敏锐的市场视野，培养调查研究的习惯，培养系统思维意识。

1.3.3 教学资源

1. 教学课件：详见本书各章二维码内容
2. 教学视频：详见本书各章二维码内容
3. 学习案例：详见本书各章节
4. 实用工具：详见本书各章末
5. 章节测试及答案：详见本书各章末二维码内容
6. 参考资料：详见本书各章末

1.3.4 教学方法

本课程基于“互联网+课程”，综合采用以下教学方法：

1. 翻转教学法。这是一种新型教学模式，课程教师提供以教学视频为主要形式的学习资源，学生在上课前完成对教学视频等学习资源的观看和学习，师生在课堂上一起完成作业答疑、协作探究和互动交流活动。本课程通过慕课建设，实现师生角色翻转、学习地点翻转、学习时间翻转、学习流程翻转、学习内容翻转等多种形式的翻转教学。

2. 案例分析法。每个章节均有实际的策划案例，任课教师也可以自行组织案例，学生通过线上学习可以对案例进行充分的了解和准备，通过课堂教学或者在线讨论的环节进行案例分析，充分运用课程知识并训练实际应用能力。

3. 以赛促学法。鼓励学生参加校内、省市和国家级的营销策划大赛，通过大赛，系统学习、巩固和综合运用课程知识，训练营销策划需要的各种能力。四川大学锦城学院的市场营销类专业每一位学生都必须完成两个学分的营销策划大赛项目。

4. 任务驱动法。在针对在校学生的教学过程中，可以组建学习小组，针对营销策划的专题或者具体环节布置任务，或采用问题导向法，让学生在课外和线下完成任务，在课堂上进行展示和讨论交流，相互提升。

1.3.5 考核方式

1. 在校学生考核。任课教师可以将在线课程的完成情况作为平时成绩，另外专门出卷进行期末考试，成绩的占比由教师自行设定，以满足各个学校具体教学的要求，也可以直接使用慕课系统考核和测试的结果。

2. 慕课和社会学员。直接使用慕课的学习、单元练习和考试系统，平台根据学员的学习状况进行成绩评价并发放合格证书。

CONTENTS

目　录

第1篇　基础篇

第2篇　策略篇

第 1 篇

基础篇

- 第 1 章　营销策划概论
- 第 2 章　营销策划的原则与思维
- 第 3 章　营销策划的工作流程

第 1 章 营销策划概论

学习目标

1. 知识学习

（1）掌握营销的本质与营销管理的步骤

（2）理解营销策划的特点和依据

（3）掌握市场营销的 4X 经典理论

2. 能力训练

（1）培养对营销策划环境的调研和分析能力

（2）培养营销策划的设计和优化能力

3. 素质养成

（1）培养营销策划者良好的市场意识

（2）培养对营销策划职业的兴趣

（3）培养营销策划者的系统策划思维

章节概要

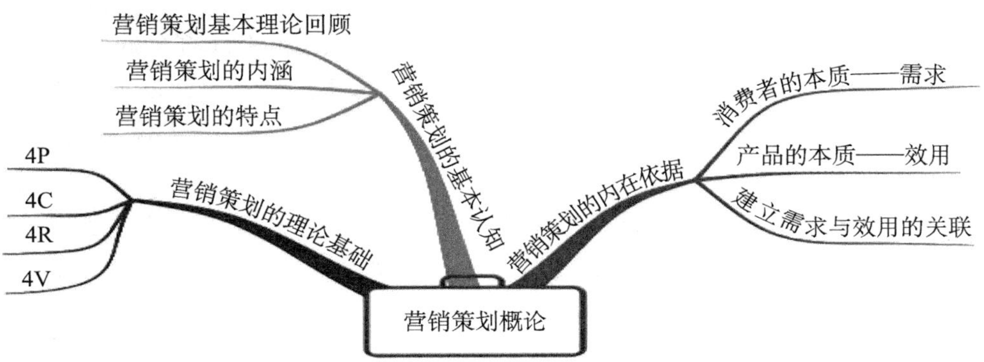

慕课资源

1. 学习视频

2. 学习课件

翻转任务

1. 个人：提前观看慕课视频，回答课后复习思考题，准备课堂提问。

2. 团队：选择一个企业作为系统策划的对象，初步调研，基于企业概况、产品特点、市场区域和特点，提出初步策划建议或方案。

导入案例

《啥是佩奇》刷屏

《啥是佩奇》是张大鹏执导的贺岁片《小猪佩奇过大年》先导片，时长 8 分 14 秒。2019 年 1 月 17 日播出后迅速病毒式传播。该片由《小猪佩奇过大年》摄制组原班人马摄制，拍摄地在河北张家口怀来县，拍摄时气温在-20℃，全组人顶着严寒拍了两天。该片讲述的是：临近年关，眼瞅三岁孙子要回村过节，李玉宝却为难了，孩子想要一个佩奇，可啥是佩奇？一头雾水的他借村里的喇叭问了一圈，得到的答案令人啼笑皆非，有人说是直播网站性感女主播，有人拿出同名洗洁精，还有人说是一种棋牌。兜兜转转，最后李玉宝用鼓风机自制了一个“佩奇”。

提到这个片子的创意，制片人鲁岩称本想讲一个充满亲情的带有公益性的故事，但是拍成公益性的片子，又容易给人以一种道德绑架的感觉，最终决定走温情路线，而不是生硬地说教。片中最后出现的鼓风机的造型源于主人公的现实生活，并非刻意的设计。

导演张大鹏在接受采访时说，影片所表达的核心价值观是温暖、团聚。无论故乡在哪里，总有一双手在为子女的归来而操劳，总有一段思念在为亲情重逢而守候。正是中国所特有的这一情感共鸣，使得视频一经发布即击中无数人的感性神经。

在这个内容至上的时代，一个好的故事会引起大众的情感共鸣，让大众深刻感受到品牌输出的价值观与品牌态度，增加大众对品牌的好感度，所以品牌需要不断创造新的故事来维持品牌的生命力。2019 年是不折不扣的佩奇年。《啥是佩奇》成功出圈，刷屏各大社交媒体，淘宝上立马就出现硬核佩奇的同款。小猪佩奇的表情包火遍大江南北，更是成为品牌方的宠儿，优衣库和它联名推出 T 恤，腾讯视频为它送上生日礼物。

资料来源：https：//baijiahao. baidu. com/s？id=1623104707767002873&wfr=spider&for=pc.

1.1 营销策划的基本认知

营销基本理论回顾

1. 市场营销的本质

市场营销是企业经营管理活动的中心，其成败决定着企业的生存与发展。而决定企业市场营销活动成败的关键是企业营销活动的出发点，即企业营销活动的指导思想，而指导思想应该符合市场营销的本质。企业界和学术界对市场营销本质的认识是不断发展的，可以从市场营销的定义、市场营销学的发展阶段、营销观念和营销学流派等不同视角观测。

（1）基于市场营销定义认识营销本质。主要选取美国市场营销协会（AMA）和被誉为“现代营销学之父”的菲利普·科特勒的关于市场营销的定义，如表 1-1 所示。

表 1-1　基于市场营销定义的演变认识营销本质

	时间	市场营销的定义或观点	本质
美国市场营销协会	1935 年	将产品和服务从生产者传送至消费者的商业活动	交易驱动
	1960 年	引导产品和服务从供应商向消费者流动的商业活动	交易驱动
	1985 年	对创意、产品和服务进行构思、定价、促销和分销，并通过交换来满足个人和组织的需要的规划与执行过程	客户关系驱动
	2004 年	采用企业与利益相关者都可获利的方式，为顾客创造、沟通和传递价值，并管理顾客关系的组织功能和一系列过程	价值驱动
	2007 年	创造、沟通、传递、交换对顾客、客户、合作伙伴和整个社会具有价值的提供物的一系列活动、组织、制度和过程	全社会价值网的驱动
菲利普·科特勒	1967 年	个人或组织通过生产和制造并同别人或其他组织交换产品或服务以满足需求和欲望的一种社会和管理过程	
	1972 年	个人和集体通过创造并同他人交换产品和价值以满足需求和欲望的一种社会和管理过程	

续表

	时间	市场营销的定义或观点	本质
菲利普·科特勒	1984 年	企业的一种职能：认识未被满足的需求和欲望，估测和确定需求量的大小，选择和确定企业能最好地为其服务的目标市场，并开发适当的产品、劳务和计划（或方案），以便为目标市场服务	
	2000 年	创新性地提出通过价值、满意度和品质与消费者建立联系	
	2003 年	市场营销哲学发展有六个阶段：生产观念、产品观念、推销观念、市场营销观念、顾客观念和社会营销观念	
	2012 年	新的营销现实使营销者奉行全方位营销观显得比以往任何时候都重要	

（2）基于市场营销学的发展阶段认识营销本质。市场营销学自 20 世纪初产生以来已经历六个阶段，如表 1－2 所示。

表 1－2 基于市场营销学的发展阶段认识营销本质

时间	发展阶段	具体表现
1900—1920 年	萌芽阶段	1902 年，美国密执安大学开设市场学课；1912 年，哈佛大学哈格蒂的《市场营销学》成为市场营销学的里程碑；1915 年，阿切·肖的《关于分销的若干问题》率先把商业活动从生产活动中分离出来；韦尔达提出，市场营销应定义为生产的一个组成部分
1921—1945 年	功能研究阶段	1932 年，克拉克和韦尔达在《美国农产品营销》中指出市场营销的七种功能；1942 年，克拉克在《市场营销学原理》中提出推销是创造需求的关键，此为市场营销的雏形
1946—1955 年	形成和巩固阶段	1952 年，范利、格雷斯和考克斯合作出版的《美国经济中的市场营销》中提到为市场提供适销对路的产品；梅纳德和贝克曼在《市场营销学原理》中给出了研究市场营销学的方法
1956—1965 年	市场营销管理导向阶段	1957 年，罗·奥尔德逊在《市场营销活动和经济行动》中提出“功能主义”；约翰·霍华德在《市场营销管理：分析和决策》中率先从营销管理角度论述营销理论和应用；1960 年，麦卡锡在《基础市场营销学》中提出企业要通过营销组合策略满足目标顾客的需求，从而实现经营目标
1966—1980 年	协同和发展阶段	1971 年，乔治·道宁在《基础市场营销：系统研究法》中提出公司就是一个市场营销系统，存在于一个由市场、资源和各种社会组织等组成的大系统之中；1967 年，菲利普·科特勒在《市场营销管理：分析、计划、执行和控制》中指出市场营销是与市场有关的人类活动，适用于营利性组织和非营利组织
1981 年至今	分化和扩展阶段	1981 年，莱维·辛格、菲利普·科特勒、列斯和特罗都对市场营销战进行了研究；克里斯琴·格罗路斯发表了《内部市场营销》；1983 年，西奥多·莱维特提出了“全球市场营销”；1984 年，菲利普·科特勒提出大市场营销理论，即 6P 战略，指出企业不应只被动地适应环境，也应制定影响外部环境的战略；1985 年，巴巴拉·本德·杰克逊提出了“关系市场营销”新观点；20 世纪 90 年代以来，关于市场营销决策支持系统、专家系统、网络营销等新的理论与实践进一步发展

从营销发展的不同阶段可以看出，研究企业如何把产品提供给顾客以最大限度地满足顾客的需求，是各阶段的共同之处。

(3) 基于市场营销观念的演变认识营销的本质。市场营销观念的核心是企业如何处理企业、顾客与社会三者之间的利益。在市场营销观念的不同阶段，人们对营销本质的认识不同，如表 1-3 所示。

表 1-3　基于市场营销观念的演变认识营销本质

时间	时代背景	营销观念	主要内容	局限性或意义
19 世纪末至 20 世纪初	社会生产力落后，市场供不应求	生产观念 产品观念	强调生产和分销，不注重需求，营销活动盲目，争取获得最大的企业利益	以产品为导向，忽视市场需求
20 世纪三四十年代	科学管理盛行，产量增加，市场供过于求	推销观念	市场营销是一种始于产品生产、结束于消费的流通过程	忽略市场需求和营销的整个过程
20 世纪 50 年代	产品供应增加，竞争激烈，需求多样化	市场营销观念	营销的本质是在满足消费者需求的前提下实现盈利	忽视企业所具有的社会责任
20 世纪 70 年代	经济全球化、环境恶化、资源短缺、人口迅速增长、世界性通货膨胀、社会服务被忽视	社会营销观念	市场营销的本质是发展循环经济，实现人类社会可持续发展，为社会创造新的生活标准	理想的营销决策应同时考虑消费者利益、社会长远利益和企业效益

(4) 基于营销学的流派认识营销的本质。市场营销学经过 100 多年的发展形成了不同流派，影响着营销理论和实践的探索和发展，如表 1-4 所示。

表 1-4　基于营销学的流派认识营销本质

时间	流派	观点	代表机构或人物
1922—1960 年	流通学派	企业营销的关键是如何使产品高效贯穿于生产、流通和消费三大领域，追求价值链层面的共赢	杰罗姆·麦卡锡；弗莱德·克拉克；AMA
1937 年	交易成本学派	要针对各项交易成本的形成，采取措施降低成本，提高顾客转换成本，形成垄断优势	罗纳德·科斯
20 世纪六七十年代	垄断学派	垄断优势理论，跨国公司直接投资的动机源于市场缺陷；考察对外投资应从垄断优势着手；企业竞争战略是为了形成独特的竞争优势	斯蒂芬·海默；金德伯格
1970 年	信息不对称学派	营销者要主动沟通，让客户与企业信息趋于对称，让产品的价值可视化、可触摸化	乔治·阿克洛夫
1980 年	竞争学派	企业面临竞争的五力模型、企业构建竞争优势的三大通用竞争战略	杰克·特劳特；迈克尔·波特
1980 年	差异学派	企业产品和竞争者形成差异	迈克尔·波特
1984 年	需求管理学派	以客户为导向，研究如何有效管理客户需求	菲利普·科特勒；杰罗姆·麦卡锡

续表

时间	流派	观点	代表机构或人物
20 世纪八九十年代	关系管理学派	企业通过关系营销吸引、维持和增强客户关系，实现稳定的品牌忠诚度	菲利普·科特勒；伦纳德·贝瑞；巴巴拉·杰克逊
21 世纪	价值设计学派	营销的本质就是通过产品和服务提供给客户优于竞争对手的价值；营销作为由价值选择、提供和传递构成的“价值传递系统”	菲利普·科特勒；AMA；麦肯锡公司
21 世纪	客户资产管理学派	企业要核算客户的显性价值、隐性价值和成长价值，通过管理客户资产获得竞争优势	保罗·伯格；贝尔

无论哪个学派，其研究的根本目的都是使企业的产品能够顺利地被顾客接受，能够更好地满足顾客需求，前提是对顾客需求有全面深刻的洞察。

（5）营销本质的总结。正如菲利普·科特勒所言，营销是一种组织职能，是一种创造、传播、传递顾客价值的思维方式。营销的关键是质量、服务和价值。① 营销大师杰克·特劳特提出营销本质的回归是营销简单化的前提，即营销的简单化是从认识营销的本质开始的。只有认识到营销的本质，企业的行动才更清晰、更有效。这也是企业构建营销平台和组织的前提。营销的简单化可以拆分为营和销两个层面，从而实现两个抢占：一是抢占消费者心智；一是抢占货架资源。② 如图 1-1 所示。

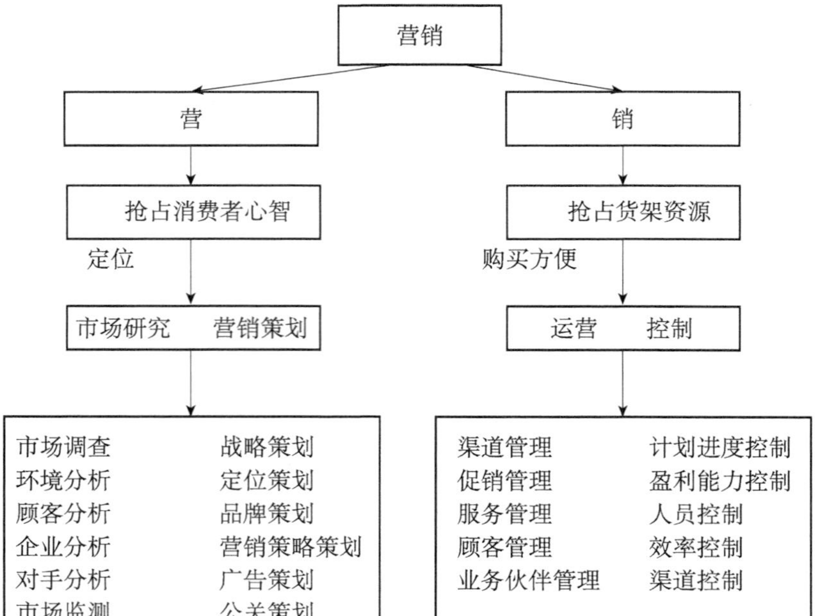

图 1-1　营销的本质

① 菲利普·科特勒．营销管理：第 14 版．北京：中国人民大学出版社，2012.

② 周建波．营销哲学．北京：知识产权出版社，2015.

2. 营销思维的内涵及五步法

（1）营销思维的含义。营销思维是营销管理者或营销人员运用一定的方法决策营销项目、活动和执行的思想变化过程。许多企业只有销售思维，只有极少数企业有营销思维。前者用销量代替利润、短期利益代替长期利益、个体顾客代替营销细分市场群，重销售业务而轻营销规划和战略；后者则关注利润规划，关注企业长期的发展趋势、威胁和机会，特别是新产品、市场和营销战略的长期性，关注顾客的类型和细分差异，同时拥有良好的营销分析、规划和控制系统。

（2）营销思维五步法。市场营销管理的本质是需求管理。这要求企业在制定营销规划时必须密切注意需求变化，随之调整定价、传播、产品开发等企业策略。科特勒指出，市场营销管理的步骤为 R-STP-MM-I-C，也称营销思维五步法，如图 1－2 所示。

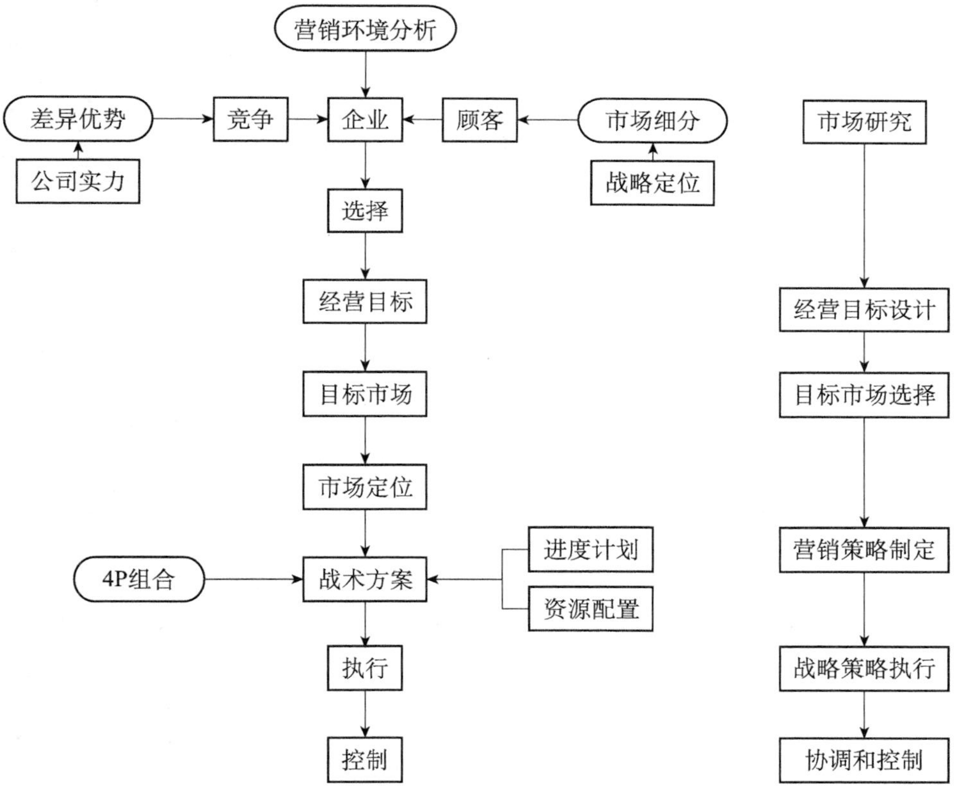

图 1－2　营销思维五步法

①市场研究（research）。即首先对顾客购买行为进行分析或实施市场调查研究，这是营销战略的起点，只有通过市场研究，才能发掘可能存在的新市场机会，从而确定行动方向。

一位制鞋商想要了解一个遥远的南太平洋小岛的鞋类市场。他两次派人考察，分别得到“没有任何市场”和“市场大得不可限量”两个完全相反的回复。为更确切地了解这个小岛的市场，他又加派了一个营销人员。这位营销人员在分析了当地的风俗习惯，同时和当地酋长进行深入谈判后，认为“进入市场可行，投资收益不容小觑”，并用相关数据进行说明。这位制鞋商认为这位营销人员的数据详细、调查深入，决定采纳其意见，最终获得成功。[①]

②市场细分（segmentation）、目标市场（targeting）、市场定位（positioning）。STP指基于市场调研细分出不同需求的顾客群体，并选定目标市场，根据目标顾客的需求和公司资源确定自身的市场定位，使产品或服务与竞争者的区分开来。市场定位最初由美国营销学家艾·里斯和杰克·特劳特于20世纪70年代提出，指企业针对潜在顾客的心理进行营销设计，让企业在目标顾客的心中被赋予某种形象或个性特征，从而确定该产品在市场中的位置。

例如，在汽车市场中，本田飞度定位于经济节约，凯迪拉克定位于豪华，宝马定位于性能等，这些都是企业对产品进行的市场定位，如图1－3所示。

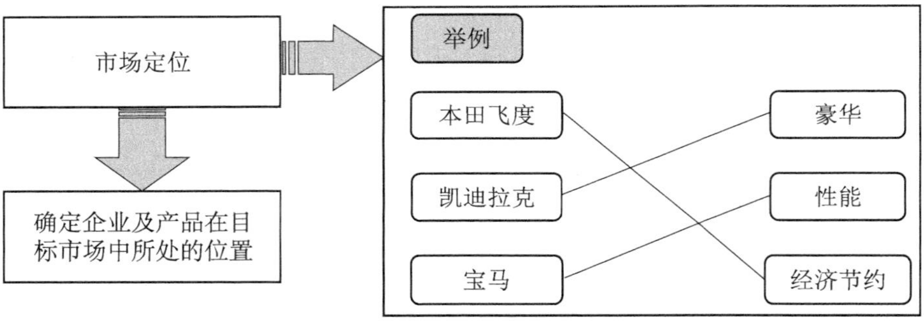

图1－3　市场定位举例

企业要想实现成功的市场定位，需要通过以下三个步骤完成，如图1－4所示。

一是分析目标市场现状，识别潜在竞争优势。企业必须通过各种调研手段，洞察竞争对手的产品定位、目标市场的顾客需求现状以及企业能为顾客创造的价值，以确认自身的潜在竞争优势。这是市场定位的基础。一般企业的竞争优势主要有两种：价格竞争优势和产品特色优势。

① 郭汉尧．菲利普·科特勒的营销思想：营销究竟应该怎么做．北京：中国铁道出版社，2013.

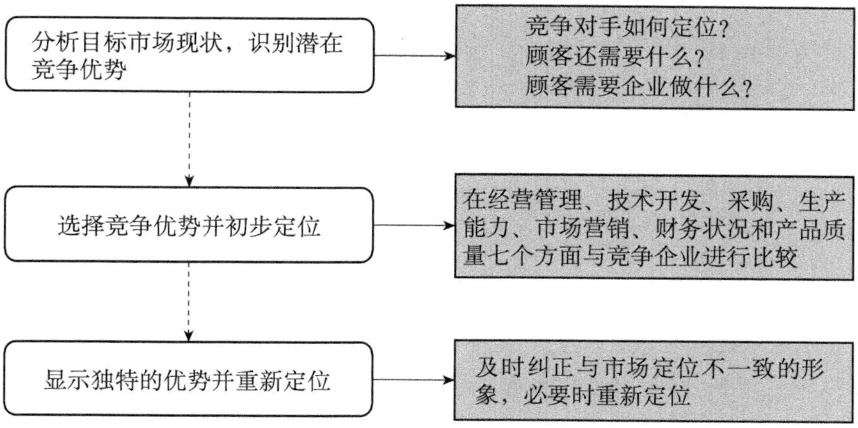

图 1－4　市场定位的步骤

广州丰田推出凯美瑞之际，必须对中档车这个市场进行详细分析，无论是雅阁，还是帕萨特，抑或是马自达 6、君威、凯旋、速腾、锐志、天籁，都应该纳入其调研范畴。

二是选择竞争优势并初步定位。相对竞争优势是指企业与竞争对手相比，能胜过竞争对手的潜在的或现实的优势。比较的指标应是一个完整的体系，只有这样，才能准确地选择相对竞争优势。通常是从企业与竞争者的经营管理、技术开发、采购、生产能力、市场营销、财务状况和产品质量等七个方面比较分析，然后选择企业适合的优势项目，以实现企业在目标市场的初步定位。

中国移动通信公司在宣传“全球通”时所强调的信号好、覆盖全，就是基于竞争对手的薄弱环节所做的正确选择。

三是显示独特的竞争优势并重新定位。企业所具有的优势不会自动地为顾客所认知。因此，企业需要通过一系列的宣传活动将其独特的竞争优势传播给目标顾客，并在目标顾客心中留下深刻的印象。即让消费者认识到企业的独特性，从而使企业在顾客心中占据特殊位置。企业应密切关注目标顾客对其市场定位的理解，出现偏差或模糊时，及时纠正与市场定位不一致的形象，必要时企业要重新定位。

沃尔沃公司将其产品定位为“最安全的汽车”后，利用各种媒体向消费者传递这种理念，同时在广告和促销中将安全的主题传递给消费者。

重新定位是指企业为已在市场销售的产品重新建立某种形象，以改变顾客原有的认识，争取获得有利的市场地位的活动。即使企业的产品定位很恰当，在下列情况下也应考虑重新定位：一是竞争者的新产品与本企业产品的定位相同或相似，侵占了本企业产品的部分市场，使本企业产品的市场占有率降低；二是顾客的需求或偏好发生了变化，使本企业产品销量骤减。

某日化企业生产婴儿沐浴露，它通过强调该沐浴露不刺激眼睛和皮肤来吸引目标消费者。随着人口出生率的下降，产品销量逐渐减少。为了增加销量，该企业将产品进行重新定位，强调使用该沐浴露能够滋润和护理皮肤，以吸引更多、更广泛的购买者。

重新定位对于企业适应营销环境、调整营销战略非常关键，可以视为企业的战略转移。重新定位可能导致产品的名称、价格、包装和品牌发生变化，也可能导致产品用途和功能上的变化。企业必须考虑重新定位的成本和收益问题。

③市场营销组合（marketing mix，MM）。MM 是 STP 的具体化阶段，属于战术性营销，在此阶段营销人员需确定营销组合工具，如图 1－5 所示。一是产品（product），这是企业的基础。企业的职责是使产品与竞争者有明显的差异，能说服顾客购买。二是价格（price），传统方法是企业在核算制造产品成本的基础上加一定毛利。三是渠道（place），是企业为了能让目标市场随时选购产品作出的安排。四是促销（promotion），用以告知、说服或提醒目标市场其产品利益的一系列传播活动。企业应该综合考虑市场营销组合，确保四个方面（4P）都有良好的表现。

④执行（implementation）。科特勒认为，公司在完成战略性与战术性的计划之后，便着手生产指定的产品，并决定价格、渠道与促销，这一阶段称为执行阶段。这一阶段可能会遇到各种各样的麻烦，需要公司所有部门（尤其是销售和营销部门）一起行动，一些销售人员可能对产品缺少认同感，公司所提供的服务很可能达不到当初的承诺，这就需要大家树立“共同营销”的意识，积极配合，实现协调发展。《科特勒营销策略》一书陈述了这样的观点：客户是否能切实感受到价值主张，依赖于营销人员影响该公司核心管理过程的能力。

⑤控制（control）。营销人员在顺利完成执行步骤后，还应该加强控制，及时制定可改善绩效的修正措施，即根据反馈与评估结果修订或改良战略及战术。正如科特勒所说，好的营销要不断地监控本身位置与目的地的相对关系。[①]

科特勒提出的市场营销管理的五个基本步骤告诉营销者：有效的营销始于研

① 郭汉尧．菲利普·科特勒的营销思想：营销究竟应该怎么做．北京：中国铁道出版社，2013.

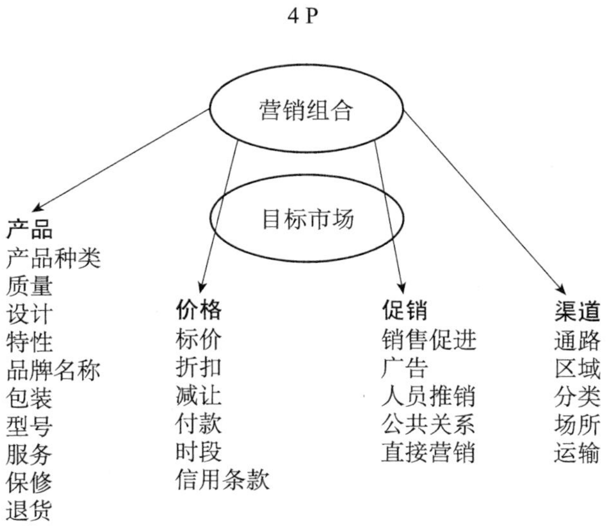

图 1－5　4P 营销组合

究，通过研究细分市场为公司确定目标并做好定位。STP 代表了公司的战略性营销思维，MM 属于战术性营销组合。之后，公司通过执行和控制，有效达成营销目标。因此，营销管理需要一个过程。营销人员通过特定的步骤实现营销计划，达成营销绩效。

作为一种凉茶，王老吉具有清热、解毒、祛湿的作用。在众多老字号凉茶中，王老吉最为著名，堪称凉茶始祖。但是在江浙一带，人们普遍认为传统的凉茶去火功效虽好，但毕竟是药，不能常喝，所以需求量不大。为了求得更大的突破，王老吉开始对市场进行调查。通过调查发现，消费者购买王老吉饮料是为了“预防上火”，而不是作为药物使用。于是，王老吉将产品定位为饮料，向全国市场推广。企业在广告中将这一新的定位准确地传递给了消费者，王老吉迅速被人们接受。

3. 全方位营销

互联网普及、全球化和超竞争的市场环境，正戏剧化地重塑市场并改变企业的运作方式，而目前的问题是营销没有跟上市场的步伐，所以传统的营销方法需要解构、重新定义和扩展。[①] 现代营销学之父菲利普・科特勒在其《营销动向：利润、增长和更新的新方法》的中文版《科特勒营销新论》一书中，提出营销新模式即全

① 文锋．营销学经典语录：营销大师金言．广州：广东经济出版社，2016.

方位营销。全方位营销（holistic marketing）以价值探索、价值创造和价值传递为三大战略导向，在构建产品或服务平台、企业架构平台、营销活动平台、营运体系平台等四大竞争性平台的基础上为顾客提供价值，提升顾客满意度，并最终实现顾客忠诚，如图 1－6 所示。

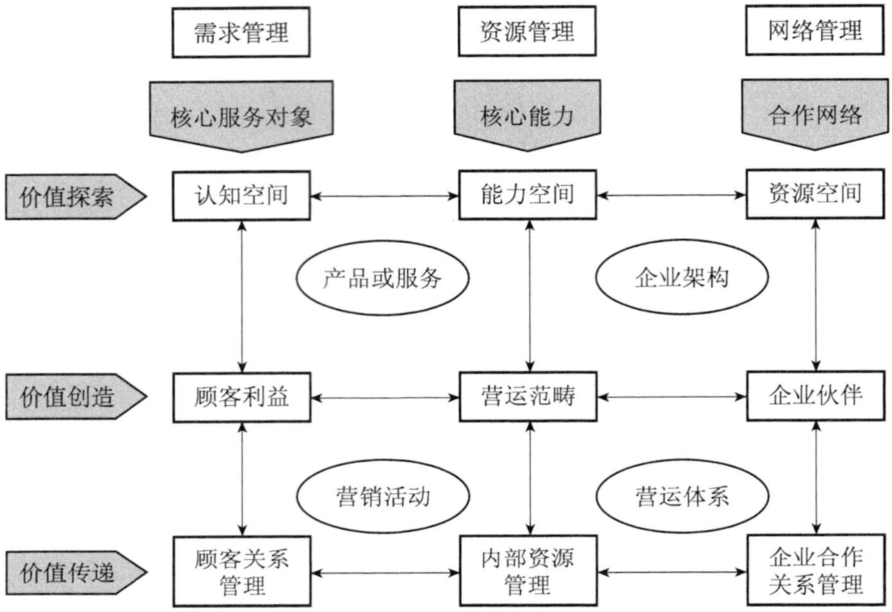

图 1－6　全方位营销的架构

全方位营销认为所有事物都与营销相关，因此需要有一种广泛的、整合的观念，力图调和营销活动的边界与复杂性。全方位营销主要包括四个维度，如图 1－7 所示。

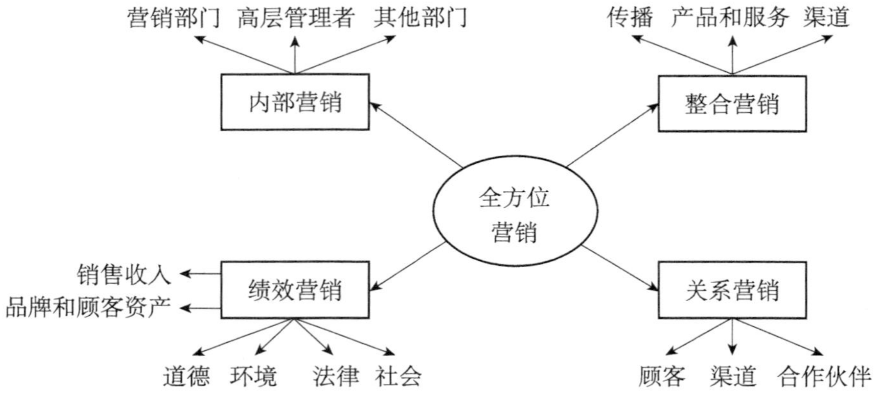

图 1－7　全方位营销的维度

（1）关系营销。关系营销旨在与重要团体——顾客、供应商、分销商和其他合作伙伴建立长期、互惠的良好关系，以便获得并保持长期业务。关系营销的最终结果是建立公司的独特资产，即营销网络。竞争不是在公司之间而是在不同营销网络之间进行，具有更好营销网络的公司将赢得胜利。建立强大的关系要求了解不同群体的能力、资源、需求及目标，从而提供不同的产品、服务和信息。企业希望通过聚焦于最有利可图的顾客、产品和渠道实现获利性增长，通过建立高顾客忠诚度和高顾客终身价值获得更大的顾客消费额。宝马公司允许顾客从350种款式、500种配件、90种车身颜色、170种车内装饰中作出选择，从而设计出自己喜欢的汽车。在美国宝马为30%顾客提供定制化服务，在欧洲，这一比例为80%。这种与关键顾客的丰富的多方位关系构成了双方互惠的基础。

(2) 整合营销。在整合营销中，营销者的任务是设计营销活动并整合营销项目来最大化为顾客创造、传播和传递价值的能力。整合营销的两个关键主题分别是：运用多种营销活动传播和传递价值；协调所有的营销活动以达到最大的联合效果。企业应整合自己的系统进行需求管理、资源管理和网络管理。麦卡锡将这些影响购买者的营销活动分为四大类，并称为营销4P组合。罗伯特·劳特伯恩建议将销售者的4P与顾客的4C相对应。四维度客户需求解决方案理论（SIVA）也是基于顾客的营销活动理论，用于回答以下问题：解决方案（solution）——如何能解决问题；信息（information）——从哪里可以了解更多；价值（value）——为解决问题付出多少成本；方式（access）——怎样可以找到解决方案。

(3) 内部营销。全方位营销合并了内部营销，确保组织内部的所有人都掌握了正确的营销理念，尤其是高级管理层。内部营销是指雇用、培训和激励有能力的员工，使之更好地为顾客服务。内部营销必须在两个层次上进行：在第一个层次，营销团队、广告、顾客服务、产品管理和营销调研等各种营销功能须共同发挥作用，并从顾客的角度进行协调；在第二个层次，其他部门必须给予营销支持。营销更像是一种企业导向，而不仅仅是企业的一个部门。

(4) 绩效营销。全方位营销将绩效营销（performance marketing）视为必要的部分，以了解从营销活动和营销方案获得的商业回报，并更广泛地关注营销对法律、道德、社会和环境的影响和效应。高层管理者除了关注销售收入外，更要审查营销业绩以了解市场份额、顾客流失率、消费者满意度、产品质量和其他方面的变化。

①财务责任营销。营销者要从品牌建设、客户群增长、财务和利润等方面向高层管理者证明其营销投资的正确性。营销者使用了更多的财务手段评估其营销活动创造的直接价值和间接价值，也意识到公司的市场价值大部分来自无形价值，尤其是品牌、顾客基础、员工、与分销商和供应商的关系以及知识资本。

②社会责任营销。很显然，营销的影响力超出了公司内部和顾客的范围而延伸到了整个社会。营销者必须从更广泛的角度考虑自己的角色，从道德、环境和社会

的范畴考虑自己的行为。社会营销观念要求企业比竞争者更有效果、更有效率地满足目标市场的需求，但是这一切也应该以保持或增加消费者和社会福利的方式进行。营销者必须在公司利润、消费者需求与公众利益三者之间保持平衡。例如，麦当劳推出“社会责任供应系统”，包括从无害渔场采购原料到重新设计包装等各个方面。

营销策划的内涵

1. 策划的内涵

（1）策划追本溯源。策划作为人类最古老的活动之一早在原始社会就存在。人们在围捕野兽之前，要通过策划确定围捕的对象、方法、工具、参加人员等。“策划”之说也可谓历史悠久，如《后汉书·隗嚣传》中所载，“是以功名终申，策画复得”，这里的“画”通“划”，意为“计划、打算”。在《辞源》中有八个义项，其中“谋略”成为最重要、最常用而广泛流传的义项。在《辞海》中的解释为“计划、打算”，在《现代汉语词典》中的解释为“筹划、谋划”。古人云：上兵伐谋，以谋取胜。用兵的最高境界就是用谋略战胜敌人。随着社会的发展，人们对策划的认识逐步深化并赋予其新的含义。就广义而言，策划是社会组织或个人为了提高成功的可能性而对未来活动所进行的谋划。

（2）国外学者对策划的定义。日本策划家和田创认为，策划是通过实践活动获取更佳成果的智慧或智慧创造行为；菲利普·科特勒认为，策划是一种程序，在本质上是一种运用脑力的理性行为。

国外学者对策划的概念主要有以下几种不同的理解。事前行为说：策划是为未来行动于当前做决定，是事前的准备过程；管理行为说：策划是一种管理行为，策划与管理是共生的，如策划与管理分离，则无任何工作业绩和效率可言；选择决定说：策划是管理者从多个方案中选择可行的目标、策略、程序及具体计划的活动；思维程序说：策划是策划者对未来行动的一种理性思维过程，这一观点更接近策划的本质和特征，如策划的前瞻性、管理行为、选优性特征等。

（3）对策划理解的总结。总之，策划体现了人们事先的筹措活动，即运用知识和能力进行思考运筹的过程，具体是指对环境进行管理、运作、技术处理或操纵的过程以及对事件进行计划、酝酿、决策、运用谋略的过程。策划的目标是预先对生产力的各个要素、各种资源重新整合以达到“1＋1＞2”的效果。

与计划相比，策划更凸显有策略地实施计划的程序。策划相当于英文中的 strategy 加 plan，而计划相当于 plan。两者具体的区别如表 1－5 所示。

策划和计划是所有企业经营过程中不可或缺的，由企业不同的部门来制定和执

表 1-5　区分策划与计划

策划	计划
必须有创意	不一定有创意
自由、无限制	范围一定、按部就班
开放性、主动性	封闭性、规范性
把握原则与方向	把握程序与细节
灵活性、可变性	稳定性
挑战性大	可控性

行。在进行经营决策时，强调策划；在执行这一策划时则强调计划。计划是具体的实施细则，任何策划都必须“计划化”，即最终落实到一个或多个计划来实施。企业在不同阶段对策划和计划的重视程度不同。

2. 营销策划的定义

企业对将要发生的营销行为进行规划，以提供一套系统的有关企业营销的未来方案，这套方案是围绕企业实现某一营销目标或解决营销活动的具体行动措施。

营销策划（marketing planning）需要借助科学方法与创新思维，在分析企业当前营销状况与内外部环境、运用经营资源的基础上开展，涵盖了企业在一定时间内的营销活动，涉及行为方针、目标、战略、实施方案等。

营销策划的特点

1. 计划性

任何一项策划活动都要有明确的目标、清晰的时间安排、周全的资源保障。

（1）确定目标的原则。目标的制定要遵循 SMART 原则，即 S＝specific（明确性）：具体列出需要达成的关键目标和行为标准；M＝measurable（可衡量性）：应该有明确的数据，作为衡量是否达成目标的依据；A＝achievable（可达成性）：具有一定的挑战性，付出一定努力可以实现，避免设立过高或过低的目标；R＝realistic（相关性）：实现此目标与公司战略、经营目标、部门职责等有较大关联；T＝timely（时限性）：目标在规定时限内完成。另一种变体是 SMARTER，增加了 evaluate（评估）和 re-evaluate（再评估）。[①]

（2）设定目标的方法。主要使用 5W1H 分析法，也叫六何分析法，这是一种思考方法，更是一种创造技法，要求对选定的项目或操作从原因（何因）、对象（何事）、地点（何地）、时间（何时）、人员（何人）、方法（如何）等六个方面提出问题并进行思考，如图 1-8 所示。

---

① 李翔，李颖．企业信息化评估与规划之路．北京：机械工业出版社，2015.

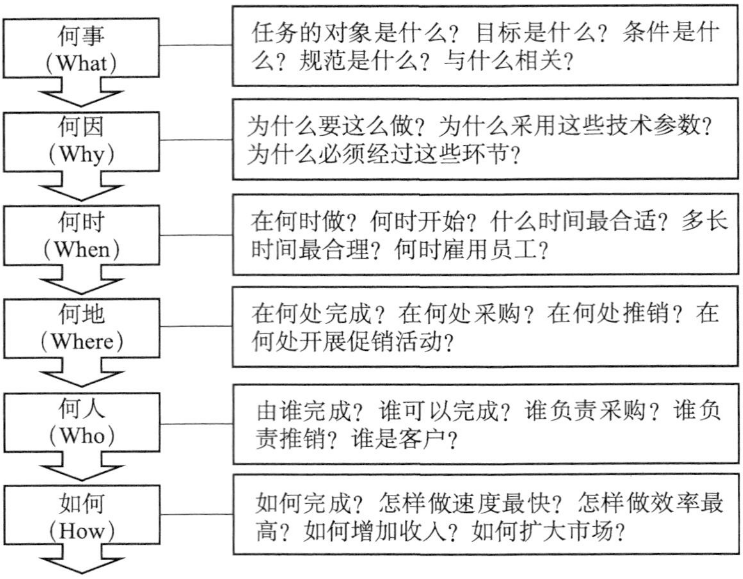

图 1-8　5W1H 分析法

5W1H 法的操作技巧如表 1-6 所示，可以系统、深入地挖掘产生问题的根本原因，以找出更深入且正确的对策。

表 1-6　5W1H 法的操作技巧

类型	5W1H	说 明	对 策
对象	何事	要做的是什么？该项任务能取消吗？	取消不必要的任务
原因	为何	为什么这项任务是必需的？	澄清目的
地点	何地	在哪里做该项工作？必须在那里做吗？	改变顺序或组合
时间	何时	什么时间是做这项工作的最佳时间？必须在那个时间做吗？	
人员	何人	谁来做这项工作？应该让别人做吗？为什么是我做这项工作？	
方法	如何	如何做这项工作？这是最好的方法吗？还有其他方法吗？	简化任务

（3）设定目标的步骤。设定营销策划的目标一般有 7 个步骤，如图 1-9 所示。

（4）制定行动计划。“计划好你的工作，执行好你的计划”这一古老格言对营销策划工作取得良好效果是有效的建议。营销策划工作要求对整体目标、子目标及要取得的结果有准确的理解，还须考虑创新是如何与其他项目联系的、多个利益相关者各有何要求。这就需要提前制定行动计划，在详细的计划中陈述如何、何时及由谁来实现这些目标。行动计划可能比项目策划文件要复杂一些，或与微型项目计划相像，这根据企业需要而定。表 1-7 展示了一个可用来将计划形成文件的表格。

图 1-9　设定营销策划目标的步骤

表 1-7　行动计划表

项目名称	
需采取的行动	
开始日期	
结束日期	
执行人	
方法	
所需资源	
特殊情况	
其他影响	

要实现营销策划目标，需要实时掌握和监控计划进度，以及评审、调整和督促计划工作如期完成。不同的目标或项目可依据复杂程度、工作时间跨度、完成者的能力水平、工作结果的重要性、到期时间、资源状况等因素在不同的时间段进行评审。根据经验，对跨度 3 个月以上的目标，每个月应安排至少一次工作评审。在目标即将达成时对工作的进展进行评审是不可取的。衡量计划实施进度可以选择甘特图。

甘特图是机械工程师亨利 · 甘特开发的时间图，与条状图相似，描述整个项目期间计划和活动的实际完成情况。纵轴表示项目活动步骤，横轴表示时间进程。很显然，有些线条代表的活动可能重合，因为项目通常分多个阶段进行。因此，每个条形都应该标明开始和结束时间。图 1-10 为某公司任务完成的甘特图，图 1-11 描述了某公司扩展计划时间表。

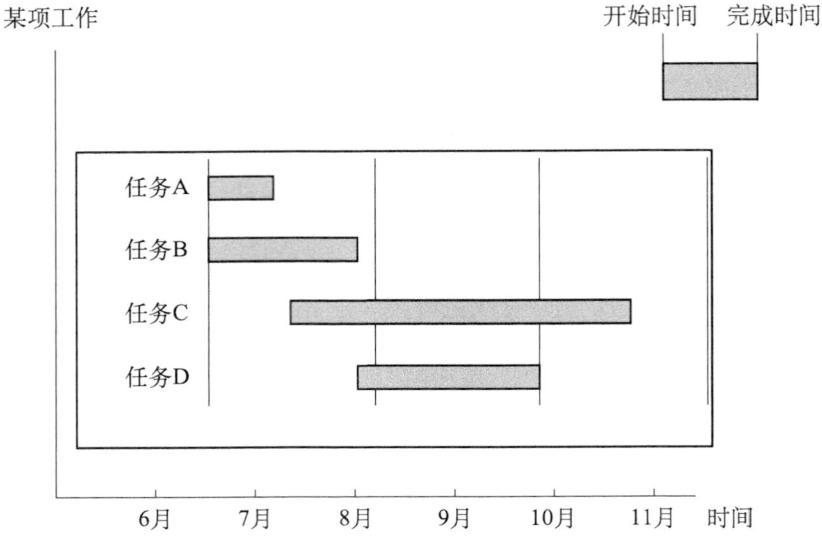

图 1-10　某公司任务完成甘特图

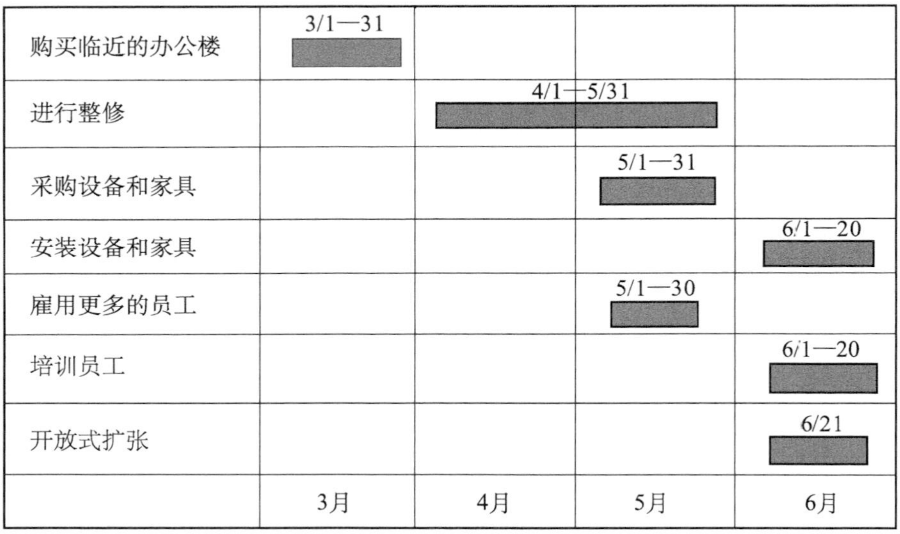

图 1-11　某公司扩展计划时间表

中秋节前一天下午，雀巢咖啡依据 5W1H 原则，在济南某大型超市门口举行免费促销活动。促销目的：通过促销，对雀巢咖啡的新品进行宣传，开发新的目标市场以及进行品牌营销。促销时间：中秋节前一天。人们开始密切关注节日的到来，此时搞促销活动容易吸引人。咖啡可以与月饼互补，消费者在买月饼时会顺便买咖啡。促销地点：超市门口。人们在超市购物以后一般又累又渴，此时如果热情的促销人员送上一杯热咖啡，易令消费者对雀巢咖啡留下较好的印象，为以后的销售打好基础。促销对象：来这家大型超市购物的绝大部分是年轻人和中年人，他们有购买力，正是雀巢咖啡的目标消费者。在这里做促销针对性强、有效性高。促销内容：在促销中，服装统一、热情礼貌的促销员体现了雀巢公司的良好形象；“味道好极了”体现了公司对品牌形象的宣传；通过让消费者品尝咖啡，宣传了雀巢咖啡的良好品质。促销方式：在超市门口促销，体现了决战终端的促销策略，消费者可以近距离感受雀巢咖啡的品质和魅力；既采用了人员推销，又采用了电视推销，体现了整合传播的理念。免费品尝让不知道雀巢咖啡的人知晓品牌，让潜在的消费者变成现实的消费者，让现有消费者增加对雀巢咖啡的满意度和品牌忠诚度。

2. 前瞻性

策划是对未来要发生的事情做决策。通过对当下诸多要素的分析，利用已经掌握的知识和手段，科学、合理、有效地预先安排未来活动的进程，并预先推测和判断市场态势、消费需求态势及未来状况。

3. 创造性

营销策划必须运用创新思维，提出解决市场问题、实现营销目标的新创意、新方法，甚至创造新的生活方式和消费观念，唤起消费者的购买欲望，把潜在消费者转化为现实消费者。在市场营销环境复杂多变、市场营销问题层出不穷和市场营销任务艰巨的情况下，营销策划必须具有创造性。

4. 效益性

营销策划必须以最少的投入使企业获得最多的收益。这要求营销策划人员不仅要善于利用企业自身的资源，还要善于利用社会上的各种资源，如区域性资源、国内性资源和国际性资源，显性资源和隐性资源，可控性资源和可借用资源，用系统的方法加以整合利用，使其在市场运作过程中产生“1+1>2”的协同效应。

5. 可行性

营销策划要回答和解决企业在现实的市场营销活动中存在的各种疑难问题，不仅要提出开拓市场的思路，更要在创新思维的基础上制定市场营销的行动方案，并使其在特定资源约束条件下具有高度可行性。

6. 应变性

企业处于开放、不断变化的环境中，在策划的设计和实施过程中有可能遇到一些带来巨大影响的突变事件或风险因素，如政府政策的改变、经济波动、法律的制约、竞争对手战略的变化等，增加风险。如果应变措施不当，很有可能导致策划失败。因此，在进行营销策划时，应尽量对各种可能发生的意外情况和风险因素进行预测分析，制定相应的对策，以增加营销策划的灵活性和应变性。

1.2 营销策划的理论基础

4X 营销理念是营销学发展史上的经典营销策略组合理论，分别从企业、客户、企业与客户关系的角度，探索并指导企业的市场营销工作，为有效的营销策划奠定了理论基石，是营销史上里程碑式的经典理论。

以企业本身为导向的 4P 理论

杰罗姆·麦卡锡于 1960 年在《基础市场营销学》一书中提出的 4P 理论奠定了营销管理的基础理论框架。如图 1-12 所示，该理论认为，影响企业营销活动效果的因素有两种：一种是企业所处的外部环境即不可控因素，如政治、法律、经济、人文、地理等因素；另一种是如产品、价格、渠道、促销等企业内部可控因素。企业营销活动的实质是利用可控因素能动地适应和影响外部环境的过程。4P 理论的要求及目的是用最适合的产品，以最合适的价格，用最适当的促销办法及销售网络，最好地满足目标市场消费者的需求，以取得最佳的信誉及最好的经济效益。

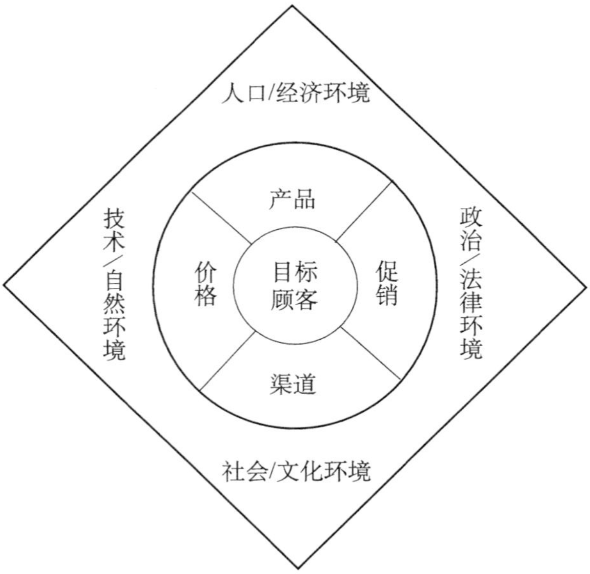

图 1-12　4P 营销示意图

1981 年，布姆斯增加了人员（people）、物质环境（physical evidence）、过程（process）从而形成服务营销组合。1984 年，菲利普·科特勒提出了 6P 理论，在 4P 的基础上增加了两个 P：政治力量（politics）、公共关系（publications）。之后菲利普·科特勒提出了 10P 理论，补充了研究（probing）、划分（partitioning）即细分（segmentation）、优先（prioritizing）、定位（positioning），如图 1－13 所示。虽然理论一直在演变，但 4P 因为其直观性、可操作性及易控制性依然是营销的基础工具，在企业营销决策实践中发挥着重要作用。然而，4P 作为企业更易控制的变量，主要是从供应和企业角度出发，没有充分考虑作为营销对象的消费者。①

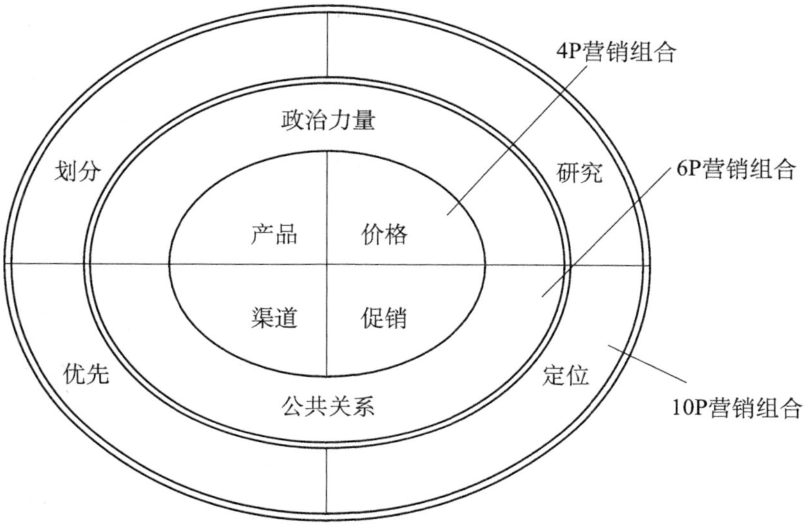

图 1－13　4P-6P-10P 营销组合图

以消费者为导向的 4C 理论

西方发达国家经历了 20 世纪 70 年代初的“黄金阶段”后，进入石油危机和“滞胀阶段”，经济发展停滞不前。而亚洲和拉丁美洲出现了一些新兴工业化国家与地区，形成了一股新兴经济力量，这些国家或地区的企业开始积极地参与国际竞争。同时，西方发达国家的消费者需求呈现多样性，对价格日益敏感，更看重产品或服务的质量。然而内部市场容量有限，国内企业间的竞争异常激烈，媒介传播速度加快，因此，企业开始更加关注消费者对产品或服务质量的反馈。在此背景下，美国著名学者罗伯特·劳特朋在 1990 年提出 4C 组合理论。

1. 消费者（consumer）

企业首先考虑的不是自己能生产什么产品，而是洞察消费者的需求与欲望。开发顾客比开发产品更重要，满足消费者的需求比提升产品性能更重要。即企业要提供符合顾客需求的产品和服务。

2. 成本（cost）

企业不应先给产品定价，而应先了解消费者为满足需求愿意付出的全部成本，

① 黄岑，吴曦，操卫珍．品牌营销策划 3 字经．上海：上海交通大学出版社，2016.

包括企业产品的生产成本和销售成本；消费者购物的货币支出、时间成本、体力和精力支出及所担风险等。新的定价模式要求：消费者支持的价格－适当的利润＝成本上限，企业要在消费者支持的价格限度内增加利润，就必须降低成本。①

3. 便利性（convenience）

企业不应先考虑销售渠道的选择和策略，而应先考虑如何让顾客在每个环节便利。企业要把便利性原则贯穿产品设计、渠道设计和网点建设等营销活动的全过程；售前做好关于产品性能、质量、价格、使用等的准确信息服务；售中提供导购咨询、免费送货等服务；售后重视信息反馈、追踪调查、及时答复、维修、大件商品终身保修及对问题商品主动退换等。

4. 沟通（communication）

企业应以消费者为中心实施双向沟通，注重与顾客的情感交流，使顾客对企业和产品有更好的理解和认识，以寻求企业和顾客的契合点，把顾客和企业双方的利益无形地整合在一起。

4C 策略注重企业与顾客建立更为密切和动态的关系，以消费者需求为导向，克服了 4P 只从企业角度考虑的局限性。但是，从企业营销实践和市场发展趋势来看，4C 理论也存在一定缺陷。4C 策略立足于顾客导向而非竞争导向，而在市场经济中企业是在竞争中求发展；未充分考虑企业自身的实际情况；顾客作为企业外部的不可控因素，在营销实践操作上较脆弱；实际上企业可驱动市场而不只是受市场驱动。

以竞争为导向的 4R 理论

随着市场的成熟和竞争的加剧，企业不能仅停留在满足市场需求和追求顾客满意的水平上，而应以实现顾客忠诚为最高目标，因此企业需要从更高层次上以更有效的方式与顾客建立起新型主动性关系。针对上述 4C 策略存在的问题，美国整合营销传播理论的鼻祖唐·舒尔茨提出了 4R 营销新理论。

1. 与顾客建立关联（relativity）

在竞争性市场中，顾客具有动态性，顾客的忠诚度是变化的。企业要提高顾客的忠诚度，赢得长期而稳定的市场，重要的营销策略是通过某些有效的方式在业务、需求等方面与顾客建立关联，形成一种互助、互求、互需的关系，以减少顾客流失。特别是企业对企业的营销与消费市场营销完全不同，更需要靠关联、关系来维系。企业建立关联的主要方式有：第一，与用户关联。企业利用系统集

① 徐雪．旅游市场营销．郑州：河南科学技术出版社，2009．

成的模式为用户服务，为用户提供一体化、系统化的解决方案，与用户建立有机联系，进而形成互相需求、利益共享的关系，共同发展。第二，与产品需求关联。企业要提高产品与需求的对应程度，提供符合用户特点和个性的具有特色的优质产品或服务。

2. 提高市场反应（reaction）速度

在相互影响的市场中，对经营者来说最现实的问题不在于如何制定、控制和实施计划，而在于如何站在顾客的角度倾听顾客的期望和需求，并及时答复和迅速作出反应，以满足顾客的需求。多数公司倾向于说给顾客听，而不是听顾客说，且反应迟钝，这不利于市场发展。优秀的企业已从过去的推测性商业模式发展为高度回应需求的商业模式。面对迅速变化的市场，要满足顾客的需求，建立良好的关系，企业必须建立快速反应机制，提高反应速度和回应力。这样可最大限度地减少顾客投诉，稳定客户群，降低客户转移的概率。

3. 关系（relation）营销越来越重要

在企业与客户的关系发生了本质变化的市场环境中，关键已从抢占市场转变为与顾客建立长期而稳固的关系，从交易变成责任，从顾客变成拥趸，从管理营销组合变成管理和顾客的互动关系。相应地产生五个转向：从交易营销转向关系营销，不仅强调赢得用户，而且强调长期地拥有用户；从着眼于短期利益转向重视长期利益；从单一销售转向建立友好合作关系；从以产品性能为核心转向以产品或服务给客户带来的利益为核心；从不重视客户服务转向高度承诺。

4. 回报（retribution）是营销的源泉

对企业来说，市场营销的真正价值在于其为企业带来短期或长期的收入和利润的能力。一方面，追求利润是营销发展的动力；另一方面，利润是维持市场关系的必要条件。企业要满足客户需求，为客户提供价值，同时也要获取利润。因此，营销目标必须注重产出，注重企业在营销活动中的收益，一切营销活动都必须以为顾客及股东创造价值为目的。

2017 年 11 月 23 日的感恩节，杜蕾斯在没有通知任何品牌的情况下，通过制造剧情，与 13 个品牌建立了巧妙关联，向 13 个品牌致谢，并与之进行互动。10 点开始打出第一张借势海报：亲爱的绿箭口香糖，感谢你这么多年一直在我左右，成为购买我的借口；亲爱的德芙巧克力：感谢你，因为你的怦然心动，才有了我的初次登场。逻辑上，杜蕾斯通过矛盾点和更有趣的洞察，建立品牌之间的关联。杜蕾斯希望让人陷入逻辑陷阱，最终突出自身优势。文案上，使用大量基础词汇，不带任何感情色彩；语言平实，便于传播与阅读；没有用太多花哨的修辞即表达了感恩的诚意。设计上，使用纯色块突出品牌形象，用细节勾勒出品牌特点。当所有的一切都恰到好处的时候，就出现了当日的感恩。最后，杜蕾斯放出了自己的感恩节海报：你中有我，我中有你。由此来看，文案质量非常高。把“感恩节”和“杜蕾斯”作为固定元素，然后无缝链接上各大品牌，这一创意让广大网友赞叹不已。

4R 营销理论的最大特点是以竞争为导向，在新的层次上概括了营销的新框架；同时，体现并落实了关系营销的思想；反应机制为互动与双赢、建立关联提供了基础和保证，同时也延伸和升华了便利性；回报兼容了成本和双赢两方面的内容。当然，4R 理论也有其不足之处。如与顾客建立关系需要一定的实力或某些特殊条件，并不是哪个企业都可以轻易做到的。

以核心竞争力培育为导向的 4V 理论

20 世纪 90 年代以来，随着科技的进步、信息技术的发展及新技术革命的到来，高科技产业迅速兴起，营销技术和观念也有了很大发展。特别是全球营销和市场全球化的出现，使买卖关系发生重大变化。在这种情况下，产生了 4V 营销理论。

1. 差异化（variation）

顾客是具有个性和差异性的，营销差异化分为产品差异化、市场差异化和形象差异化三个方面。以购买汽车为例，有的顾客买车是作为交通工具，有的顾客则是为了显示身份与地位。

2. 功能化（versatility）

产品功能的弹性化和多功能性，是指一个产品有多种功能和用途。产品的功能按“单功能—多功能—全功能”的方向发展。例如，手表不只显示时间，也可以提供闹钟、保健或视频功能等。

3. 附加价值（value）

产品的价值包括基本价值与附加价值两部分，前者由生产和销售某产品所付出的物化劳动和活劳动所决定，后者则由附加技术、附加营销或服务、附加企业文化与品牌三部分构成。这些附加价值均有重要作用。例如，同样是电视机，海尔品牌要比其他品牌贵。

4. 共鸣（vibration）

企业持续占领市场并保持竞争力的价值创新给消费者带来价值最大化，并由此带来企业利润极大化，强调将企业的创新能力与消费者所珍视的价值联系起来，通过为消费者提供价值创新使其获得最大的满足。消费者追求效用最大化，企业的经营活动追求价值最大化，最终实现消费者的效用价值最大化，消费者成为企业的终身顾客，从而使企业与消费者之间产生共鸣。

4V 营销理论强调企业要实施差异化营销，以树立自己独特的形象，同时满足消费者的个性化需求；产品或服务要有更大柔性，针对消费者的需求进行组合；更重视产品或服务中的无形要素，通过品牌、文化等满足消费者的情感需求。当然，这一理论也有操作性不强的明显不足，实际中只能作为企业大的指导方向。

4P，4C，4R，4V 等理论之间不是取代关系，而是完善、发展的关系。表 1－8 对四者进行了比较。由于企业层次不同，情况千差万别，市场和企业的营销活动处于不断发展中，4P 是营销的一个基础框架，4C 给了企业很有价值的启发和思路，这两种理论仍具有适用性和可借鉴性。4R 和 4V 不是取代 4P 和 4C，而是在 4P 和 4C 基础上的创新与发展，所以不可把四者割裂甚至对立起来。因此，企业管理者在学习体现新时代市场营销的 4X 理论的同时，需根据企业实际将 4X 理论结合起来指导营销实践，以取得更好的效果。

表 1－8　4P，4C，4R，4V 理论的比较分析

名称	4P 理论	4C 理论	4R 理论	4V 理论
时间及提出者	20 世纪 60 年代中期 杰罗姆·麦卡锡	20 世纪 90 年代初 罗伯特·劳特朋	20 世纪 80 年代 唐·舒尔茨	20 世纪 90 年代 吴金明
内容	产品 价格 渠道 促销	消费者 成本 便利性 沟通	关联 反应 关系 回报	差异化 功能化 附加价值 共鸣
营销观念	生产者导向	消费者导向	竞争者导向	持续竞争导向
营销模式	推动型	拉动型	供应型	伙伴型
满足需求	相同或相似的需求	个性化需求	感觉需求	效用需求
营销方式	规模营销	差异化营销	整合营销	体验营销
营销目标	满足现实的、相同或相似的顾客需求，并实现目标利润最大化	满足现实和潜在的个性化需求，培养顾客忠诚度	适应需求变化并创造需求，追求各方互惠关系最大化	满足顾客追求个人体验和价值最大化的需求
营销工具	4P	4C	4R	4V
顾客沟通	一对多单向沟通	一对一双向沟通	一对一双向或多向沟通与合作	一对一外部合作
投资成本和时间	短期低、长期高	短期较低、长期较高	短期高、长期低	短期高、长期极低

资料来源：张云起，贺继红．市场营销学．济南：山东大学出版社，2006．

无论企业处于哪个时代，运用哪种 4X 理论指导营销活动，公众对企业的道德行为和社会责任都备加关注，尤其在当今社会问题日益突出的背景下。企业注重营销道德和社会责任不仅可获得良好的口碑，也能获得更好的业绩。

1.3 营销策划的内在依据

营销的目的就是建立消费者和产品之间的有效关联，在分析这种有效关联的本质之前，首先需要对消费者的本质和产品的本质进行探讨，这是分析和解决其他后续问题的根本立足点和出发点。

营销界流传着一个经典的故事。2001 年 5 月的一天，美国一位名叫乔治·赫伯特的推销员成功地把一把旧斧子推销给了布什总统，从而获得以培养世界上最杰出的推销员著称的布鲁金斯学会设立的已空缺 26 年的金靴奖。虽然此前多个同行连遭失败，但乔治·赫伯特还是给布什总统写了一封信，信中说：有一次，有幸参观了您在得克萨斯州的农场，发现种着许多矢菊树，有些已经死掉，木质变得松软。我想，您一定需要一把小斧子，但是从您现在的体质来看，小斧子显然太轻，因此你仍然需要一把锋利的老斧子。现在我这里正好有一把，它是我祖父留给我的，很适合砍伐枯树……后来，乔治收到了布什总统 15 美元的汇款，并获得了一只刻有“伟大的推销员”的金靴子。不管是把斧头卖给总统，还是把木梳卖给和尚，虽然这些只是流传比较广的营销故事，却包含着深刻的道理。

所以，在我们探讨营销策划时，首先还是回到问题的源头，透过简单事件的表象来看清营销的本质。

消费者的本质——需求

从营销的角度来看，消费者的消费过程只是用来满足需求的一种手段，满足需求才是消费的目的。所以说，消费者的本质就是需求。日本电通集团调查发现，在 20 世纪五六十年代，10 位消费者只有一种声音；在七八十年代，10 位消费者有 10 种声音；到了 90 年代，一位消费者就有 10 种声音。为了区分各种各样的需求，产生了一些描述需求分类的理论，其中最具代表性的是马斯洛的需求层次理论，他认为人并不是单纯追求物质刺激的经济人，而是具有物质需求和精神需求的社会人。因此，一个人一般具有五种需求，如图 1-14 所示。

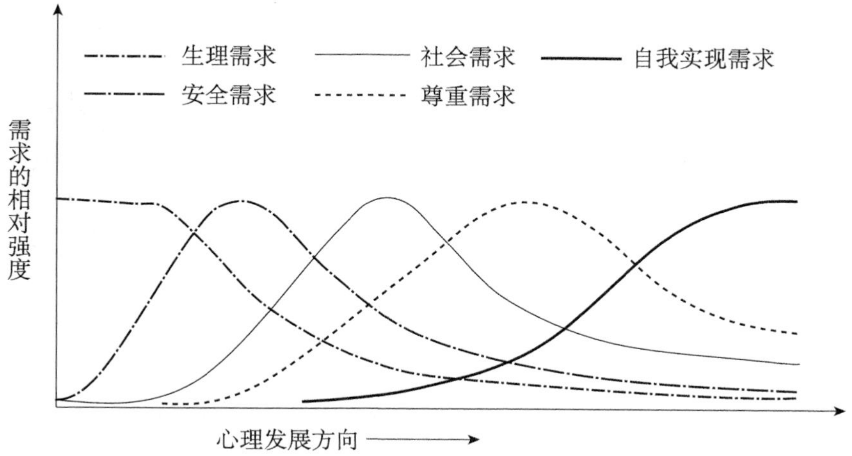

图 1-14　马斯洛的需求层次

第一层是维持生活所需的生理需求，如衣食住行等；第二层是安全需求，如生活有保障、不会失业，没有威胁人身安全的因素等；第三层是社会需求，如社交和友谊等；第四层是尊重需求，即自尊、地位和名誉等；第五层是自我实现需求，即发挥自己的能力，使生活有意义。马斯洛认为，人们的需求具有层次性，只有低层次的需求得到部分满足后，较高层次的需求才变为迫切的主导需求。只有按一定的层次进行激励才会获得好的效果，因此，它可以作为营销策划分析的一个有力工具。

只有明确了消费者的需求，才能触动消费者的购买行为，而了解了这五个需求层次的概念，就可以从这五个不同的需求层次来寻找促进消费者购买的方法。

产品的本质——效用

从营销的角度来看，产品的本质是效用，现代产品的整体概念包括核心产品、有形产品和附加产品三个层次，以全方位地满足消费者对产品的物质属性与精神属性的需求。

产品的这三个不同层次的效用具体表现为：核心产品是最基本的层次，代表了产品的核心效用，为消费者提供最基本的利益；有形产品是产品的实体状态，产生有形效用，从产品的外观、特征、式样、品牌和包装等方面满足消费者需求；附加产品即扩大产品，它产生附加效用，通过销售活动中的信贷、质量承诺和技术咨询等附加利益为消费者提供效用。

如今，造成顾客不满的原因很少是核心产品本身。消费者往往希望得到更多友好、可信和及时的附加效用。企业产品的三种效用可作为影响消费者购买行为的三种有效方法。

建立需求与效用的关联

消费者的本质是需求，产品的本质是效用。具体而言，消费者具有五种需求，产品具有三种效用。营销策划要做的就是建立这五种需求和三种效用之间的关联，通过三种效用来满足这五种需求，这就是营销策划的内在依据，如图 1-15 所示。

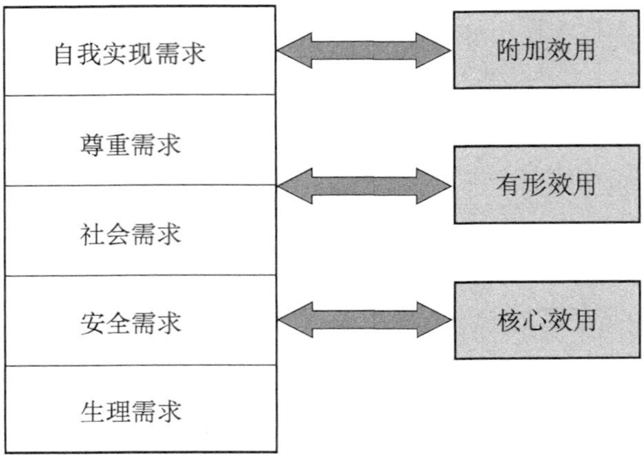

图 1-15　营销策划的内在依据

通过产品的三种效用来满足五种需求有多种组合形式，代表了现实营销策划中的不同方法和策略，借用不同层次的需求和效用之间的关联，可建立产品和消费者之间更紧密、更高级的消费关联。如当下酒类产品的核心效用越来越同质化，酒的核心效用已不能明显地影响消费者的购买行为，即通过建立酒类产品在生理需求和核心效用间的消费关联，已成为一种效果非常有限的营销方法。

孔府家酒原名曲阜老酒，它采用传统酿制工艺，质量较好，但推出后销路一直不畅。为此，企业在营销传播中加入了当地的文化遗产资源，借助“孔府”二字提升了孔府家酒的形象和品位，使得单纯的酒注入情感元素，被赋予一种文化底蕴，成为一种具有浓厚亲情的酒。广告语“孔府家酒，叫人想家”营造出合家团聚、情意浓浓的场景，古朴典雅的瓷瓶包装也给人耳目一新的感觉。这不仅是在出售酒的核心效用，更是在出售酒的有形效用和附加效用，使消费者从多个层次得到需求的满足，与消费者建立起更紧密的消费关联，并与竞争者产生差异，从而产生了良好的市场效果。

另外，如图 1-15 所示，这种需求和效用之间的关系是双向性的。由于产品的真正来源是企业，产品只是企业同消费者互相沟通和实现需求的媒介，所以在此关联中也要满足企业的需求，只有企业和消费者双方的需求通过产品消费的过程同时得到满足，这种消费关联才可能健康和持久，即实现共赢。

所以，效用对需求的满足是营销策划中万变不离其宗的内在依据。营销策划的内在依据和内在本质就是建立效用和需求之间的关联，而实现这种内在关联是一切营销策划活动的核心，也是贯穿整个营销策划过程的主线。

在当今企业竞争激烈、消费者日趋理性、消费者需求多样化和个性化以及企业追求利润最大化的背景下，要实现最佳效用对需求的满足极具挑战性。企业需要考虑用什么方法来更加有效地达成这个目的。

回顾市场营销的历史，在不同发展时期都有一些典型的营销方法，如本章前面所述的 4P，6P，10P，4C，4R，4V 等营销理论。虽然这些营销方法的侧重点不同，但共同目的都是实现需求和效用的内在关联。每一次营销理论的发展和创新，其实都是产品与消费者建立关联的一次飞跃。企业在不同时期可以综合运用营销理论，通过不同的营销资源组合来加强产品与消费者之间的关联。

牛仔品牌 Lee 贴近目标市场的营销是 4C 营销方法应用的经典案例。众所周知，Lee 在晚于牛仔裤鼻祖李维斯近 40 年才出现，并且在竞争激烈的牛仔裤市场中迅速成长为第二大品牌，这主要得益于“暂时忘掉产品，关注顾客需求”的策略。首先 Lee 抓住的是长期被忽略的女性消费者这一细分市场。对 25～44 岁的女性消费者进行定性研究，发现这个群体对牛仔服装情有独钟，且大多数女性需要一条腰部和臀部合身并能活动自如的牛仔裤，而她们平均要试穿 16 条牛仔裤才能找到一条称心如意的。所以“贴身”是她们最关心的，也是最重要的需求。这就需要一种有“贴身”效用的牛仔裤来满足女性对“贴身”的需求。这个效用和需求之间的关联就是内在的关联。接下来 Lee 就动用营销资源实现这一内在的消费关联。Lee 重新改良女裤，在产品设计上一改传统的直线裁剪，突出了女性的身材和线条；广告中充分体现 Lee 恰到好处的贴身和穿脱自如。Lee 的经典广告文案“最贴身的牛仔”，一个“贴”字将 Lee 与众不同的效用表达得淋漓尽致。而与消费者最贴近的牛仔裤，也就是与消费者关联最紧密的牛仔裤。

案例分析

“双十一”三只松鼠营销策划案

1. 营销策划的目的与任务

本次策划是一次网络营销的策划，目的在于使休闲食品在网络上顺利进入市场，以在琳琅满目的休闲食品网络市场上获得更大的市场占有率，从而赢得消费者的青睐，获得更大的企业利益，同时在网络上得到广大消费人群的认可。

2. 产品概况

休闲食品的最主要卖点是独特美味或者给消费者带来美好的享受，而不是补充营养。休闲食品主要有四种消费类型：风味型、营养型、享受型、特产型，消费者涵盖全部人群：儿童、青少年、成年人及老年人。

作为一个快速膨胀的大市场，中国休闲食品市场有如下特点，也是休闲食品的主流方向：（1）越来越贴近人的饮食习惯和心理，要可口，便于咀嚼，利于消化，如将薯片与矿泉水捆绑销售；满足求新、求变心态，保持持续的满意；健康，尽管消费者对这一点不十分确定，但其在购买决策的影响因素中很重要，消费者会对食品的功能性有一定需求，不同的功能成为市场细分的前提。（2）从购买和消费习惯与心理来看，要赏心悦目、满足支配欲；方便性，卖点要易打动人，购买过程要体现休闲的概念；时效性，满足其心血来潮的非理性需求；可观性，既要好吃又要好看；参与性，每个人都有支配欲，好吃好看再好玩就更酷了。

3. 市场环境分析

（1）休闲食品行业环境现状。20 世纪 90 年代开始，国外休闲食品大举进入国门，市场发生了翻天覆地的变化。近几年，我国休闲食品行业发展较快，受益于休闲食品行业生产技术不断提高以及下游需求市场不断扩大，休闲食品行业在国内和国外市场上的发展形势良好。

（2）网络消费者分析。

①网络用户分析。随着互联网的普及，越来越多的人成为网民，其中 18～24 岁的年轻人所占比例最高，网民在年龄结构上呈现低龄化特点。

②网上购物增长。随着互联网的普及，网上购物逐渐成为人们的消费方式之一。网上购物安全、方便、快捷，是未来的发展趋势。

（3）休闲食品特征分析。年轻消费群体崛起；健康食品居于主导地位；休闲食品的种类不同，受欢迎的程度有很大的不同；高收入家庭成为休闲食品的消费主力；产品更新速度快。

4. 休闲食品顾客群体分析

儿童、青少年和年轻女性是休闲食品的主流消费人群。调查显示，高中生、中专生及大专生、18 岁～24 岁的年轻女性是引导休闲食品消费的主流群体，他们在购买食品时喜欢时尚的品牌；相反，31 岁～35 岁的男性群体则对于时尚食品缺乏兴趣。

5. 网络营销盈利模式

（1）传统的网络营销盈利模式：建立企业产品网站，在网络的商务平台开设网店，进行网络推销等。

（2）新的洐生盈利模式：博客营销、微博推广、与大型的团购网站合作等。

6. 4P 营销组合

（1）产品。开发休闲食品的健康品牌，积极推广绿色有机零食。营养化、健康化、功能化、时尚化已成为休闲食品开发的迫切要求。

(2) 渠道。在各销售平台开设网络商店；设立博客，推出并介绍对应的商品；开通微博，推广有益可口的休闲零食；与大型团购网站合作，开展低价团购活动。

(3) 价格。可开展限时折扣、限时限量竞拍、积分兑换等活动。

(4) 促销。可通过免费试吃、微博转发抽奖、休闲食品知识问答等活动进行促销。

资料来源：http：//www.doc88.com/p-1826347630635.html.

案例思考

1. “双十一”三只松鼠营销策划案的内在依据是什么？
2. “双十一”三只松鼠营销策划运用的营销组合有什么特点？
3. “双十一”三只松鼠营销策划的前提条件是什么？

实用工具

本章提供的实用工具：

1. 设立目标的SMART原则、设定目标的5W1H法、设定目标的步骤
2. 行动计划表、甘特图
3. 营销组合工具：4P，4C，4R，4V
4. 马斯洛的需求层次理论

复习思考

1. 分析比较4P，4C，4R与4V。
2. 如何进行营销策划？
3. 举例说明全方位营销的应用。
4. 营销策划的内在依据是什么？
5. 分析说明营销策划的前提条件。

章节测试

章节测试答案

参考资料和推荐资源

[1] 左仁淑．中国大学MOOC爱课程“营销策划”“市场营销”.

[2] 任锡源．营销策划．北京：中国人民大学出版社，2015.

[3] 马尔科姆·麦克唐纳．营销策划．北京：电子工业出版社，2011.

[4] 王学东．营销策划：方法与实务．北京：清华大学出版社，2010.

[5] 孟韬，毕克贵．营销策划方法、技巧与文案．北京：机械工业出版社，2016.

[6] 李琼．营销策划理论与实务．北京：人民邮电出版社，2014.

[7] 杨明刚．营销策划创意与案例解读．上海：上海人民出版社，2008.

[8] 菲利普·科特勒，凯文·莱恩·凯勒．营销管理：第 14 版·全球版．北京：中国人民大学出版社，2012.

[9] 周建波．营销哲学．北京：知识产权出版社，2015.

[10] 吴健安，王旭．市场营销学．6 版．北京：高等教育出版社，2017.

[11] 陈钦兰．市场营销学．北京：清华大学出版社，2017.

[12] 郭国庆．市场营销学通论．7 版．北京：中国人民大学出版社，2017.

[13] 李智朋．一看就懂的科特勒营销学全图解（升级版）．北京：北京理工大学出版社，2015.

[14] 李颖杰．与受众互动：广告策划从思维到行动．长春：吉林人民出版社，2014.

[15] Philip Kotler. From sales obsession to marketing effectiveness. Harvard Business Review，November-December 1977：67－75.

[16] 中国营销传播网，emkt. com. cn.

第2章

营销策划的原则与思维

学习目标

1. 知识学习

(1) 明确营销策划的基本原则

(2) 掌握营销策划的基本思维

(3) 把握创新思维的基本方法

(4) 熟悉营销策划的基本流程

2. 能力训练

(1) 营销策划创意设计的能力

(2) 营销策划创意分析的能力

(3) 营销策划创意表达的能力

3. 素质养成

(1) 培养营销策划的创新意识

(2) 培养营销策划的创新思维

章节概要

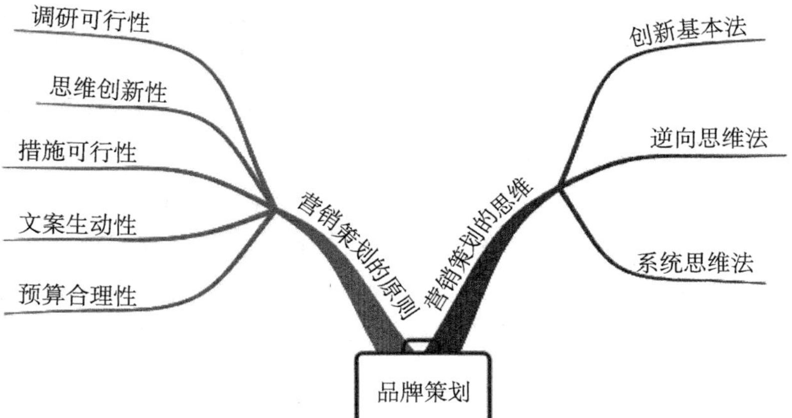

慕课资源

1. 学习视频

2. 学习课件

翻转任务

1. 个人：提前观看慕课视频，回答课后复习思考题，准备课堂提问。

2. 团队：为你的策划方案系统设计创意的方法，并展示。

导入案例

猪八戒网的创新

2006 年，猪八戒网创始人朱明跃发了个帖子，悬赏 500 元建立一个网站，这就是猪八戒网的雏形。朱明跃对人才、服务、电商有独特眼光，他想既然有淘宝这样的实物交易平台，那能不能建一个服务交易平台，把有需求的中小微企业和有智慧、专业的威客集中在一起，既解决中小微企业资金不足而又需要专业设计的刚需，又能帮助拥有专业技能的人获得额外的收入，于是猪八戒网应运而生。2015 年猪八戒网获得 26 亿元融资，估值超百亿。

中国每年成立的新企业不少，企业从开张到运营，对诸如公司 Logo 的设计、网站建设、文案撰写、公司注册、商标注册、兼职会计服务等有巨大的需求。企业的这些需求通过猪八戒网可以得到满足。企业只需在猪八戒网上发布需求，就有专业的威客接单，完成交易后网站抽取佣金。中小微企业获得了服务，威客获得了财富甚至开始创业，猪八戒网也获得了满意的利润。2015 年 6 月 15 日，猪八戒网在融资 26 亿元后宣布取消佣金，让业内外人士大跌眼镜。

猪八戒网深耕重庆，苦练内功，不仅成为服务平台领域的领先者，更累积了巨大数据量，9 年来，至少有 500 万家小微企业即买家在猪八戒网消费过，拥有专业技能的个人和机构即卖家超过 1 000 万。数据的价值在哪里？陈威如教授说过一句话：所有的平台，最后都是用海量的数据来为用户提供延伸服务。猪八戒网最新的商业模式就是“数据海洋＋钻井平台”。猪八戒网通过原始的服务项目交易，获得海量的用户数据和作品数据。在这个海洋上，陆续搭建一个个钻井平台，每启用一个，钻出来的可能都是石油。精确地把握企业用户的需求，猪八戒网开始发力“1＋N”。企业用户设计完海报，发现猪八戒网提供的印刷服务质量有保障，方便快捷且价格低，于是设计订单就转化成印刷订单；小微企业在处理财税问题上不专业，而猪八戒网的财税代理正规高效……2015 年以来，猪八戒陆续成立了八戒知识产权、八戒金融、八戒工程等钻井平台，带来了巨额的收入。仅一年时间，八戒知识产权就成为中国最大的商标注册代理平台，每个工作日代理的涉及国家商标总局的业务量超过 1 000 件，是传统商标行业的 20 倍，其营收远远超过了猪八戒网过去的佣金收入。

2016 年以来，猪八戒网运用自身平台的海量数据、创意智库、企业客户以及供应链的成熟资源，乘着“大众创业，万众创新”的东风，提出“百城双创”战略，打造“八戒城市”项目，从线上走向线下，从重庆走向全国，实施新一轮业务扩张，全方位服务地方企业创业者。猪八戒已和乐山、南川、昆明、长沙等城市展开合作，共建八戒城市互联网＋创新型产业园。朱明跃表示，未来的猪八戒网不再是一个单纯的网站或 App，而是一个超级孵化器。

资料来源：https：//www. sohu. com/a/100497814 _ 120672，有删减 .

2.1 营销策划的原则

调研可行性

在企业的营销过程中，对于某个特定问题，可以通过市场调研获取信息和资料以提高决策的可靠性，但这会提高成本；也可以根据主观经验来进行决策而不进行市场调研。是否进行市场调研，由市场调研的价值来决定。当通过市场调研所增加的利润大于调研费用时，市场调研是有利的、可行的。进行市场调研的可行性分析，首先要对不进行市场调研时企业可能取得的最大期望利润、市场情况完全确定（即调研结果完全准确）的理想状态下企业的最大期望利润及市场调研费用进行比较，做出初步决定。然而，由于市场受多种不可控因素的影响，市场调研结果往往存在误差。因此，是否进行市场调研，还需根据企业的实际情况来决定。

思维创新性

营销策划实质上是一种经营哲学，是营销的方法论，因而是一门具有创新思维的学科。它从新的视角，用辩证、动态、系统、发散的思维来整合营销策划对象所占有和可利用的各类显性资源和隐性资源，使其在新的排列组合方法指导下，各种生产要素在生产经营的投入产出过程中形成最大的经济效益。营销策划的创新性包括：一是观念创新，树立正确的市场意识与质量意识，增强竞争意识，强化合作意识等；二是市场创新，寻找新市场，以销售某种该市场不熟悉、从未生产过的产品；三是产品创新，不断进行产品创新，满足消费者不断变化的需求；四是服务创新，在产品同质化的情况下，服务往往成为提高消费者满意度从而击败竞争对手的切入点，也是影响企业市场定位的重要因素；五是组织创新，通过相互持股、兼并、联合、结盟等方式进行。

措施可行性

营销策划就是在创新思维的指导下，为企业的营销拟定具有可操作性的营销策划方案。为了保证营销策划方案的可实施性，在进行营销策划时，首先，必须使企业的资源、组织、能力、观念、文化等与营销目标、活动方式等相匹配。其次，所提出的营销方法方式必须简洁、明了、具体，便于理解、掌握和操作。再次，企业能够掌握调控营销的要素，使营销实施过程能够得到有效调控。最后，营销目标能够得到最大化实现。措施可行性主要体现在：策划方案是否可行、是否具有经济性与有效性。[①]

文案生动性

营销策划文案又称策划案，是营销策划工作和活动的成果，是表达策划主题和创意的所有文字和语言的总称。策划文案的创作不仅要考虑到立意的深度和广度、图片和文字的密切配合程度，还要考虑策划活动的目标、对象、媒体等因素的总体效果。要实现营销策划活动的目标，策划文案就要生动、形象、富有影响力，使受众见到策划文案就被吸引住，爱不释手。[②]

预算合理性

营销策划的预算要依据企业实力、营销目标和分解任务等制定得详尽合理，一般包括两大方面。第一，用于策划的费用主要有：市场调研费，取决于调研规模的大小和难易程度，规模大、难度大，费用必然高；信息搜集费，包括信息检索费、资料购置费、复印费、信息咨询费、信息处理费等，其数量由搜集的规模来决定；人力投入费，其费用多少由投入的人力多少确定；策划报酬，指支付给策划人的报酬，如果由企业内部人员策划就没有这笔开支，如果外聘策划专家或利用专业策划

---

① 秦仲篪，袁超，钟妙．市场营销策划．北京：清华大学出版社，2015.

② 何修猛．现代广告学．4版．上海：复旦大学出版社，2003.

机构就需要支付策划报酬。第二，执行策划的费用是执行策划方案的各种营销策略、政策所需要的费用，是用于营销策划各个环节、各个营销手段的费用。充足的经费是使策划具有可操作性的物质保证，准确的经费预算可以使企业的财务部门事先做好足够的资金准备，从而保证策划工作顺利开展。①

2.2 营销策划的思维

创新基本法

创造性最重要的先决条件是思维开阔。由于受到思维定式的影响，人们往往习惯通过固定的视角认知事物。营销策划的创新需要策划团队具有创新视角，即用不寻常的视角去观察事物，以扩展思维的广度，通过增加思维的数量，提高优秀创意产生的概率。创新的基本方法有以下几种。

1. 加法

（1）加法视角的内涵。加法视角是思考哪几种事物可以组合在一起，从而产生新的功能。例如，日历＋唐诗＝唐诗日历，剪刀＋开瓶装置＝多用途剪刀，等等。

（2）加法视角的运用技巧。

①实物相加。机械与电脑相结合的工业品和生活用品已屡见不鲜，如程控机床、电脑洗衣机、电子秤、电子照相机等。两种物品功能不同，但彼此联系紧密，相结合有更好的效果。

②虚实相加。多数是先有实物，然后加上某种精神因素。随着社会文明的发展和公众文化水平的提高，实物产品精神化成为不可阻挡的潮流。如姓氏瓷杯、属相雨伞、名人笔记本、爱情饮料等都是实物与精神因素相加的产物。具体方法有：

一是为产品附加主题。如数码影像蛋糕是高度个性化的产品，拥有深厚的精神内涵。类似的还有影像日历、影像名片、影像图章等。

二是让产品负载广告。柯达公司将印有商标的小纸片贴在鸡蛋上，实现很好的传播效果，很快打开了市场。

三是让产品附加拟人化功能。会说话的吸尘器可发出类似的提示：“垃圾满了”“垃圾袋位置没放好”“吸管里好像有东西塞着”等。

③概念相加。它实质上是一种明确概念的逻辑方法——限制。逻辑限制可以明

① 郝渊晓．市场营销管理学．4 版．西安：陕西人民出版社，2004.

确概念、揭示实质、显示事物特征、产生创意。

20世纪60年代，心理学方面的学校教材仅有《心理学》一书；20世纪80年代，心理学的各分支学科大量涌现：依年龄划分的《幼儿心理学》《青少年心理学》《老年心理学》；研究行为心理的《消费心理学》《写作心理学》《犯罪心理学》等。其他科学同样衍生出各种各样的分支学科。在学科名称前加上某一概念，缩小了概念的外延，增加了概念的内涵。

科学的发展总是由粗到精、由浅表到深入、由抽象理论到实际应用的。充分发挥加法视角的作用，对于营销策划的创新具有重要的意义。

2. 减法

（1）减法视角的内涵。减法视角是将复杂的事物简单化，使多样功能专一化，带来轻快灵便、简洁明了的愉悦感。合理取舍、有效增利的减法策略，可帮助企业集中优势资源，重点开发销路广、利润高的产品。

（2）减法视角的运用技巧。

①简化结构，节约用度。许多商品是多功能的，用途广泛，给人带来方便，但伴随而来的是成本的增加，从而使产品价格高昂。如高档打火机质优价昂，低档打火机便宜好用且销量更大。消费群体有多个层次，消费环境复杂多样，消费品也应具有多种规格与档次。化繁为简有时也能出奇制胜。

将计算机中的光驱与解码部分提取出来，简化成VCD；将计算机中的文字录入编辑和游戏功能提取出来，简化成学习机，走进千家万户。通过减法视角，开发出价廉物美的普及型新产品，也是一种非常好的发展策略。日本一家公司减去CT诊断设备中一般病人不需要且收费高的功能，使产品售价比同类产品低40%以上，在国际市场上建立了强大的竞争优势。

②壮士断腕，先减后加。有道是“文武之道，有张有弛”，“退一步是为了进两步”。可见，弛、退、减、失并非都是坏事，要依据具体情况分析。无可奈何地失去，是被动消极的；而有计划地舍弃，则是主动积极的。壮士断腕是勇，先减后加是智。智勇双全，方可闯过难关。

壁虎在遇到外敌攻击时会自断尾巴，断落部分还能跳动片刻，以分散敌人的注意力，趁机逃遁，过段时间，它的尾巴会重新长出。海星通常有5个对称腕，以腕代足，当一个腕遭受攻击或受阻时，会自动断腕逃生，不久之后，失去的腕会再长出来。

③有减有加，以加养减。“凡战者，以正合，以奇胜。……战势不过奇正，奇正之变，不可胜穷也。奇正相生，如循环之无端，孰能穷之哉!”这段话出自《孙子兵法》，意思是作战不过常法和变法，以常法交战，以变法取胜。既要注重商场规范，又要打破条条框框，出奇招而制胜。

日本有个“创意药局”，它将日常售价200日元的常用膏药以80日元卖出，因价格低生意兴隆，顾客宁可绕远也要来这家药局买膏药。随着膏药的畅销，药局亏损越来越大，但很快有了知名度。3个月后，药局开始盈利，利润增长迅速。因为许多顾客除了购买膏药，还会买其他药品，而这些药品可为药局带来利润。靠着低价售卖膏药吸引更多的顾客，通过其他药品的销售获得利润，“创意药局”不但深得顾客信任，而且建立了良好的口碑。

有加有减，时加时减，此加彼减；目标不变，策略灵活，是商家营销策划的精明之处。局部用减法，整体却可获得加法的效果。局部减法有广告功能，更有示人以诚的强大心理作用。

美国有位青年靠邮购业务发家，他先在杂志上刊登“1美元商品”的广告，即主营单价约1美元的商品。其所售商品中，20%的产品价格低于1美元，60%刚好1美元，20%高于1美元。因为低于1美元的商品销售最多，又得付邮费，结果亏损严重。在业务量迅速扩大、取得顾客普遍信任时，他适时地在给顾客寄送的商品中夹带一份3～100美元的商品目录和空白汇款单，良好的信誉使顾客乐于购买，邮购单雪片般飞来。3年后，其年销售额达500万美元。

日本药局采用的是横向思维，小部分亏，大部分盈；美国青年采用的是纵向思维，先期亏，后期盈。二者本质上相同，都是让消费者感到物美价廉，同时赢得消费者的信任。

④精减细算，降低消耗。减法视角最直接的做法就是万事都要厉行节约，即材料、资金、人力、时间都讲究经济节约。在实际经营中，提高质量与降低成本经常难以兼顾，而减法经营可以有效解决这一难题，关键在于降低成本或提高质量后要让消费者获得物超所值的体验。

美国一名铁路工程师在铁轨上行走时发现，每一颗螺丝钉都有一截露在外面。为什么要多出这一截呢？经过试验发现，这一截完全没有存在的必要。于是他决定改造这种螺丝钉。结果每个螺丝钉可节约 50 克钢铁，每千米铁轨有 3 000个螺丝钉，可节约 150 千克钢铁。公司拥有铁路 1.8 万千米，共 5 400 多万个螺丝钉，总计可节约 2 700 吨钢铁。

3. 乘法

（1）乘法视角的内涵。阿基米德说过：给我一个支点，我可以撬起整个地球。营销的乘法效应其实就是杠杆力，即追求思维对象成倍地增加或扩大，靠数量去创造最大的社会效益与经济效益。因此，模式复制是乘法营销最为直接和有效的实现路径。

巴西圣保罗有座小城，专门生产大得惊人的巨型商品：0.7 米的圆珠笔，0.3 米的香烟，8 开纸大的扑克牌，8 米高的公用电话……人们称其为巨物城。它虽只有几万人口，可每年来此进货的商贩达 10 多万人次。乘法视角以倍数扩展实现形体扩展，以物体形态的巨大吸引人。

生活中常会见到一些巨型实物广告，如 3 米高的大皮鞋挂在皮鞋厂门口，8 米高的大啤酒瓶立于桥头等，都可以体现乘法视角的独特功能。

（2）乘法视角的运用技巧。

①滚动发展，以量取胜。许多企业通过乘法视角抓住机遇，实现滚动式发展，将利润投入扩大再生产，以迅速发展壮大。对于缺乏知名度的初创企业，乘法策略很有效。

零下六十九度实业有限公司在制冷方面有一项专利技术——采用零下 69 度速冻生产工艺，既可保证食品安全，口感也会更好。将活鱼放进零下 69 度的冷柜，数十秒后拿出，鱼已被冻得梆梆硬，随后放进水池中解冻，鱼慢慢复苏，开始游动。这在全国是第一家。但公司资金不够，就想办法整合资源。于是找到做新能源的丰乐集团进行捆绑销售、做投资的锦峰泰富解决部分资金问题。在农产品批发市场建成大型冷冻食品批发城后，公司找到对服务民生的高科技项目感兴趣的深圳广电集团，达成战略合作。开业时，公司请最受观众欢迎的电视台主持人来主持，很快建立了产品知名度。

②刻意求大，引人注意。在产品规格上用乘法大幅度扩大，以获得奇特的功效。如早期的时钟是摆在桌子上的，体积很小，后来由座钟到壁挂钟，到钟楼上很远都看得见的大钟，这就是乘法视角作用下的扩大。

日本一咖啡屋推出多种档次的咖啡，最高档咖啡 5 000 日元一杯，引来大量好奇的消费者。虽然消费高档咖啡的人并不多，但中低档消费却因此而被大大拉动。最高档咖啡由名师当场精制而成，原料上乘，味道醇香；顾客坐在装饰豪华的咖啡屋，由身着古代皇宫服饰的侍女殷勤侍候；顾客享用完咖啡会获赠价值 4 000 日元的名贵银质咖啡杯。因此，该店回头客很多，有人专门为该店独特的咖啡杯而来，想收集一套用于宴席或送亲友。

③滋生繁殖，连锁成群。肯德基、麦当劳等国际公司都是以连锁形式发展起来的。连锁店是企业通过母店积累资金、拥有无形资产后，采用统一的经营内容、管理模式、服务标准，扩大规模至全国或世界各地。连锁店就是“克隆”店、“复印”店，运用的正是典型的乘法视角。企业经营中要想实现乘法经营策略，须整合多个市场环节，有效配置稀缺资源，将员工、顾客、股东、合作伙伴等直接利益相关者和社区、媒体、政府等间接利益相关者都整合到企业市场链，以转移成本、获取客户、求得支持、获得利润。

多年前，摩托罗拉在中国最早的代理商北京心力源源电子有限公司运用乘法策略，通过“免费赠送”形式打造了一条超级市场链：先成为平安的保险代理，向车主免费赠送汽车电话，然后要求车主按协议购买平安车险。心力源源从车主交纳的车险中获得 8%的合理返利；而消费者只需按正常标准交纳车险，且车主投保的期限仅为两年。两年后，车主就可完全拥有汽车电话的产权。在此多赢的乘法链中，“卖保险、卖汽车、卖汽车电话”看似分开的业务被有机地整合，形成一个利益共同体：消费者没有付出额外代价即可享受实惠；保险商获得稳定客户群；代理商收到合理佣金；心力源源获得品牌、资金、市场，形成了一个良性循环。这体现了乘法经营的力量：代理商的授权＋“联盟者的市场，消费者的需求”＋自身的品牌信誉＝资金回报，即“物流＋人流＋信息流＝资金流”。

4. 除法

（1）除法视角的内涵。除法视角是指将本来可以一步到位的目标实现过程依次分成若干细小的战略区间，依靠战略区间的转换和技术的升级换代获取利润。也指把能独立、经济效益好的项目分离出来，单独立项运营，以实现分拆大于总和的效应。

榨菜是四川特产，一开始厂家用大坛装，大批外运，销量大，但利润率并不高。榨菜到了上海，被改为中坛包装，够一家食用一个月，价格上升，利润可观。在香港，榨菜用小坛子包装，身价大涨，利润翻倍。后来榨菜用锡箔纸包装，精美的袖珍小袋令家常小菜升格为风味佳品，价格大增，最终利润比大坛榨菜翻了数十倍。小包装食品给旅行者带来很大便利。榨菜在市场上的包装不断变身缩小用的就是除法视角。

（2）除法视角的运用技巧。

①整体缩小，袖珍见奇。物品往往有其特定的存在空间，在某些领域，其规模、体积、范围是合适的；换了场地，可能会显得臃肿和累赘。如 5 升保温瓶适合家庭使用，用于旅行就显得过大，于是出现了保温杯。这种缩小就是除法视角的妙用，在功能上无明显变化，只是体积更小，更轻巧方便。

大城市的公园、广场常见音乐喷泉，人们聚集在那里或轻歌曼舞，或休闲纳凉。“音乐喷泉很美，富有诗意，就是大老远跑来看很不方便。”这话引起一家企业负责人的思考：音乐喷泉在一座城市不宜多设，可否用除法视角，将音乐喷泉的规模缩小再缩小，制造出小型的供宾馆、饭店使用，微型的供家庭使用。企业做了调查并进行了可行性分析。音乐喷泉本是城市的公共设施，造型大，价格高，拥有量少。企业从广大群众对音乐喷泉的喜爱与城市拥有数量有限这一矛盾出发，变庞然大物为小巧玲珑之物，变公众共赏之物为一家一户的休闲之物。

②化整为零，以小显贵。这种做法在食品行业应用广泛，原因有三：其一是小包装可给消费者带来新鲜感；其二是随着人们外出旅游增多，小包装更方便；其三是定价高的商品通过小包装可以进入大众消费市场。

金华火腿历史悠久，驰名中外，市场却有限。原因是它块头太大，价格太高，又不易加工。改革开放后，金华人对火腿做了改造：一是即取即食无须蒸煮，方便消费者食用；二是开发多种规格的小包装，满足 3 口之家一餐食用、宴席作冷盘用、旅途中个人食用、作为礼品等不同的需要，从而快速打开市场。

③细分细合，先分后合。人们基于各自需要购买商品总成或零部件，如买手表、洗衣机都是购买商品总成，也有人因兴趣爱好、为增长知识或节约开支自己动手组装而购买零部件，如为组装音响设备、交通工具、家用电脑等购买零部件。

物理课要讲发电原理与发电机的构造，传统教学方法效果并不理想。有家企业制造了几十台教学用的微型发电机，有手摇的、燃油的。该企业将产品送给一所中学，学生先阅读教材有关章节，然后按说明书自己动手组装，自己开机发电，然后再将其拆卸，逐一认识、理解、领会各个零件的构造、功能、原理及各个零部件之间的相互关系。最终发现，学生对此十分感兴趣，教师对教学效果也非常满意。

总之，“加减乘除”的创意思维是营销策划创意的基本方法。企业可基于实践需要运用不同的视角，以收获奇效。

逆向思维法

1. 从纵向营销到水平营销

企业产品或服务的创新基于两种方式：一种是传统的纵向营销（vertical marketing），指企业运用逻辑思维，从宏观到微观，通过市场细分与定位在特定市场内部进行创新，以调整现有的产品和服务，使市场多样化。

另一种是水平营销（lateral marketing），即寻找市场外部的创新，将已知信息进行重组，通过不具选择性但更富探索性、可能性和诱导性的创新思维，从微观过渡到宏观来发现机遇。其核心思想是将原本无关的概念同现有商品相结合，以探索这种结合能否创造出新的产品类别和新市场。水平营销跨越了原有的产品和市场，通过原创性理念和产品开发激发出新的市场和利润增长点。菲利普・科特勒将其形象地比喻为“跳出盒子的思考”。

很多家庭习惯于在每天早晨冲一包麦片，因为麦片营养丰富且有益于健康。Hero 公司在麦片市场上占有率一直不高，且市场早已饱和。公司企划人员想重新定义麦片的使用价值，把麦片当作任何时候都能食用的健康点心，而不是通常的早餐。于是公司把麦片做成人们熟悉又陌生的样子——巧克力条，从而开发出了一个新的消费市场。如今，该公司已是欧洲市场上最大的麦条类产品的制造商之一。

表 2-1 对纵向营销与水平营销进行了比较。

表 2-1 纵向营销与水平营销的比较

	纵向营销	水平营销
依据	市场需求、客户群、产品用途；我们的任务，我们要成为一家什么样的公司，据此进行创新	被忽视的市场需求、产品的用途；在必要情况下随时对我们的任务进行重新定义，先确定我们当前要提供什么东西，然后再进行创新
运作原理	垂直方向的，遵循营销过程	水平方向的，在营销过程之外
运行步骤	起点是进行需求分析调研，确立潜在市场群体；运用市场细分、目标锁定、定位等形成产品的竞争策略；通过营销组合将产品推向市场	选择一个焦点，进行横向置换以产生刺激，最后建立一种联结；始于选择一种产品，可选择当前投放市场的产品，在发展中创新；也可选择一种竞争难度大的产品，寻找其替代品
初级阶段	市场发展壮大，潜在客户成为真正客户	新的市场、产品类别或子类别被创造出来，且能兼顾现有产品无法顾及的目标客户或用途
发展前景	低增长性，但新概念的推广更容易	高增长性，但这种选择的风险更高
销售量	夺取竞争者份额，将潜在客户或用途转为真正客户或真实用途	完全新增的，不影响其他市场；或在广泛的竞争范围内影响到多种产品的市场份额
适宜时机	企业资源匮乏时；某市场或某产品生命周期早期（成长阶段）；能够使用低风险策略，低端资源通过分割市场来保护市场；为完成企业使命而创新，保持业务优势和重心	资源丰富时；在一个市场或一种产品生命周期的成熟阶段；能够使用高风险策略，高端资源（利用替代品）从外围进攻市场；重新界定企业使命，寻找其他市场
负责部门	营销部门	营销、研发部门，创意代理机构或企业家

对于企业而言，为实现营销策划目标，纵向营销和水平营销都是不可或缺的创新思维。如果在发现新品类之后没有纵向营销来提供多样性，水平营销也就不能充分地发展。

2. 水平营销的步骤

水平营销遵循图 2-1 所示的三个步骤：选择焦点；进行横向置换以产生刺激；建立一种联结。焦点是指一个待解决的问题或要达成的目标，或者是指简单的物体。横向置换是指对逻辑思维顺序的一种中断。

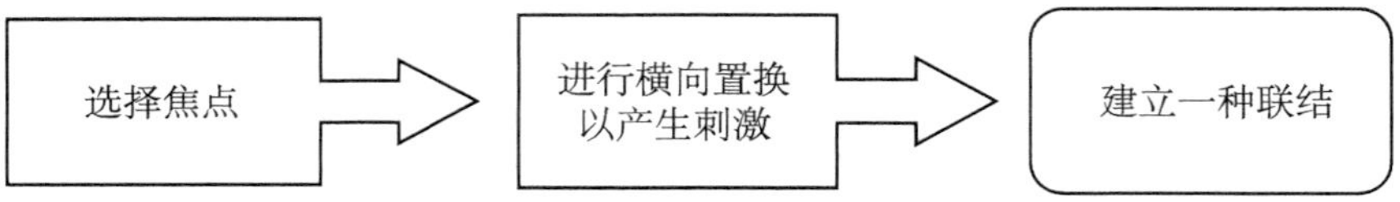

图 2-1 水平营销的步骤

例如，把“花”作为一个焦点，对“花会凋谢”进行横向置换，就会变成“花永不凋谢”。在“花”和“永不凋谢”间如何建立联结？可以用一种东西做成花的样子，就不会枯萎，所以有了用布或塑料做的假花。“假花”就是“花”与“永不凋谢”之间的联结点。由此产生了一个新的概念——“人造花”。这就是创新，即联结两种大体上无任何明显或直接关系的想法后的产物。

(1) 选择传统营销策略的一个层面，确定一个焦点。将选定的产品或服务分解，才能更好地选择其中的某个方面进行创新，而分解的最佳方法是使用纵向营销方案。纵向营销方案由许多部分组成，包含多个焦点，为达到配合水平营销的目的，将纵向营销过程的所有板块分三个主要层面：市场层面、产品层面和营销组合层面。

以纸尿裤市场为例，若将水平营销技巧应用于市场层面，就要调整纸尿裤市场，如为即将脱离纸尿裤的孩子专门设计新款；若应用于产品层面，则对纸尿裤的款式进行更改；若应用于营销组合层面，就要调整纸尿裤的营销组合，如推出某种付款方式促进纸尿裤的销售。

从市场或产品层面进行水平营销易产生新品类，从营销组合层面进行水平营销则易产生创新性的商业规则或产品子类别。

20世纪末，电子商务蓬勃发展，全球知名的便利连锁店集团7-11的管理层注意到电子商务将对实体店销售产生巨大冲击，自己应该和电子商务联手，而不是交手。于是7-11便利店成了网上购物的存货点，因其销售网络发达的“地利”获得利润。

(2) 选择一个层面进行横向置换，制造营销空白。制造空白是水平营销的基础，没有空白，就没有水平营销。制造空白的唯一方法是通过横向置换暂时中断逻辑思维。假如发生置换后没有产生空白，则表明正在进行的是纵向营销，而非水平营销。爱德华·德·波诺提出横向置换的六种技巧：替代、反转、组合、夸张、去除和换序，可应用于三个层面中的任何一个。

用聚焦于产品层面说明横向置换的六种技巧，如“在情人节给爱人送玫瑰花”。

替代（替换）：情人节送柠檬。

反转（颠倒）：一年之中除情人节外，每天都送玫瑰花。

组合（结合）：情人节送玫瑰花和其他礼物。

夸张（扩大）：情人节送一大束玫瑰花（扩大夸张）或只送一朵玫瑰花（缩小夸张）。

去除（淘汰）：情人节不送玫瑰花。

换序（重新排序）：情人节向倾慕者送玫瑰花。

所有的操作可能引出了不合逻辑的结果，因为都产生了空白。假如能够制造空白，水平营销就成功了一半。将六种技巧分别应用于营销过程的三个层面，从而推导出营销空白。

①市场层面进行横向置换。最有效、最简单的技术是替代，对需求、目标市场、使用时间、使用地点等市场层面的各因素进行替换，如改变产品的目标市场。

剃刀通常被认为是针对男性的产品，但吉列为配合女性的腿部自然线条，特别推出了一款粉红色的女士刀架“吉列维纳斯”，以向女性销售剃刀。

时机和形势往往同某种特定的商品相联系。圣诞节、年终聚会和庆典活动时会用到香槟，而白酒只有在特殊餐会时饮用。当其他产品强势进入市场时，企业可以根据经验选择商机。

一家重要的广播电台为乘坐公共交通工具的人打造了一档30分钟的新闻节目，否则这些人会听音乐。其他商家如书商也会进入这一市场。

---

②产品层面进行横向置换。产品本身是按规定方式将独立元素组织在一起的结果，因此，先将产品分解，如“笔”可分解成墨水、颜色、笔帽、笔杆；再通过横向置换去除或改变其中的某些部分。

替代法，排除产品的一个或几个要素并对产品加以改变。如硬糖果加上木棒制成棒棒糖。

组合法，给产品添加一个或几个要素，并保留其他要素。如带有迪士尼和华纳卡通形象的领带。

反转法，即反转或否定产品的一个要素。如将熟比萨换成生比萨，这种速冻主食已风靡世界。

去除法，即去除产品中包含的一个要素。如电话去掉电话线成为无线电话；因自行车无处停放而出现可折叠车型；因胶卷需要冲洗而出现数码相机。

夸张法，包括向下或向上扩大一个产品的一个或几个要素。如双人自行车、微型汽车、抛弃型隐形眼镜。

换序法，即改变产品的顺序。如向消费者传递广告信息导致许可销售的出现。

③营销组合层面进行横向置换。若以寻求产品的不同营销组合战略为目的，可

使用替代技巧，即拿其他产品的营销组合为企业所用。另外五种技巧则适用于创建新的定价、分销和传播等营销组合战略。

咖啡销售机运用信用卡概念销售咖啡，消费者刷卡消费；收费站允许用户使用电子装置通过收费站，用户通过账户支付费用，不必再找零。这里，唯一的创新是利用现有方式对现有产品进行支付，与传统的支付方式有根本区别。

（3）运用评估技巧，建立联结以填补空白。运用以上六种技巧制造的空白很多看似不合逻辑，因此必须分析刺激中的信息，并对营销空白的价值进行评估。填补空白的方法是粗略评估，有以下几种技巧。

①跟踪购买的过程，发现有价值的创意。跟踪空白刺激所引发的购买过程，想象购买者如何完成信息收集、购买决定、产品使用等整个过程，并将这一情境记录下来。

想象这样一个购买过程：迪厅里有人买了爆米花，因光线暗看不清而撒上彩盐，使之变为荧光爆米花；吃后感到口渴点了饮料——吃爆米花引起口渴，提供免费爆米花可卖出更多饮料。

②提取有价值的积极事物。在不合理的空白刺激中寻找积极因素，思考能否用其他方法产生积极效果。

顾客买画后不满意，有退货和换货两种选择。对卖家而言，换货更理想，于是就有了一种新的服务方式：出租。画廊将画租给顾客，顾客每 6 个月可免费换一次画。

③找到一个可能的情境。找到的情境可以是身边的人、地点、时间、场合等，使空白刺激产生意义；再移动或改变空白刺激，直到适合这个情境。[①]

玫瑰花在情人节时最热销，但它也能用在其他情境中。如男女双方冷战时，一方想通过送玫瑰花以示歉意并和好。这就需有一个为人们所接受的具体沟通代码。商家为了与情人节区别，可通过这样的创意——用 5 朵玫瑰花代表“sorry”的 5 个英文字母。这样，可使玫瑰花适用于日常生活中的很多情境，从而增加销量。

① 吴炜，董杰．市场营销实训教程．武汉：华中科技大学出版社，2009.

系统思维法

1. 六顶思考帽

（1）由来。英国的爱德华·德·波诺博士是历史上第一位把创造性思维研究建立在科学基础上的人，也是思维训练领域的权威专家之一，他创造性地提出横向思维及工具——六顶思考帽。许多世界 500 强企业如 IBM、埃克森美孚、杜邦、壳牌、福特等都采用这一工具进行员工培训。

（2）价值。

①培养不同的思考方式。团队成员戴上不同颜色的帽子，就要表现该颜色帽子的思维，避免思维定式和无谓争辩，每个成员都需要进行角色扮演。

②引导注意力。将团队成员注意力引导到创意对象的六个层面，激发团队成员的潜能，集中火力解决焦点问题。

③便于思考。团队成员可以要求他人变换思维，停止负面思维或做出纯粹情绪化的反应。总之，只要便于思考，成员就应变换思维。

④计划性思考，而非反应性思考。要便于团队或个人做出计划。如先用白帽找到所需信息，再用红帽找到对信息的感觉，依次分析优缺点，一旦发现创意，就可制定、完善计划。

（3）颜色和功能。

①白色思考帽。也称信息帽，代表中立而客观的事实和数据，这是白色帽子思考法的关键点。要思考：有什么信息？需要什么信息？已有哪些信息？缺少什么信息？怎样获得？使用要点有：记录冲突观点；评估信息实用性与准确性；区分事实与推测；获取信息所需采取的行为。

②红色思考帽。也叫感觉帽，它是主观的，和客观中立、没有情感色彩的白色思考帽完全相反，是将暗中起作用的情绪化的、感性的思考用合理的方式表达出来。运用时应注意两个特点：一是表达感觉不必合乎逻辑，思维可以改变情感，但改变情感的并非思维的逻辑部分，而是认知部分；二是将感觉直接表达出来，不要问为什么。

运用红色思考帽有六个要点：一是情感，即成员只要有情感都给予表达机会；相较于传统思考法，该法使情感、感觉等非理性因素成为团队决策的重要因素。二是直觉，即对事物的洞察力、对情况的即刻了解、情绪的时刻转换并表达。三是品位，即自己的一种感觉，也是一个非理性因素，不用追究原因。四是审美观，体现了很强的情绪化、差异化和个人化。五是世界观，对正确的加以鼓舞发扬，对错误的坦诚沟通。六是个性，每个人都有自己的个性，允许个性存在。

团队运用红色思考帽需遵循四个原则：正确运用直觉、预感与感觉；不要证明或解释自己的感觉；避免争辩；避免过度使用红色思考帽。如果成员间只表达情绪，则得不到解决问题的办法。

③黑色思考帽。即应看到事情的黑暗面，运用否定、怀疑、悲观的看法，但合乎逻辑地进行批判。

分析下面这句话：

——我觉得降低价格没什么用。

这是红色思考帽思维方式。戴上黑色思考帽，要讲逻辑理由。于是表述变为：

——从我们的经验来看，以销售数据说话，降低价格之后增加的销量并不足以弥补减少的利润。而竞争对手也会降低价格来抵制我们。

运用黑色思考帽有两个目的：一是探讨创意，尽早发现缺点以便克服和改正；二是总结创意时确定该创意是否有价值，对制定的行动方案进行评估，最后评估时在黑色思考帽的基础上再用红色思考帽来确定对判断的感觉。

用好黑色思考帽有四个要点：一定要有逻辑的批判；以往经验是否适用；发挥想象力；提出可能性，而不是一味地否定他人的观点。运用黑色思考帽要尽量避免争论，避免沉溺于攻击他人而产生的满足感。

美国宇航局曾运用黑色思考帽成功解决了宇航员在太空写字的问题。当时它向全球发布了一则广告——征集一种发明，要求能在太空中写字。有个德国学生在来信上用铅笔写道"试试铅笔"。铅笔是靠铅和纸的摩擦留下的痕迹来写字的，不受重力影响，所以既能在地面上写字，也能在太空中写字。在太空中，虽然环境发生变化，但工具本身的适用条件没变，摩擦仍然存在。这种合乎逻辑的想法解决了美国宇航局的问题。

④黄色思考帽。又叫阳光帽，是将正面、乐观、喜悦、积极的心态集中于利益之上，是符合逻辑的、建设性和启发性的思考。运用黄色思考帽有两个要求：一是要有逻辑性，不能毫无根据地乐观；二是要有实现的条件。它与其他几种思考帽的比较见表 2-2。

表 2-2　黄色思考帽与白、黑、红、绿色思考帽对比

<table>
<tr><td colspan="2">黄色思考帽 vs. 白色思考帽</td><td colspan="2">黄色思考帽 vs. 红色思考帽</td></tr>
<tr><td>黄色思考帽</td><td>白色思考帽</td><td>黄色思考帽</td><td>红色思考帽</td></tr>
<tr><td>有逻辑、有依据，
讲步骤和方法</td><td>无逻辑、无方法，
只讲事实</td><td>理智的、正面的</td><td>情感的，无论正面负面，
只要非理性</td></tr>
<tr><td colspan="2">黄色思考帽 vs. 黑色思考帽</td><td colspan="2">黄色思考帽 vs. 绿色思考帽</td></tr>
<tr><td>黄色思考帽</td><td>黑色思考帽</td><td>黄色思考帽</td><td>绿色思考帽</td></tr>
<tr><td>正面的、积极的</td><td>负面的、否定的</td><td>现实基础上的逻辑推理</td><td>强调创新，无边的想象力</td></tr>
</table>

用好黄色思考帽须掌握以下特点：表达积极的情绪和想法；表达乐观的情绪；一定是有建设性的想法、意见，这是解决问题的关键；提出的想法应具有启发性，对问题的解决提供思想素材和智慧导引。

⑤绿色思考帽。也叫创新帽，即不拘泥于现状，对常规进行改变，即使没有任何逻辑依据。只有对原有实际情况进行了根本性改变的观察和思考，才可以有更多新思维。运用时有三个要点：创造力、集中精神、不做批评。

主要有四种思考方式：先假设想法成立，进而讨论可行的方法；不要放弃任何可能性，让天马行空的思想彻底驰骋起来；像酝酿一首诗一样去运用绿色思考帽；可将一些想法逆转，找到问题的切入点。

绿色思考帽的成功运用还需借助“七字法宝”：加——不同要素通过组合产生新事物；减——滤掉不必要的技能或事物；乘——将正面的、积极的事物成倍增加以扩大效应；除——缩小；转——换个角度思考问题；用——改变某事物的用途；时——好的创意需要时间。

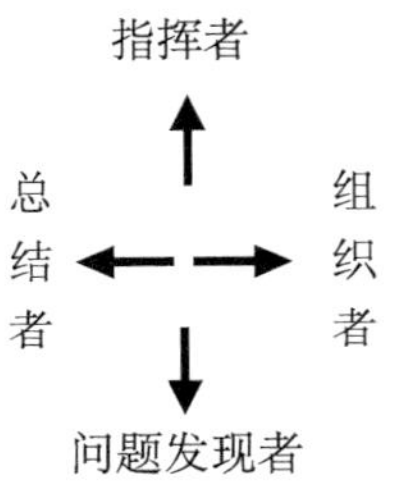

图 2-2 蓝色思考帽的角色

总之，绿色思考帽的核心是新和变，而运用的关键在于变。

⑥蓝色思考帽。也叫控制帽，是六顶思考帽的“大脑”，是对思维的指挥、控制，也是安排思考的程序，在这一过程中会不断做总结。蓝色思考帽的角色如图 2-2 所示。

蓝色思考帽具有三方面的价值：统一思想，使团队思考更周全，使团队的讨论和思考合理化、清晰化、程序化。蓝色思考帽负责主导培训、做会议记录、做总结、明确帽子使用顺序、明晰焦点问题等。

在“福尔摩斯是好侦探吗”这一游戏中，每个小组有甲、乙、丙、丁四个组员。甲戴蓝色思考帽，是组织者、指挥者、总结者。这时，若甲说我们都戴白色思考帽，则成员都得遵守游戏规则戴上白色思考帽，收集福尔摩斯的信息和好侦探的信息；然后甲再让大家谈谈感觉，即统一戴上红色思考帽：如果都认为福尔摩斯是好侦探，那么可以结束讨论；如果有争议，那么可以就争议运用六顶思考帽继续讨论。当大家陷入黑色思考帽思维，负面情绪泛滥时，戴蓝色思考帽的人应主动要求大家换个思考帽，换个角度考虑问题。否则，团队容易陷入思考误区而难以自拔。

运用蓝色思考帽的注意事项有：明确不同帽子的使用时间；不要批评，只负责引导；发挥灵活的主导作用；使讨论清晰化；合理安排创意讨论的过程。

（4）运用顺序。依据问题解决的不同阶段，通常有三种序列。

①初始序列。

- 如何解决这个问题？（黄色思考帽）
- 怎么看待这个问题？（红色思考帽）
- 目前有哪些信息？（白色思考帽）
- 讨论这些观点有何价值？（绿色思考帽）
- 避免重复使用帽子。（蓝色思考帽）

②中间序列。

- 替代方案是什么？（绿色思考帽）
- 讨论方案有何价值？（黄色思考帽）
- 有什么缺点？（黑色思考帽）
- 这与已有的信息是否相符？（白色思考帽）

③结尾序列。

- 总结一下之前的思考。（蓝色思考帽）
- 这些都能做到吗？（黑色思考帽）
- 该如何处理这些方案？（绿色思考帽）
- 尽管知道方案不可行，但是仍然喜欢。（红色思考帽）
- 大家对这个过程有什么感觉？（红色思考帽）

在结尾序列中，还要注意三个关键问题：需要行动时，使用黑色思考帽得出最终评价；使用红色思考帽得出一个感性的看法，并对决定做出情绪化的反应；使用蓝色思考帽进行总结，迅速决策，进行下一步组织安排。

（5）运用六顶思考帽的三个要求。

①戴同一顶帽子。团队成员都要理解并统一思考问题的方向，在同一时间非常清楚用哪一种方式进行思考。如需要找到方案的缺点与存在的问题，要求成员都戴黑帽，包括方案的提出者。

②获得全体成员的认可。运用六顶思考帽时，最好先对全体成员进行培训，使成员认同这一思维工具的价值，了解规则并且愿意遵守。

③遵守共同的规则。六顶思考帽为思维游戏制定了规则，因此，成员在谈论和思考时有了共同的标准。所有的成员必须遵守同一个规则，不允许违反规则。[①]

爱德华·德·波诺博士在提出六顶思考帽之后，又提出了六双行动鞋，认为前者是思考，后者是行动。具体为：深蓝海军鞋——惯例和形式化的程序；灰色运动鞋——获取信息；棕色便鞋——实际和务实；橘色橡皮靴——紧急行动；粉红色拖鞋——关心与同情，对人的感情投以注意；紫色马靴——扮演由

① 段绍译．高效能人士的 36 个工具．北京：机械工业出版社，2017.

地位或权威所赋予的角色。

2. 思维导图法

（1）思维导图的由来。英国心理学家、教育学家东尼·博赞提出，人类大脑的思考是有机的，就像人体的循环系统与神经系统，或是树的枝条和叶子的脉络。要想有健全的思维，就要有反映这一天然有机体的工具，用彩色笔画出一种信息丰富的图形。图形的中心是一个中心概念或主题，然后发散出去写出各种想法或其他主题，并配以色彩和图像。因其简单明了又形象，且有利于发散思维，已在全球范围得到广泛应用。

（2）思维导图的内涵。思维导图又称心智图，即通过带顺序标号的树状结构来呈现一个思维过程，将发散思考具体化的过程。它运用图文并重的技巧，把各级主题的关系用相互隶属的层级图表现出来，把主题关键词与图像、颜色等建立记忆链接。它综合了全脑的思维特点，包括左脑的逻辑、顺序、条理、文字、数字，右脑的图像、想象、颜色、空间、整体等，很好地将线性思维和视觉思维结合起来，如表 2－3 所示。

表 2－3　左脑思维与右脑思维

左脑思维	右脑思维
属于“聚光灯思维”。 重次序和序列。 把零散的局部组合成一个有机整体。 控制人们的分析、科学、逻辑、数学和语言学习行为。	属于“散光灯思维”。 重整体和发散。 本能上会先看整体，再看局部。 主管人的艺术、音乐、创新、想象、进取、政治、戏剧和视觉等行为。

思维导图对于个人的价值表现在以下方面：发散性，提升发散思维的能力；联想性，提升创造思维的能力；条理性，提升归纳思维的能力；整体性，提升分析思维的能力。

（3）思维导图的绘制方法。

①手绘。其优点在于自由度较高，对材料和载体的选择没有限制。在制作形式上没有固定要求，只要发挥的作用相同，根据需要选择合适的即可。其步骤如下：

第一，先以一个课题为中心，对概念进行剖析，在大脑中形成概念。首先把中心词放在中央，在纸上写出或用图形表示中心词，为了使主题突出，可使用冲击力强的符号来强调主题。然后寻找所有能发现的设计点进行发散思考。

第二，设计层级。从中心向外发散一级分支，以 4～7 个一级关键词为宜，由于其重要性仅次于中心词，所以也需用较粗的标示标注，发散的主题用线连接。以一个概念为主，在纸上展现，从一个点出发，引出不同的概念思维方向，把思维打开。

第三，使用关键词和图形。为方便记忆和联想，除使用关键词外，使用图形和符号等也有利于联想。这样可把更多相关的关键点连接，更快地进行无障碍思考。

围绕思维路线，结合自身感受将思路快速记录下来，寻找创意元素。

第四，把第一次发散思维的关键点进行整理，将有关联的点进行连接、重构，激发新的创意。可以在规定的时间如 30 分钟或 40 分钟内，让每个人逐个参与，形成锁链式的连接方式，让创意思维活跃起来。

第五，将好的或有新鲜感的创意元素用图示表现出来，形成创意导图。或者沉思一下，让大脑对导图产生新的观点，继而进行第二次重构。

第六，当所有的思维导图创意方向有了一个明确的点以后，就开始将这些点进行连接，形成创意链条，在这个方向上再继续深入思考或修改。

以喝水为例，运用思维导图工具进行多视角、多维度、多元化的思考，并将概念具体化和视觉化，如表 2-4 与图 2-3 所示。

表 2-4　思维导图阶段表

阶段	要求	目的	能力
1	以喝水为中心概念，用文字表述框架，展开一个概念的发散思维游戏	自由发散	多视角、多维度思考
2	交互观摩思维导图，对精彩的思维路径进行标记	学习和发现思维闪光点	辨识与筛选
3	对有价值的闪光路径进行提炼，整合 10 个关于喝水的诠释，用文字表述，并用思维导图呈现出来	如何将碎片化信息进行整合和诠释	提炼与整合
4	精选 4 个喝水的诠释，以之为蓝本演绎出四个创意图形	用视觉图形讲故事	视觉呈现

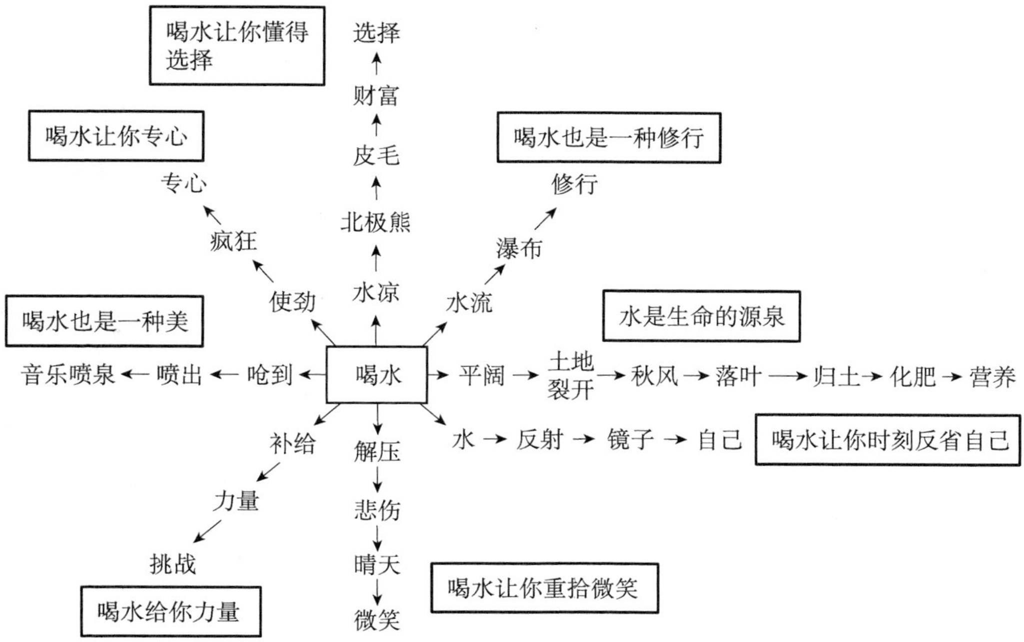

图 2-3　喝水思维导图

②使用绘制软件。其优势在于可节约时间，美观大方，且便于修改。如利用画图工具 MindManager 来制作思维导图，该开源工具可以直接从网上免费下载，安装与使用简便。Xmind 是提供大量免费素材的思维导图软件，有 Windows，Mac，Linux 三个版本，个人用户使用的 Xmind 具有大部分功能，而且免费，如果想要更多功能可付费升级至专业版。

以智能家居为例，图 2-4 展示了由该软件做出的思维导图，从智能家居联想到前台技术、后台技术和家电设备，然后由每个技术继续向下联想，依此类推。

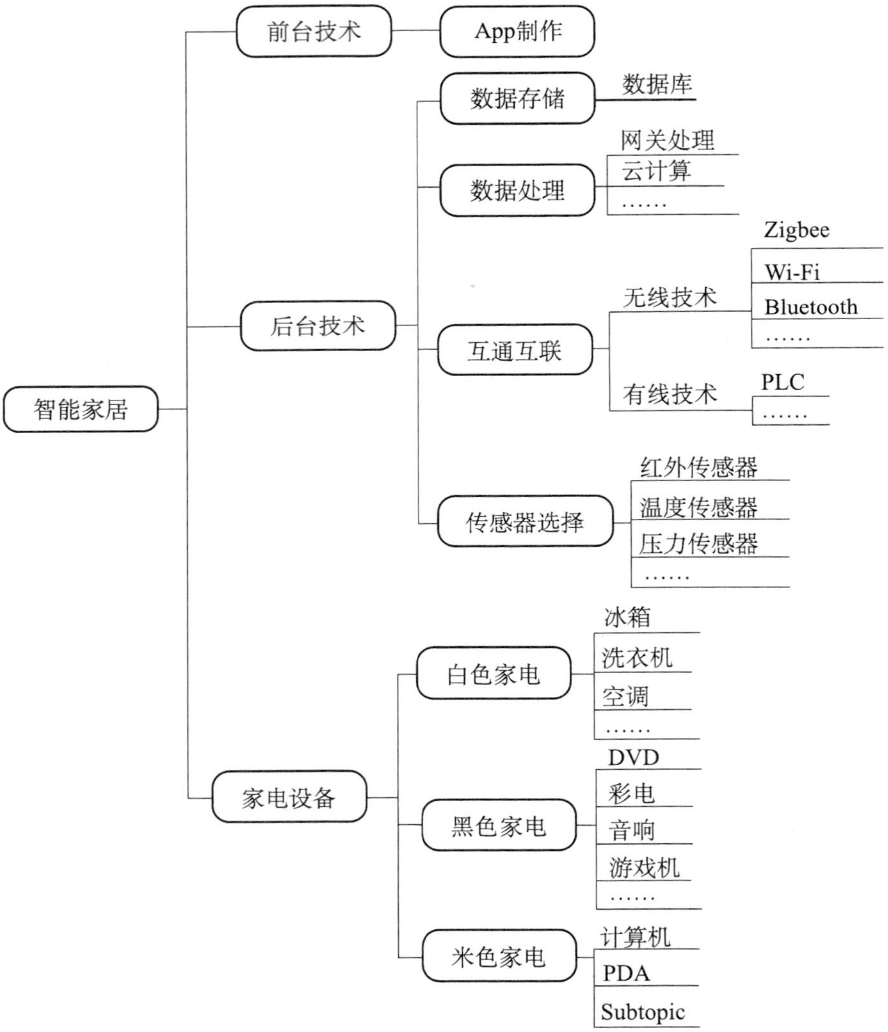

图 2-4　智能家居思维导图

总之，思维导图是激发潜能、开发创意的完美工具。要坚持运用发散思维并高度概括，同时运用类似逻辑推理的能力，绘制一张合格的思维导图。

3. 金字塔原理

（1）金字塔原理的由来和内涵。它是由麦肯锡国际管理咨询公司的巴巴拉·明托发明的一种思维方法。在金字塔结构中，思想之间的联系方式可以是纵向的，即任一层次的思想都是对其下一层次的思想的总结；也可以是横向的，即多个想法共同组成一个逻辑推断。金字塔原理兼具水平关联与垂直关联的思考模式，同时涵盖由上而下与由下往上的分类方式，不仅适用于写作、思考、提问，也可以应用在书面或口头报告上。金字塔原理的核心是：任何事情都可以归纳出一个中心论点，此中心论点可由 3～7 个论据支持，这些一级论据本身也可以是个论点，由 3～7 个二级论据支持，如此延伸，最终形成金字塔形状。

明托指出，人类的大脑会自动将每件事物排出顺序，把同时发生、相关联的一组东西视为同一类，并且进一步把一种逻辑模式套用到这个类别上。遇到较多事物时，为方便记忆，大脑也会进行逻辑分类。

在图 2－5 中，如燕子、脚踏车、小狗、海报纸、毛笔、轮船、影印纸、货车、乌骨鸡、飞机、钢笔、独木舟、鲸鱼、鲑鱼等 14 个项目，可先分成“动物”“交通工具”“文具”三大类。其中“交通工具”可先分成“人力”与“非人力”，然后再分为“陆地”“水上”“天空”；也可以先分成“陆地”“水上”“天空”，然后每一项再分成“人力”与“非人力”。两种形式在逻辑分类上都可行，究竟哪一个概念放上位阶、哪一个放下位阶较佳，没有标准答案，但是与解决问题或思考事情的目的或优先级有关，如果先考虑会不会耗费体力，那么“人力”“非人力”就会在“陆地”“水上”“天空”的上位阶，反之亦然。

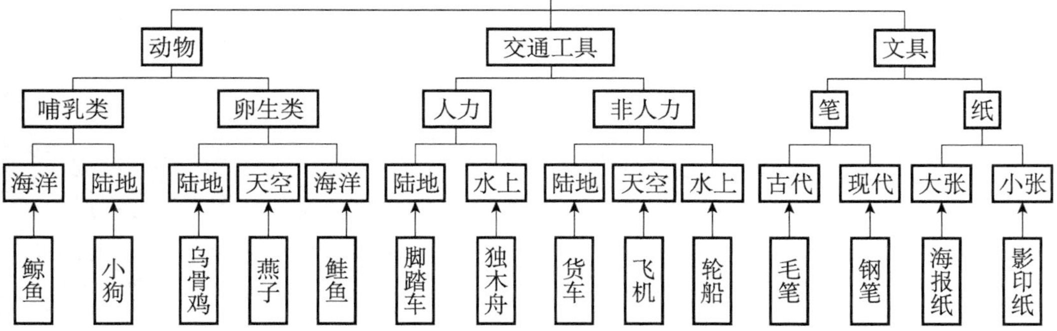

图 2－5　金字塔原理

(2) 金字塔原理在广告创意中的运用。就广告创意而言，金字塔原理是特别有效且极具实用性的工具。通过金字塔原理可洞察广告设计者的思考过程。金字塔结构如图 2-6 所示，其中广告的创意位于金字塔的顶端。由下往上看，第一个层次是资讯，涉及范围广泛，包括企业内部资料、竞争企业情报及经济环境资讯等，个别的统计数据仅供参考，不可笼统应用；这时需要经过第二个层次即审慎地分析，必须运用统计学、心理学、经济学及社会学等知识；经过分析评估之后，才有第三层次即广告创意出现的可能。

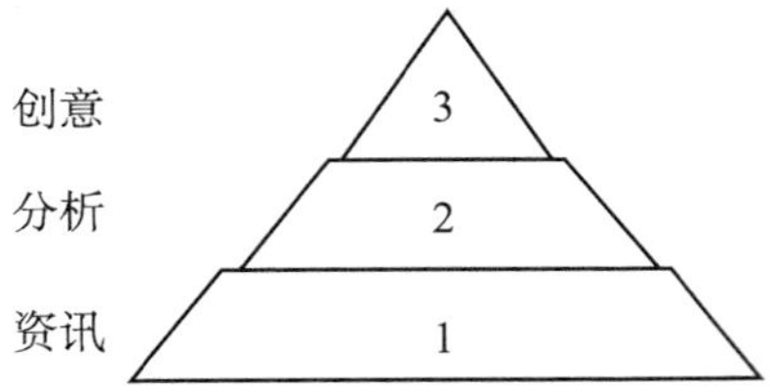

图 2-6　创意金字塔

(3) 金字塔原理在沟通中的运用要点。

①先说结论。充分考虑受众的时间与心理，先直接给出结论很有必要。提案汇报、开会发言、做报告都如此。

②凡事说三点。两点不够，四点太多，三点正好。培养逻辑性，先说结论，接着说支撑点。按照九宫格模型，先说一个中心，再说两个基本点，每个基本点补充三个关键步骤。

③层层递进，条理清晰。尤其是制定各种专项策划方案时，须逻辑严密。

4. 结构性思维

(1) 内涵。结构性思维是在思考问题时，采用具有一定排列组合的结构性模式进行思维的方式。与非结构性思维的区别是：后者具有零散性、混乱性和拼凑性；而前者具有整体性、有序性和组合性。

(2) 工具。

①信息交合法。这是一种在信息交合中进行思维创新的工具。具体指把物体的总体信息分解成若干要素，然后把这种物体与人类各种实践活动相关的用途进行要素分解，把两种信息要素用坐标图表示出来，构成“信息反应场”，一个轴上各点的信息可依次与另一轴上的信息交合，从而产生新的信息。

如图 2-7 所示，针对“曲别针的用途”这个创新性思维问题，通过信息交合法可有条理、系统性地发现曲别针多种新用途。如以横轴材料的种类与纵轴的旅游、家居、汽车、文具、礼品、音乐、美术和生活交合，就会产生八种用途。如果不用该思考方法，可能无法得出诸多结果。

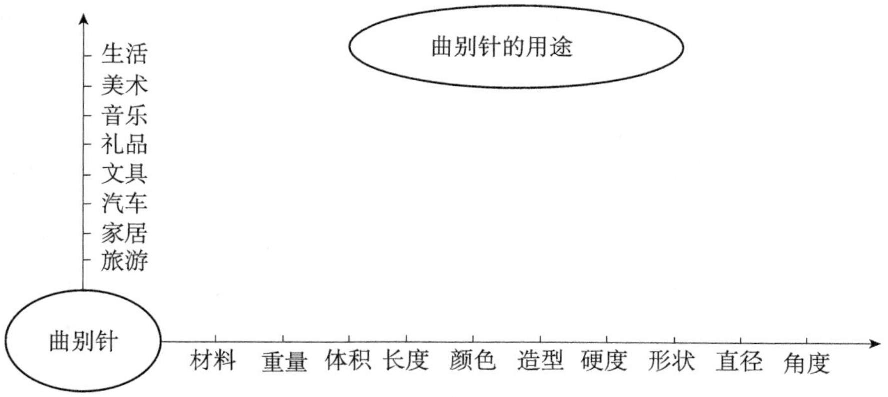

图2-7 曲别针用途的信息交合图示

②5W2H法。此方法为第二次世界大战中美国陆军兵器修理部首创，发明者用五个以W开头和两个以H开头的英语单词作为提问项，确定提问内容，进行原因分析，找到改进措施，进而提出整体性的解决方案。由于简单、方便，易于理解、使用，且富有启发意义，5W2H法广泛用于企业管理和技术活动，对于决策和执行性的活动措施很有帮助，有助于管理者进行系统性思考，避免缺项疏漏（如表2-5所示）。

表2-5 5W2H法（以营销问题为例）

序号	提问项	提问内容	原因分析	改进措施
1	为何（why）要这么做？目的是什么？	为什么开展这次营销活动？不做行不行？		
2	做什么（what）工作？	本次营销活动具体做哪些事情？		
3	何地（where），即在哪里做？从哪里入手？	在何地举行？本部、其他场所，还是深入客户？		
4	何时（when），即什么时间完成？什么时机最适宜？	什么时候开始？什么时候结束？分为几个阶段？		
5	何人（who），即谁承担？谁完成？谁负责？	什么人参加？领导、部门负责人，还是员工？		
6	如何（how），即方法怎样？如何提高效率？	怎么做才能达到要求，即达到客户满意的预期效果？		
7	多少（how much），即做到什么程度？数量如何？质量如何？费用产出如何？	该项目需多少费用？产生多大收益？投入产出比是多少？		

③目标管理四步法。针对一项任务，可从表2-6所示的四个步骤进行思考，然后每个步骤都可通过三个方面来完善。

表 2-6 目标管理四步法

序号	步骤	方面 1	方面 2	方面 3
1	确定目标	可超	可行	可能
2	分解任务	时间量	数量	质量
3	检查落实	听汇报	读报表	看现场
4	及时调整	人员	指标	措施

第一，确定目标。在面对一项任务时，首先要确定总体目标。在对所管理的部门下达目标任务时，从可行、可超、可能三方面去思考：可行目标即只要按部就班地做，就可完成的目标；可超目标即不用太过努力即可超额完成的目标；可能目标即需要通过超常努力方可实现的目标。

第二，分解任务。目标确定后，要将总体目标分解成不同部门、不同个人的分项目标，作为任务下达。分解任务要采取量化管理的方法，否则，任务完成就有可能打折扣。量化包括完成工作的时间量、数量和质量标准三个要素。三者相互依存，缺一不可。

第三，检查落实。可以从三方面着手：一是听汇报，按照目标和任务了解下属采取的措施、目前存在的问题、采取的对策及下一步打算，并对其汇报表明态度；二是读报表，通过专项报表对任务、目标完成情况进行了解，通过数据了解工作进展；三是看现场，要深入实际，防止对下属的任务完成情况出现认知偏差，进而达到全面了解目标任务完成情况的目的。

第四，及时调整。通过检查落实，一旦发现问题，就应从人员、指标和措施三个方面来思考。如果人员、指标没问题，就要考虑完善措施；如果人员、措施没问题，就应考虑调整指标；如果指标、措施没问题，就要考虑人员调整。

④中心工作落实法。如表 2-7 所示，在落实阶段性中心工作时，从领导、思想、措施、奖惩四个方面来系统化地思考，以便从容应对。

表 2-7 中心工作落实法

序号	项目	内容 1	内容 2	内容 3
1	领导重视	建小组	设组长	设机构
2	思想统一	开大会	部门议	写认识
3	措施得力	分解任务	检查落实	及时调整
4	奖惩分明	调人员	调指标	调措施

采用中心工作落实法需注意：

第一，检查中心工作落实情况的思维状态。假设你作为总公司领导到下属分公司检查落实某项中心工作，作为检查组长，在听取分公司领导汇报时，可以根据领导重视、思想统一、措施得力、奖惩落实的程度进行归类思考。

上级领导听完下级汇报做总结发言时，可以这样讲：“听了分公司某经理的汇报，我认为，分公司在落实某项工作方面总体做得不错/不如人意，具体有四个方面：一是领导重视/不够重视；二是思想统一/不够统一；三是措施得力/不够得力；四是奖惩分明/不够分明……”

以上表述看似空洞，但运用已成熟的结构模式来规范思考，可以从容地进行系统化思维，减少管理命令的缺项、漏项。

第二，作为下一级公司落实总公司中心工作的思考。假设你作为分公司领导部署某项中心工作，同样应遵循以上四个思路归类思考，这样就与总公司的思考模式相吻合，使工作形成上下级共有的思维模式。具体表现在：一是领导重视，即考虑建立领导小组，设立组长，将办事机构设在与中心工作关联最紧密的部门，使该项任务成为日常工作；二是思想统一，即召开大会进行动员，部门分组讨论，个人畅谈对开展活动的认识；三是措施得力，包括分解任务、检查落实、及时调整等措施，以确保中心工作顺利完成；四是奖惩分明，即活动结束时进行总结评比，对优秀部门与个人进行鼓励，对落实不到位的部门进行惩罚，使活动有章有法、有始有终。

5. 批判性思维

(1) 内涵。布鲁克·诺埃尔·摩尔与理查德·帕克合著的《批评性思维：带你走出思维的误区》中提到，批判性思维是指审慎地运用推理去判定一个断言是否为真，不仅要判别断言的真伪，而且要对断言进行评估。批判性思维是对思想的质疑，对自己与他人的思想始终持有怀疑的态度并渴求证据，通过重新深度思考来检验事实。批判性思维绝非凡事说“不”，而是在具有良好判断的基础上使用恰当的标准进行分析思考，以更加客观、全面、公允地对外界的人和事做出判断。可以结合表 2-8 更好地理解。

表 2-8　惯常思维与批判性思维的区别

惯常思维	批判性思维
仅仅是思考	分析自己的思考
以自我为中心进行思考	仔细检查思考的自我中心根源
得到不值得信任的思考标准	揭露不合理的标准，并且用更好的标准取代
被困扰在直觉意义系统中	将自己的思考提升到意识水平，使自己可以从那些不严谨的直觉中解脱出来
使用没有清晰结构的逻辑系统	寻求工具以阐明和评估自己使用的逻辑系统
生活在思维和情感的自由状态中	使用思维和情感明确自己是谁、明确自己人生的目标
被自己的思想控制	学会控制自己的思想

（2）基本要素。

①断言。断言是表达意见或信念的陈述。如北京的雾霾天气已经影响到人们的生活等。我们需要学会判断、分析和评估断言的真伪。

②论题。当分析一个断言的真伪时，就提出了论题。如雾霾天气是否会导致肺癌高发？因此，论题是提出某个特定的断言是否真实这一问题，而解决该问题就是对断言的真假做出回答。论题需要通过论证来支持。

③论证。由前提和结论构成。论证是批判性思维最为重要的因素，是对断言的真伪给出一个合理的理由，也是一种因果关系的陈述。如“过去一年中学会窃取他人身份信息的人成倍增加，所以你比以往更容易成为受害者”。这里第一个断言作为理由为第二个断言提供了支持，就构成一个论证。

（3）批判性思维带来的益处。益处体现在：①锻炼注意力，提高观察力；②阅读时更加有侧重点；③在接收信息时能够抓住重点，不被次要信息干扰；④能够有的放矢地对信息做出反应；⑤知道怎么能让自己的观点更有说服力；⑥拥有可广泛运用的分析能力。

培养批判性思维的习惯和提高运用技能都会让人变得更聪明。一个受过良好训练的批判性思维者表现为：①能够找出关键问题和困难所在，并能清晰、准确地表述这些问题；②能使用简练的语言有效地解释收集的信息；③能有效地得出结论和解决办法，并能使用相关标准去检验；④思路开阔并能有效评估其他思维方式的假设与可能的结果；⑤在寻找复杂问题的解决办法时能有效与人沟通。表 2－9 对成为批判性思考者有帮助。

表 2－9　培养优秀思维特质

思维特征	定义	经常问自己的问题
思维谦逊	了解自己不知道的知识，对自己知道什么和不知道什么有敏锐的判断力	我真正了解多少（关于自己和他人的情况，以及国家与世界正发生的事等）；偏见对自己的思考影响有多大；我被灌输了哪些错误信息；那些未加批判就接受的信念如何阻碍我对事情真相的探查
思维勇气	敢于质疑自己信念的品质	我对自己的信念有多少分析、多少质疑（其中很多是儿时学到的）；当有明显证据证实我的信念是错误的时，我在多大程度上愿意放弃这一信念；在多大程度上我愿意与大多数人作对（即使人们会嘲笑自己）
换位思考	要能够包容与自己不同的观点，尤其是持强烈反对态度的观点	我在多大程度上能够准确地理解自己反对的观点；我对对手观点的总结是否能够使对方满意；我是否能看到他人观点的独到见解和自己的偏见；当他人的思考与我不同时，我是否能够理解他人的感受
思维正直	对自己和他人使用同样的要求和标准（拒绝双重标准）	我所做的与我是如何想的是否相一致；我在多大程度上对自己的要求和对他人的要求相一致；我的生活中有多少时候出现不一致或发生冲突；我为找出并减少自欺行为做出了多少努力

续表

思维特征	定义	经常问自己的问题
思维坚毅	克服困难和挫折，解决复杂问题的思维品质	我是希望独立解决复杂问题，还是遇到困难就想放弃；我是否能够在思考并解决难题的过程中表现出耐心和决心；在处理复杂问题时我是否有策略；我是否期待比较复杂的学习任务，或我是否认识到挑战性思维任务的重要性
对推理的信心	建立在一种信念的基础上，这一信念认为给予人们自由推理机会能更好地满足人们的高层次需求	当有证据证实一个更合理的结果时，我是否会改变自己的立场；当我说服别人时，是坚持合理的推理，还是为了支持自己的立场而歪曲事实；我认为赢得一场争论重要，还是从更合理的角度认清事实重要；我是鼓励别人独立得出结论，还是把自己的观点强加给别人
思维自主	坚持理性的标准，独立思考	我在多大程度上能够遵从别人，不加批判地接受政府、媒体、同伴的意见；我是独立思考问题，还是仅仅接受他人的观点；当我们通过自己的思考得到合理的观点时，我是否坚持己见而不顾他人合理的批判

（4）批判性思维运用的要求。①注意细节，即能够注意到对全局有所启示的小细节；②识别趋势和模式，即需要细心地做好信息记录、数据分析，辨别重复和相似之处；③重复，即多次回到原点，检查是否有遗漏，换句话说需要有归零思维；④多元视角，即从不同角度去看同样的信息；⑤客观，即把自己的好恶、信仰和兴趣抛开，只想着得到最准确的结果或更深入地理解内容本身。

（5）批判性思维的过程。①提出问题：如什么让人们感觉幸福？②客观地对问题进行界定：幸福的含义是什么？是什么让你觉得一个人幸福或不幸福？③分析已有的证据：批判性思维绝不会在没有可靠证据的情况下就接受结论。④评定假设及偏差：时刻牢记要追根溯源。⑤避免情绪化的推论：在面对种种证据时，请先将自身感受搁置。⑥避免过分简单化的倾向。⑦思考其他可能的解释：接受那些证据最充分而假设数量最少的解释。⑧接受不确定性：永远不存在最完美的答案，能接受不确定的情景。

案例分析

水井坊品牌发展中的创意组合法

成都的老东门大桥外有一座跨越元、明、清三代的川酒老烧坊，几百年来从未间断生产。它是白酒文化历史的奇迹，也孕育了跻身川酒六朵花之列的水井坊。水井坊在 20 世纪 90 年代曾是国内高端白酒的领头羊，但是受到政策的限制与宏观经济环境的冲击，自 2012 年起随整个白酒行业跌入低谷。2016 年下半年起，白酒行业迎来复苏。水井坊重新梳理产品线，重整渠道，打了一场翻身仗，品牌也在往高端化回归。水井坊有两个核心的双遗资产：水井坊博物馆，即老酒坊遗址；600 余年的酿造技艺。这鞭策着水井坊更好地去保护、继承非遗，不断焕发新的生命力。

2017年底，水井坊与央视合作的一档文博综艺节目《国家宝藏》走红，这档节目以讲述文物背后的历史传承为主题，力求拉近大众与文物历史的距离，打造“没有围墙的博物馆”，让致力于传承传统文化的水井坊获得外界的高度认可。2018年3月，水井坊宣布成立白酒业内非遗保护专项基金——中国文物保护基金会水井坊非遗新生专项基金，并决定从设立非遗体验课、做非遗艺术展、做非遗守护驻地三方面着手帮助该非遗新生。整个项目由水井坊博物馆发起，由水井坊出资，挂靠中国文物保护基金会。之后，水井坊基金会将非遗重点保护项目确定为中国最古老漆艺之一的成都漆艺，联合“稀捍行动”发起以保护和延续“成都漆艺”之美为目的的公益项目成都漆艺驻地计划。同年9月，水井坊在北京太庙隆重发布新品——水井坊博物馆壹号，限量2 018瓶，售价10 998元/瓶，这是为鉴赏家这一目标消费人群打造的限量文化之作，是集收藏价值和美学价值于一体的艺术品。在国内正式上市前，它被“钦点”为外交礼物赠予莫斯科市。美酒配美器，博物馆壹号运用成都漆艺的工艺，打造了专属酒杯“炫金流彩杯”，由国家级非物质文化遗产代表性传承人尹利萍大师领衔团队手工制作，人们可从中感受三千年古蜀漆艺之华美。

目前，白酒行业的发展进入消费转型升级的关键阶段。中高端白酒愈加受消费者青睐。中高端消费者在选择白酒品牌时非常看重品牌的文化底蕴，并认为文化是品牌高端定位的基础之一。因此，对于水井坊而言，此时弘扬自身的品牌文化历史显得愈加重要。水井坊通过这款产品将品牌文化和中国传统文化巧妙结合，让更多消费者可直观感受到“中国白酒第一坊”的历史沉淀，并将中国传统文化传播得更广。水井坊在传承文化的同时，总能给人们带来不一样的体验。通过秋酿仪式、收徒礼节、博物馆壹号的发布，水井坊将品牌文化推向另一个高度。正是源于对品牌文化特性的深度挖掘和气质差异性的精致塑造，水井坊得以在高端阵营的竞争中站稳脚跟。

资料来源：根据四川大学锦城学院邓静老师提供的资料和相关网络资料整理.

案例思考

1. 水井坊在品牌发展中运用了哪些创意组合法？

2. 分析水井坊在品牌发展中运用创意组合法的背景。

3. 水井坊在品牌发展中运用创意组合法的效果如何？对其他酒类品牌的发展有哪些启示？

实用工具

本章提供的实用工具：

1. 六顶思考帽
2. 思维导图法
3. 金字塔原理

4. 结构性思维
5. 批判性思维

复习思考

1. 营销策划的原则有哪些?
2. 营销策划的思维有哪些?
3. 举例表述创新基本法的运用。
4. 简述水平营销理论及其运用。
5. 如何运用六顶思考帽法?
6. 如何运用思维导图分析问题?

章节测试

章节测试答案

参考资料和推荐资源

[1] 左仁淑．中国大学 MOOC 爱课程“营销策划”“市场营销”．
[2] 菲利普·科特勒．水平营销．北京：中信出版社，2005.
[3] 爱德华·德·波诺．六顶思考帽．北京：北京科学技术出版社，2004.
[4] 爱德华·德·波诺．六双行动鞋．北京：新华出版社，2002.
[5] 钱·金，勒妮·莫博涅．蓝海战略．北京：商务印书馆，2016.
[6] 大前研一．创意的构想．北京：中信出版社，2007.
[7] 王国安．把创新当成习惯．北京：中央编译出版社，2003.
[8] 博赞．思维导图使用手册．北京：化学工业出版社，2011.
[9] 布兰登·罗伊尔．一本小小的蓝色逻辑书．北京：九州出版社，2016.
[10] 万后芬．市场营销学．武汉：华中科技大学出版社，2011.
[11] 生奇志．创意学．北京：清华大学出版社，2016.
[12] 李永华，高英，陈青云．Arduino 软硬件协同设计实战指南．北京：清华大学出版社，2015.
[13] 郑珍好．视觉思维．北京：中国铁道出版社，2016.
[14] 孙易新．思维导图应用宝典．北京：北京时代华文书局，2015.
[15] 吴帝德．思维导图宝典．北京：中国纺织出版社，2017.
[16] 攀志育．广告制作．上海：上海人民出版社，1997.
[17] 刘秉君．思维的力量．北京：中国经济出版社，2015.

[18] 理查德·保罗，琳达·埃尔德．批判性思维工具．北京：机械工业出版社，2013.

[19] 池丽华．商业创新思维．上海：立信会计出版社，2015.

[20] Annabel Ness Evans，Bryan J. Rooney. 心理学研究方法．北京：中国轻工业出版社，2009.

第 3 章

营销策划的工作流程

学习目标

1. 知识学习
（1）了解营销策划团队的建设
（2）掌握项目计划书的撰写
（3）掌握营销策划方案的设计
2. 能力训练
（1）项目计划书的撰写能力
（2）营销策划方案的撰写能力
3. 素质养成
（1）培养策划者的团队意识
（2）培养策划者的统筹思维
（3）培养策划者的创新思维

章节概要

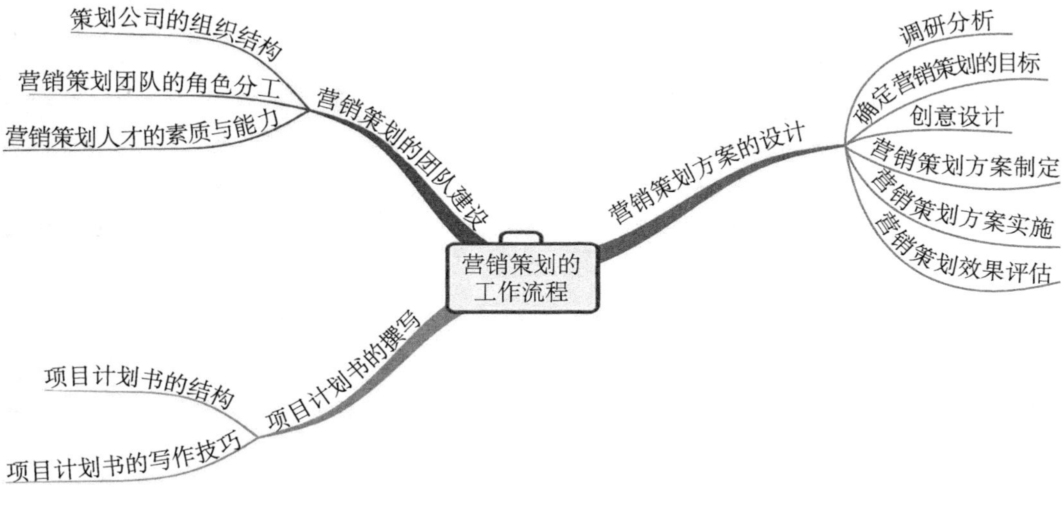

慕课资源

1. 学习视频

2. 学习课件

翻转任务

1. 个人：观看慕课视频，讨论营销策划团队的角色构成及必备的素质和能力。

2. 团队：根据营销策划实训的要求，组建营销策划团队，并做一次出彩的团队介绍。

导入案例

当年米斗：只卖当年新米

黑龙江有一家做大米的企业，起初的品牌定位是“来自黑土地的艺术品”，广告语是：“过去有米吃不起，现在要吃好米，将来要吃有品牌的米。”乍一听，让人很容易想起“新飞广告做得好，不如新飞冰箱好”这句广告语。“来自黑土地的艺术品”这个定位有些可笑，难道我们是吃艺术品长大的吗？这个广告又是打给谁的呢？“艺术品”是大米的特色属性吗？这个广告语与产品毫无关系，于是这家企业请了专业策划人士，重新做了策划。

专业策划人士认为，做产品品牌的定位策划，首先要找到产品的DNA密码。大米的DNA密码是什么呢？就是一个字“新”。

老百姓买大米首选什么米？当然是新米！中国人都知道，买大米一定要买新米。没有哪个人去买米的时候对老板说要十年的陈米。因此，“新”才是产品和品牌的DNA密码，找到这个密码之后，产品的设计和销售就迎刃而解了。

定位确定之后，要进行终端销售模式的设计。只有设计完善合理的终端销售模式，产品才能顺利销售出去。

策划的第一步是设计一个概念，因为历史上装米最古老的器皿就是斗，所以确定为“当年米斗”，那么广告语就可以是“当年米斗，只卖当年新米”。为了将概念落到实处，这个品牌的大米每个季度打折10%，四个季度之后剩六折，一次性清仓，印证了广告中的那句话“当年米斗，只卖当年新米”。

策划的第二步是做文化包装。打折的最终解释权通常掌握在商家手里，但是“当年米斗”把打折的最终解释权交给了消费者，每件产品的包装上都印有产地、生产日期、责任人，让消费者自己计算。

设计好了盈利模式，最后要考虑如何推广。专业策划人士为企业策划了三条视频广告。

第一条是父母篇。一对老夫妻推着购物车逛超市，只见老太太东张西望，老头问：“你在找什么?”“我在找斗，找当年米斗。”“找它干吗?”“因为那个斗只卖当年新米。”

第二条是夫妻篇。妻子问丈夫：“老公你在找什么?”“找当年米斗。”“找它干吗?”“因为当年米斗只卖当年新米!”

第三条是保姆篇。保姆推着购物车找新米，当找到的时候广告中打出一行字：“当年米斗，只卖当年新米。”

广告持续播出半年后，消费者就形成了“当年米斗”的记忆点——“这个米斗做什么？就是只卖当年新米!”

营销策划是一项系统性的工作，需要从整体上对营销活动进行全面的思考和谋划，因此需要遵循一定的工作流程。一般而言，营销策划的工作流程主要有三步：一是营销策划的团队建设；二是项目计划书的撰写；三是营销策划方案的设计（见图 3-1）。

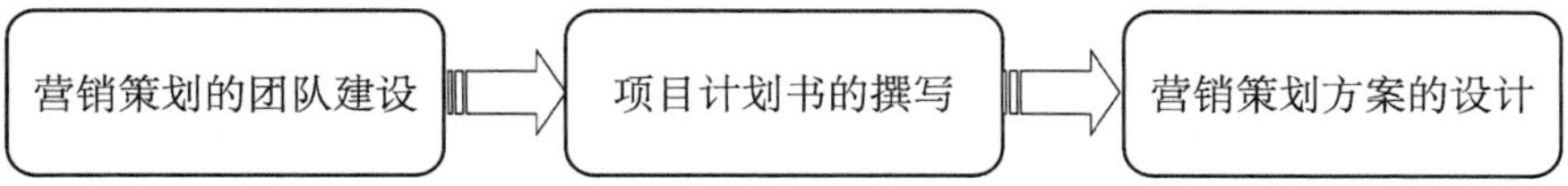

图 3-1　营销策划的工作流程

3.1　营销策划的团队建设

营销策划是一项专业性极高的工作，需要组建专业的团队来完成，这也是营销策划工作流程的第一步。在企业的实际运营中，会根据业务及公司发展需求的不同来组建营销策划团队，有的公司会专门设立营销策划部门或企划部，自行成立专业策划团队；有的公司则会在必要的时候寻求外部专业策划团队的支持。无论内部还是外部的营销策划团队，团队人员都应有一定的专业素养。

策划公司的组织结构

通常而言，专业策划公司组织结构的设计都紧紧围绕着公司的业务展开，聚焦策划工作的开展流程以及策划业务的类别，以客户服务为中心来设置组织结构。策划公司主要有两种组织结构。

一种是按照策划所需的职能来设计组织结构，一般包括市场研究部门、策划部门、设计部门、执行部门、公关媒体部门、客户服务部门以及人力资源、财务等职能部门。

另一种是按照业务类别或行业类别来设计组织结构，业务范围较广的策划公司会选择这种形式。如国内某营销策划机构按照业务类别来设计组织结构，包括市场研究中心、营销策划中心、品牌策划中心、网络营销中心、品牌设计中心、营销管理中心、公关传媒中心；又如某广告策划公司按照行业来设计组织结构，包括房地产策划事业部、文创策划事业部、医美策划事业部。

无论采用哪一种组织结构，策划公司的职能设计都应该包含从市场研究到创意策划到方案设计全过程的职能要素，以确保策划团队构建的完整性及科学性。

营销策划团队的角色分工

一个科学、完善的营销策划团队通常要求有如下七种角色。

1. 策划总监

策划总监是营销策划团队的统筹者，负责诊断问题、把握方向，统筹策划项目的整体工作，并与企业决策层进行沟通，获取关键性的信息，推进项目的有序开展。

2. 策划经理

策划经理协助策划总监，具体负责策划工作的统筹和推进，协调团队分工，控制项目进程，整合团队创意，统筹策划方案的设计与撰写。

3. 市场调研人员

在营销策划中，信息的收集是关键环节，市场调研人员负责市场信息的收集，通过各种科学的调研方法全面深入地收集与策划目标相关的市场信息，为后续的方案策划提供基础信息。

4. 信息分析人员

市场调研人员将市场信息收集回来之后，由信息分析人员负责市场信息及数据的整理分析，得出调研结论，为方案的策划提供重要依据。

5. 文案人员

文案人员主要负责文案的撰写。在策划团队共同创意的基础之上，将团队策划的思想、创意等形成文案。

6. 设计人员

设计人员负责文案表现形式的设计和美化。为了让阅读者更好地理解策划方案的内容，策划方案中有一些需要呈现的核心内容，需要设计人员进行专业设计和美化，以达到更好的呈现效果。

7. 执行人员

执行人员负责策划方案的执行。策划方案的执行需要专业的队伍，企业的策划部门和外部的策划机构通常会配置一个执行团队，在策划方案通过之后负责方案的执行。

以上七种角色是一个完整的策划团队必不可少的，但在团队组建过程中，需要根据策划项目的具体情况灵活应用：（1）团队建设要求职能要素完善、角色完善，但并不一定要有固定的人员，角色可以兼任，只要有人能够胜任这七种角色即可；（2）每个角色不是独立工作的，要在整体策划、创意的前提下分工协作，这样才能保障策划工作高效进行；（3）团队建设要基于策划的目标及客户需求做必要的调整和补充，以更加适应策划工作的需要。

营销策划人才的素质与能力

营销策划工作的专业性、定制性决定了营销策划人才的素质与能力必须与之相匹配，这样营销策划人才才能胜任营销策划工作，创造出优秀的策划成果。那么，营销策划人才到底应该具备哪些素质与能力呢？笔者认为有以下五种。

1. 深厚的理论知识，必要的实践经验

营销策划人才必须具有深厚的理论知识，包括营销策划的专业知识、策划对象所处行业的知识、相关的历史文化知识等。这些理论知识的掌握需要扎实的理论功底和长期的积累。对于专业的第三方策划机构的策划人员而言，此项要求会更高，因为策划人员可能需要面对不同行业、不同类别的客户，需要针对处于不同行业的策划对象，快速积累相关行业知识及理论知识。

当然，必要的实践经验对于策划人员来说也是必需的，包括策划项目的实践、市场运作的实践、市场调研的实践等。营销策划是一项应用性极强的工作，要根据市场实际，结合需求，设计有效、可操作的策划方案。因此，一定的实践经验能够帮助策划人员更准确地做出判断和设计创意。

2. 敏锐的观察力、判断力和解决问题的能力

营销策划的基础工作之一是收集和分析市场信息和数据，因此，策划人员需要具备对市场数据和信息的敏感性、对市场现象的观察与判断能力，以及洞悉市场问题、提出解决方案的能力。营销策划工作往往具有时效性，需要在较短的时间内对市场和策划对象做出准确的判断，因此，策划人员要时刻保持对市场的敏感性，善于发现问题并提出解决方案，以确保策划的效果。

3. 良好的职业道德

营销策划是一项创意工作，更是一项科学的工作。在策划工作中，要基于客观的市场调查，尊重客观事实，开发出独特的创意。同时，保守商业机密是工作中应遵循的道德底线。策划人员必须具有良好的职业道德，坚持营销的道德底线。

4. 优秀的文案撰写能力和表达能力

营销策划的重要成果之一是策划方案。要将策划团队的创意有效地表达出来，既有针对性又能打动委托方，就需要策划人员具备优秀的文案撰写能力和表达能力，帮助委托方快速理解方案的核心内容。

5. 创意能力和创新能力

“运筹帷幄之中，决胜千里之外”就是对营销策划人员的创意能力的要求。“运筹帷幄之中”是指对外界相关趋势的掌握，并能根据现状推断未来的变化；“决胜千里之外”则意味着营销策划不只立足于现状，更要跨越时空的限制，放眼未来。创新能力更是策划人员必需的能力，因为从营销策划创意的产生、选择到系统性的完善，从方案的表现、描述到营销策划方案的实施，每一个阶段都需要创新能力。

3.2 项目计划书的撰写

营销策划工作流程的第二步是根据目标对象的需求，对策划项目的整体思路、项目进程、团队组建、成果交付、费用预算等进行统筹规划，形成项目计划书，让委托方和团队都清楚项目的边界及时间进程，并达成共识。

项目计划书的结构

项目计划书是整个策划项目的顶层设计，也是合作双方需求确认的重要载体，通常在项目正式启动之前进行设计，以确认后续营销策划的核心任务。项目计划书的主要内容包括以下七个部分。

1. 项目背景

简要描述项目产生的背景，高度提炼本次策划项目提出的原因、背景及前提，让合作双方都清楚项目产生的缘由，以便明确项目的目标。

2. 项目目标

根据前期对需求的了解描述项目目标，需要准确界定本次策划项目要达成的目标，目标要明确、具体。

3. 项目内容

项目内容部分重点描述根据策划目标要开展的工作的阶段、内容及方法等，明晰策划方案要解决的问题，以及解决问题的途径、方法和步骤。此部分需要较为详尽地描述具体的工作内容、实现目标的方法等。

4. 项目成果

描述每项工作的成果形式，界定提交成果的具体范围。此项内容将作为成果验收的重要依据，须清楚描述成果名称、成果形式、成果包含的内容等。

5. 项目实施

描述项目策划的工作方式、时间进度等，让合作双方清楚整个策划项目将要持续的时间，以及有哪些时间节点，明确双方的沟通方式及工作方式，以确保项目的有序推进。

6. 项目团队

描述本项目的团队成员构成、特长及优势、相关项目经验及在本次项目中担任的角色等。

7. 项目费用

明确项目的费用及成本，清楚界定项目费用所包含的范围。

项目计划书的写作技巧

项目计划书往往作为营销策划工作的重要起点，对整个营销策划进程都起着至关重要的作用，甚至直接影响营销策划的效果，因此，写好项目计划书尤为关键。在撰写项目计划书的过程中需要注意以下技巧的有效运用。

1. 逻辑清晰，重点突出

项目计划书应清楚表达要做什么、怎么做，在撰写时做到逻辑清晰，重点突出，如项目背景相对略写，项目内容和项目成果要突出，在内容篇幅、表达形式上突出要表达的重点。

2. 需求明确，有的放矢

根据前期了解的公司需求，项目计划书要将需求分解成具体的问题和目标，项目计划书应紧跟目标有针对性地提出工作思路。

3. 针对性强，成果明确

项目计划书要针对问题提出解决途径，内容要明确，以让双方都明白需要解决哪些问题，取得什么样的成果。

4. 形式恰当，有效表达

项目计划书的形式可以有多种选择，但一定不要太过复杂，避免形式大于内容。恰当的表达形式既能有效表达中心思想，又能提升表达效果。

3.3 营销策划方案的设计

通过项目计划书明确了委托方的需求并界定了项目边界之后，营销策划工作流程的第三步是营销策划方案的设计。策划方案的设计不能闭门造车，更不能凭空想象，必须有科学的步骤和恰当的方法。

调研分析

市场调研与分析是营销策划方案设计的第一步，任何营销策划方案的设计都必须建立在科学的调研分析的基础之上。策划团队需要根据项目的背景及需求，设计多维度的、系统性的调研方案，运用多种科学的调研方法，按照计划实施调研，全面收集所需市场信息及数据，并进行深入分析，以获得策划方案所需的基础信息和数据，从而找到策划的关键切入点以及要解决的核心问题。

常用的调研方法包括文案调研、观察调研、深度访谈调研、线上线下问卷调研等。通过不同的调研方法获取不同维度的市场信息，包括定性和定量信息。问卷作为收集信息的常用工具，可以帮助策划团队收集较多结构化信息和定量信息，往往是调研分析中应用最广泛的方法。需要注意的是，问卷的设计必须基于策划的需求，根据收集的信息维度来进行问题的构思，必须有的放矢。

案　例

以下是四川知行智库企业管理咨询服务有限公司为某物业公司做服务设计策划项目时所设计的客户需求调研问卷，问卷所要收集的信息聚焦于住宅业主对物业服务的需求，策划团队以马斯洛需求层次理论为基础，结合住宅业主对物业服务需求的层次，对问卷问题进行了结构化设计，问卷内容如下。

房地产物业客户需求调研问卷

亲爱的业主：

您好！这是×××物业服务设计策划项目组关于房地产物业客户需求的调研，为了提升您所在小区的物业服务质量，请您客观真实地填写问卷，您的宝贵意见对小区物业服务水平的提升非常重要。我们承诺调查结果只用于本次项目策划，不做他用，并对您的个人信息严格保密，问卷填写可能需要耽误您几分钟的时间，以下问题请按您的真实想法点选，感谢您的积极参与！

Q1 请问您所在的小区是？（单选）

○泛悦国际　　○泛悦城市广场　　○云立方

Q2 请问您入住小区的时间是？（单选）

○1 年以下　　○1～3 年　　○3～5 年　　○5 年以上

Q3 关于保洁，您认为最必需的物业服务有哪些？（限选三项）

○公共区域保洁　　○绿化环境维护　　○楼道、电梯、门厅清洁维护

○垃圾倾倒处保洁　　○消防栓清洁维护　　○地下停车场、死角清洁维护

○水景环境维护　　○外墙维护　　○宠物粪便清洁

○护栏统一外观　　○河道及时清理

Q4 关于便捷，您认为最必需的物业服务有哪些？（限选三项）

○包裹代寄代收　　○水电气缴费多通道　　○客服沟通多形式

○便民服务　　○家政服务　　○游乐、休息设施完善

○旅行组织服务　　○门禁便捷服务　　○上门维修服务

○房屋代租代售　　○小孩托管、老人抱团养老服务

○引入社区银行

Q5 关于舒适，您认为最必需的物业服务有哪些？（限选三项）

○噪声管理　　○装修管理　　○行车、停车秩序维护管理

○违章经营管理　　○绿化的多样性　　○指示牌、标语牌人性化

○小区灯光管理　　○节假日装饰　　○休闲设施完善美观

○小区入口秩序管理

Q6 关于安全，您认为最必需的物业服务有哪些？（限选三项）

○消防设施完备　　○监控覆盖率高　　○门禁管理到位

○防火、防汛、防盗措施完善　　○安全预警及时

○来访人员登记　　○安保巡逻到位　　○报警报失快捷

○电梯安全维护　　○宠物管理　　○小孩、老人监护及监控服务

Q7 让您感受到小区和谐的物业服务有哪些？（限选三项）

○业主主题活动　　○物业服务开放日　　○兴趣俱乐部

○节假日问候　　○各类温馨提示

○线上沟通平台的互动　　○线下公告信息畅通

Q8 让您觉得受到尊重的物业服务有哪些？（限选三项）

○物业人员态度真诚、友善　　○服务礼仪标准

○服务人员专业　　○特殊设施完善（如轮椅通道、盲道等）

○娱乐设施完善　　○宠物设施完善

○访客接待人性化

Q9 您最满意的物业服务类别有？（限选三项）

○客户服务　○工程及设施设备维护　○秩序维护　○环境维护

○绿化维护　○配套服务多样化

Q10 您最不满意的物业服务类别有？（单选）

○客户服务　○工程及设施设备维护　○秩序维护　○环境维护

○绿化维护　○配套服务多样化

Q11 让您觉得不满意的原因是？（单选）

○设施不完善　○处理不及时　○态度不好　○执行标准不统一

○整改不到位　○形象不好　○沟通不畅　○人员素质不高　○其他

Q12 您对小区的物业服务还有哪些建议？

____

Q13 您的年龄是？

○25 岁以下　○25～35 岁　○35～50 岁　○50 岁以上

（本案例由四川知行智库企业管理咨询服务有限公司提供）

确定营销策划的目标

根据委托方的需求，结合市场调研分析的结果，确定本次营销策划的目标。通常的目标有提高品牌知名度、提升销量、应对竞争、新产品造势，等等。只有确定了策划目标，才能保证后续策划的有效性和可操作性。策划方案的目标不宜过多，目标聚焦才能让整个策划方案具有针对性，进而保障方案实施的效果。

创意设计

确定了策划目标之后，策划团队需要通过头脑风暴进行创意设计，营销策划方案往往都是围绕这一核心创意展开的，因此创意设计需要反复斟酌，不断优化，并具有可行性，以确保创意落地，支撑策划方案的有效实施。在当前这个信息爆炸、互联网传播迅速的时代，创意不仅要具有可行性，还必须独特、有卖点、易传播，成为引爆受众关注及参与的核心。

营销策划方案制定

1. 营销策划方案的结构与内容

一份完整的营销策划方案须包括封面、前言、目录、摘要、环境分析、机会分析、营销目标、策略及行动方案、费用预算、时间进度表、方案执行与效果评估、附录，内容必须完备，结构可做创新性设计。

（1）封面。封面是营销策划方案的“广告”，设计原则为醒目、整洁，切忌花哨，但要有强烈的视觉效果，以给人留下深刻的第一印象。它对策划方案内容的形象定位起着辅助作用。

封面应提供的信息包括：策划书的名称、委托方、策划机构或策划团队的名称、策划完成日期、本策划适用时间段。

封面设计的要点包括：

①标出策划委托方。如果是受委托的营销策划，策划书封面上要把委托方的名称列出来。如×××公司×××策划书。

②取一个简明扼要的标题。标题准确而不累赘，一目了然。为突出策划主题或表现策划目的，可加一个副标题。

③标示日期。由于营销策划具有时效性，因此务必标示方案提交的准确时间。

④标明策划者。封面最下方应列明策划者，如果是公司，则列出全称。

（2）前言。前言是对内容的高度概括性表述，旨在引起阅读者的注意和兴趣。当阅读者看过前言后，产生急于看正文的强烈欲望。

前言的内容可以包括：

①简单交代接受营销策划委托的情况。

②进行策划的原因，即把该营销策划的重要性和必要性表达清楚，这样就能吸引阅读者进一步阅读正文。

③简要介绍策划过程，简要说明策划实施后要达到的状态。

（3）目录。目录是为了方便阅读者了解营销策划方案的内容，方便查找策划书的内容。一般来说，营销策划方案要有目录。

（4）摘要。这是对营销策划方案的总结性陈述，目的是使阅读者对营销策划内容有一个非常清晰的概念，便于阅读者理解策划者的意图与观点。摘要的撰写同样要求简明扼要。

（5）环境分析。环境分析通常包括微观环境分析和宏观环境分析。微观环境主要包括：

①产品的市场性、现有市场及潜在市场状况。

②市场成长状况，即产品目前所处生命周期阶段、公司营销的侧重点、相应营销策略的效果，以及需求变化对产品市场的影响等。

③消费者的接受性，这需要策划者凭借已掌握的资料分析产品市场的发展前景。

宏观环境主要是指影响产品的不可控因素，如政治环境、居民经济条件、消费结构的变化等，对一些受科技发展影响较大的产品，如机器人、智能家居用品等的营销策划还需要考虑技术发展趋势的影响。

（6）机会分析。通常应用 SWOT 分析法分析面临的市场机会，寻找本次营销策划的机遇，由此进行创意的设计和方案的构思。

（7）营销目标。营销目标是指在前述任务的基础上公司所要实现的具体目标，即营销策划方案执行期间应达到的经济效益目标，如总销量、预计毛利、市场占有率等。

（8）策略及行动方案。这是策划书中最主要的部分。在写这部分内容时，必须非常清楚地提出营销策略与具体行动方案。在制定策略及行动方案时，“对症下药”和“因人制宜”是两条最基本的原则，可操作性是主要衡量标准。

（9）费用预算。指整个营销方案推进过程中的费用投入，包括营销过程中的总费用、阶段费用、项目费用等，原则是以较少的投入获得最佳效果。

（10）时间进度表。这一部分要明确营销方案每一个环节的时间要求，方便方案的整体推进与监督检查。

（11）方案执行与效果评估。应明确对方案实施过程进行管理的方法与措施，根据市场的反馈及时对方案进行调整，同时要列明评估效果的方法。

（12）附录。附录是策划方案的附件，起着补充说明的作用，为营销策划提供有力的佐证，提高可信度。如引用的权威数据资料、消费者问卷的样本、座谈会记录等。

案　例

以下是首届四川省大学生“兴业银行杯”营销策划大赛优秀获奖方案“‘助’跑人生，一‘行’无忧——基于社区居民年龄差异的银行产品营销策划”的大纲。

摘要

第1章　前言

1.1　策划主题

1.2　策划目的

1.2.1　便民、助民、为民

1.2.2　提高社区银行的认知度

1.2.3　树立品牌形象

1.2.4　争夺市场份额

1.2.5　打造兴业银行社区银行的专属卖点，增强竞争力

1.2.6　成为社区的重要组成部分

1.3　企业背景

1.3.1　公司简介

1.3.2　产品简介

第2章　营销环境分析

2.1　宏观环境分析

2.1.1　政治环境因素
2.1.2　经济环境因素
2.1.3　文化环境因素
2.1.4　我国银行业的发展现状
2.1.5　我国社区银行的发展现状
2.2　SWOT分析
2.2.1　优势
2.2.2　劣势
2.2.3　机遇
2.2.4　威胁
2.3　兴业银行的营销现状分析
2.3.1　消费者分析
2.3.2　竞争者分析
2.3.3　渠道分析
第3章　营销目标
3.1　销售目标
3.2　财务目标
3.3　市场份额目标
3.4　银行形象目标
第4章　市场营销战略
4.1　STP市场分析
4.1.1　市场细分
4.1.2　目标市场
4.1.3　市场定位
4.2　差异营销策略
4.2.1　儿童产品
4.2.2　中年人产品
4.2.3　老年人产品
4.3　整合营销策略
4.3.1　异业联盟
4.3.2　虚拟积分猪
第5章　具体推广活动
5.1　线上推广
5.2　线下推广
第6章　活动预算

第7章　营销控制
7.1　策划可行性分析
7.2　潜在风险
7.3　防范措施
第8章　团队建设
8.1　领导团队建设
8.2　制度建设
8.3　团队成员建设
8.4　团队文化建设
8.5　团队成员信息
第9章　附录
9.1　附录一：线下活动
9.1.1　活动一：万家兴业，邻里一家亲
9.1.2　活动二：年年有“兴”
9.1.3　活动三：健康有深度，金融有温度
9.2　附录二：社区银行App架构
9.3　附录三：社区银行调查问卷
9.4　附录四：关于社区银行的调查问卷分析
9.5　附录五：团队实地调研照片

2. 成功营销策划方案的特征

一份成功的营销策划方案，不仅要实用，还要让阅读者一看就懂，因此需具有以下特征：

第一，粗略过目就能了解策划的大体内容。

第二，使用浅显易懂的语言，充分体现客户的利益与要求。

第三，与同类策划方案相比，本策划方案展现的内容有相当明显的差异性与优越性。

第四，图文并茂，增强策划方案的表现效果。

第五，条理清楚，逻辑分明，阅读者能够按照策划书的内容有步骤、有计划地执行。

营销策划方案实施

营销策划方案实施是指将营销策划方案转化为行动和任务的部署过程，并保证这种过程顺利完成，以实现营销策划所制定的目标。

营销策划方案控制是使企业营销策划能够顺利施行、有效实现企业目标的必要保证。实行营销策划方案控制有利于企业面对不确定的影响因素不断地调整营销活动方案；有利于企业及时发现方案实施中存在的问题，寻求最佳解决办法，提高组织效率；有利于监控和激励营销人员努力工作。

营销策划方案实施的程序包括：首先是组建营销策划方案实施团队，可以自建团队，也可以外聘；其次是根据营销策划方案拟定行动方案，分解任务形成 PDCA 循环表（见表 3-1），将任务具体到个人；最后是方案的具体实施、监督和跟进。

表 3-1　营销策划方案实施工作 PDCA（示例）

工作阶段	P				D			C			A
	工作内容	执行要求及标准	执行人	计划完成时间	执行情况	执行人	完成时间	检查情况	检查人	检查时间	处理措施
准备阶段											
实施阶段											
总结阶段											

营销策划效果评估

营销策划效果评估是指在实施了营销策划方案之后，按照一定的方法对策划效果进行评估。

营销策划效果评估的难点在于评估指标的设计与量化过程的处理，特别是量化问题，如果量化方法不科学，评估结果的可靠性就差。传统的评估方法一般是定性分析，即对营销策划效果的质的规定性做分析，主要使用诸如比较、归纳、演绎、分析、综合等逻辑方法，同时还要对分析结果的信度、效度和客观度等可靠性指标进行检验和评估。它是建立在描述基础上的逻辑分析和推断，侧重揭示营销策划中的现象和行为产生的原因与意义。我们在实际操作过程中更希望看到量化的评估，在此主要介绍两种常用的评估方法。

（1）目标评估法。将营销策划的目标作为评估的标准，可以直接通过营销目标的完成程度对营销策划方案的效果做出评价。

（2）前后对比法。设定一系列可测量的评估指标，如销量、人流量、进店人数、点击率等，通过营销策划方案实施前后一段时间的测量对比，来评估营销策划方案的效果。这与国际上流行的普尔级别（改进型）评等法则相似，通过市场调查，对营销策划方案执行前后的盈亏状况、销售增长率和相对市场占有率加以测算，来对营销策划效果进行整体评价。

案例分析

“医”之心，“养”之道
——锦欣中医院“医养结合”品牌策划

封面　略

目录　略

1. 现状分析——虚怀若谷，去伪存真

1.1　定位模糊不清

1.1.1　具体表现

在实际调研过程中，询问来锦欣中医院就诊的患者，发现95%的人依然将这所医院称为锦江区中医院。虽然60%的患者知道此医院已更名，但他们仍不熟悉锦欣中医院。大多数患者觉得，锦江区中医院是社区医院，只提供基本医疗服务。绝大多数患者都是因为离家近而选择来此看病。如患者有大病或急诊，则会选择其他知名医院。

锦欣中医院将“肖小儿”“寇小儿”两家中医馆作为竞争对手。但是从患者群体来看，两家中医馆与锦欣中医院并未构成激烈的竞争关系，因为“肖小儿”“寇小儿”针对的主要群体为儿童，而锦欣中医院的主要群体为中老年人。

综上所述，锦欣中医院对自身品牌和市场缺乏准确定位。

1.1.2　原因

（1）缺乏市场调查，市场信息严重不足。

（2）不注重市场定位，没有品牌策略。

1.2　服务流程不完整

1.2.1　现状

调研中发现锦欣中医院的服务流程不系统。现有服务流程仅限于简单的咨询—挂号—就诊—缴费（—检查化验）—理疗/取药，这样的流程只是各大中小医院的最基本流程。锦欣中医院的员工服务水平参差不齐，服务质量没有统一的标准。

1.2.2　原因

（1）不重视服务，服务理念和意识淡薄。

（2）服务没有实现标准化，服务水平与质量参差不齐，缺乏监管机制。

1.3　有形展示不完善

1.3.1　现状

在实际调研过程中，发现锦欣中医院的有形展示存在很多细节性问题。如在锦欣中医院接受针灸、艾灸理疗的人占比较大，为50%～60%，患者一般需要排队等候，而医院仅在走廊上设置了一张长板凳供排队的患者休息。

理疗环境缺乏私密性，理疗室房门基本不关，大部分病床间缺少遮挡物，形成完全“开放式”就医环境，造成了部分患者就医的心理障碍。

1.3.2　原因

（1）医院空间布局不合理，有形展示不完善。

（2）医院占地面积较小，可利用的空间小。

1.4　推广渠道单一

1.4.1　现状

如图1所示，锦欣中医院不做广播电视广告，很少发放宣传册，针灸科的工作人员有时会制作医护小贴士，医院会在社区举行义诊活动，但效果有限，没有更多的宣传推广锦欣中医院的渠道。

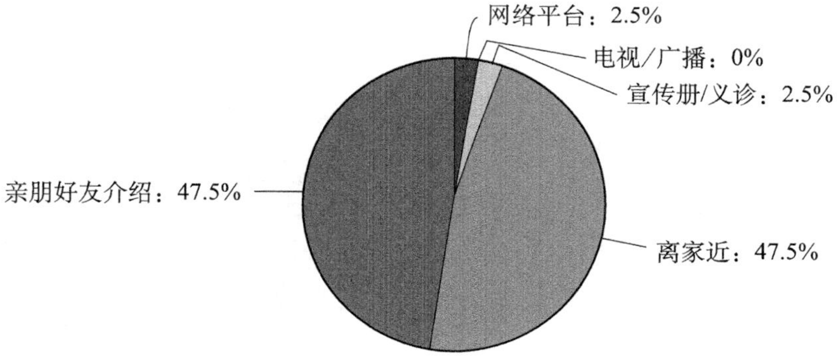

图1　问卷调研数据分析

1.4.2　原因

（1）医院不重视自身的宣传。

（2）医院缺乏专门的营销策划团队。

2. 环境分析——审时度势，纵观群雄

以下从政治环境、经济环境、社会环境、技术环境（PEST模型）四个方面，有针对性地分析锦欣中医院所处的宏观环境。

2.1　政策环境

（1）养老服务产业将得到政府的重点扶持和关注。

（2）明确了中西医并重，传承与发扬中医药事业的要求。

（3）支持新业态新模式发展，促进共享经济健康成长。

2.2 社会环境

(1) 人口老龄化加快，中医诊疗人数上升。

(2) 消费理念转型，提倡医养结合。

(3) 亚健康成为青年杀手。

2.3 经济环境

(1) 居民财富增长。

(2) 服务业增长迅速。

(3) 中医药产业增长。

2.4 技术环境

(1) 技术进步与发展。

(2) 科技助推医疗机构发展。

3. 3C战略——知己知彼，百战不殆

3.1 锦欣中医院分析

3.1.1 锦欣中医院简介

略

3.1.2 SWOT分析

略

3.2 消费者分析

通过实地调查与访谈，我们了解到锦欣中医院目前的消费者群体主要为老年人，中年人其次，儿童占比最小。

通过对40位患者的访谈，我们获得如下数据：

(1) 如图1所示，患者中，近一半人是因为居住在医院附近的小区选择锦欣中医院，另外近一半人是通过亲朋好友的介绍来就医的，通过网络平台知晓并前来就医的人数仅占2.5%。

(2) 如图2所示，在选择锦欣中医院就医的理由中，交通便利（主要是离家近）、治疗效果、服务质量排前三名。由此可以看出，锦欣中医院所处的地理位置、医院的治疗效果和服务是医院的核心竞争力。

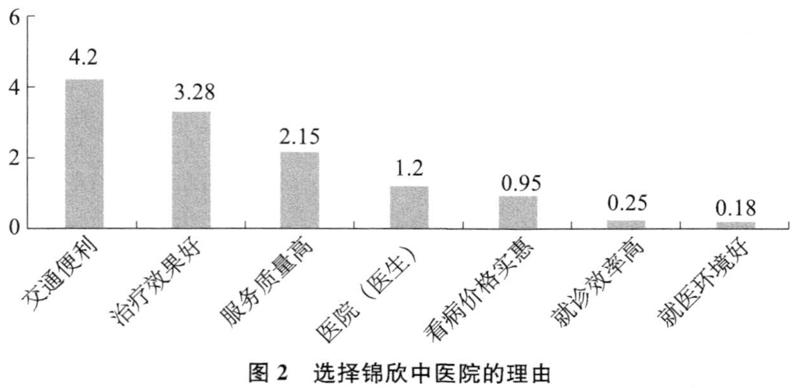

图2 选择锦欣中医院的理由

（3）如图 3 所示，在治疗效果方面，“非常好”与“好”总占比超过 60%。

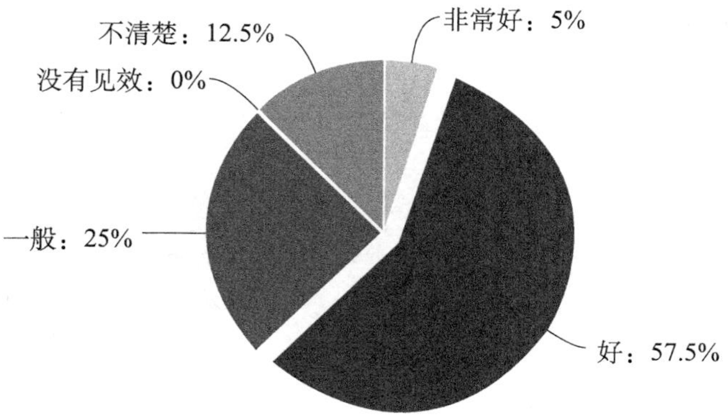

图 3　治疗效果

（4）对于医院工作人员的服务态度，患者对医生的评价最高，其次是护士，患者认为收费人员不专业、缺乏亲和力，服务态度有待提高（见图 4）。

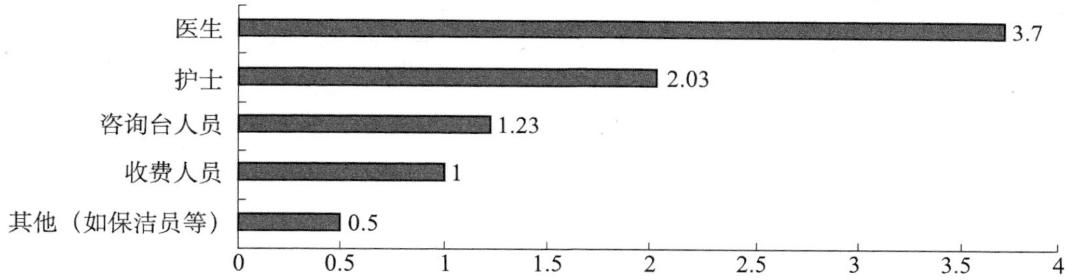

图 4　对工作人员服务态度的评价

（5）就医院的整体环境状况来看，绿化、色彩美化做得不到位，空气不够清新（见图 5），尤其是艾灸室墙面变色，过道烟雾缭绕，气味难闻。

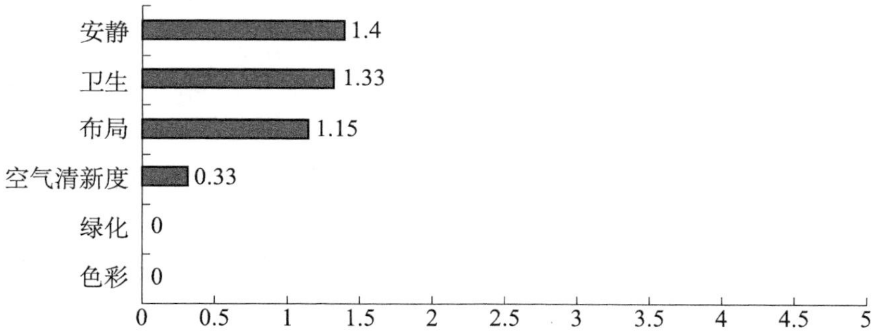

图 5　环境情况

总体而言，消费者选择锦欣中医院的主要理由有三个：一是治疗效果；二是服务态度；三是地理位置。

医院存在的主要问题有：

(1) 环境老旧，没有及时修整，缺乏外在形象设计，给前来就医的患者一种不美好、不整洁的印象，甚至给初次前来的患者留下医院治疗效果不好、不专业的负面印象。

(2) 服务流程不完整，服务质量有待进一步提高。虽然目前多数患者对医院的服务质量较为满意，但是作为服务型企业，相较于其他非公有制的中医院来说，锦欣中医院还可以在现有基础上更加完善，多为患者考虑，提高知名度形成口碑。

(3) 基本上放弃了线上宣传：官网近半年没有更新，没有注册微博官方账号；微信公众号虽然在运营，但是并没有去推广，阅读量很少在500以上，大多在100以内。

(4) 线下推广形式单一。目前只在周围社区进行了义诊。

(5) 缺乏清晰的品牌定位，更名后知晓度低。锦欣中医院的科室分布很全，涉及中医的方方面面，但是缺乏自己的特色，仅有的名医馆实际上也敌不过公有制大型医院。由于缺乏清晰的品牌定位，锦欣中医院在竞争对手选择上同样出现错误，“寇小儿”和“肖小儿”专注于儿童群体，不算是它的主要竞争对手。医院更名后，微信公众号的头像仍然使用原来的Logo，许多患者不知道锦欣中医院。

3.3 竞争者分析

略

4. 营销战略——市场聚焦，势如破竹

4.1 市场细分

市场细分如图6所示，具体内容略。

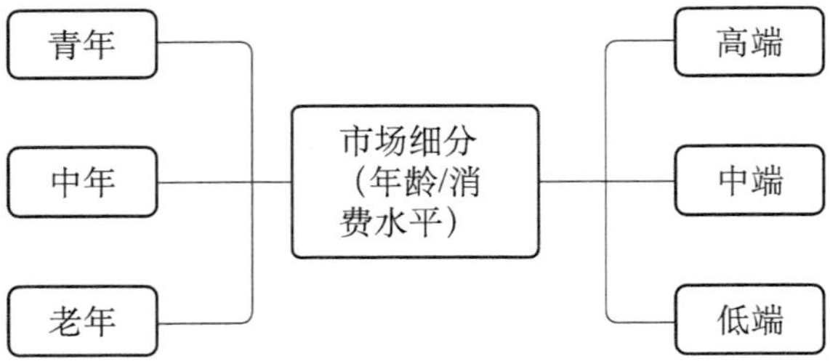

图6 市场细分

4.2 目标市场选择

基于以上分析，结合实地调研情况，应选择老年中端消费群体和中青年中低端消费群体作为锦欣中医院的目标细分市场。

4.2.1 老年中端消费群体

该群体为60岁以上的老年人，大多退休在家。他们多患有慢性病，具有一定的经济基础，更加注重个人的身体健康。这部分群体是锦欣中医院现有的最优的消费群体，是可获取的主要客户。

4.2.2　中青年中低端消费群体

该群体大多为90后大学生或80后职场人。他们处于亚健康状态，多数人患有职业病，消费能力有限。但目前中青年越来越重视养生，这部分群体将是未来的主要消费者，可以针对其进行有效的宣传推广，将其转化为现有客户。

4.3　市场定位

以锦欣中医院为核心，针对老年中端消费群体、中青年中低端消费群体，向四周社区辐射，打造“以居家为基础，以社区为依托，以机构为补充”的医养结合理念，专注家文化服务，实现医养一体化，辅以“线上＋线下”的三种推广方式——情感策略、服务策略、活动策略。

5. 品牌定位（一个中心——医养结合）

锦欣中医院的品牌定位应为：秉大医之心，承养生之道。

以医养结合为核心，打造家文化理念的养生馆。

6. 品牌设计（两个支撑点——服务＋养生）

6.1　Logo设计

略

6.2　形象设计

略

6.3　服务

6.3.1　现有服务流程

略

6.3.2　优化——服务蓝图

略

6.3.3　有形展示

略

7. 品牌推广

7.1　情感策略

详见图7。

具体设计略。

7.2　服务策略

详见图8。

具体设计略。

7.3　活动策略

详见图9。

具体设计略。

8. 预算

8.1　有形展示预算

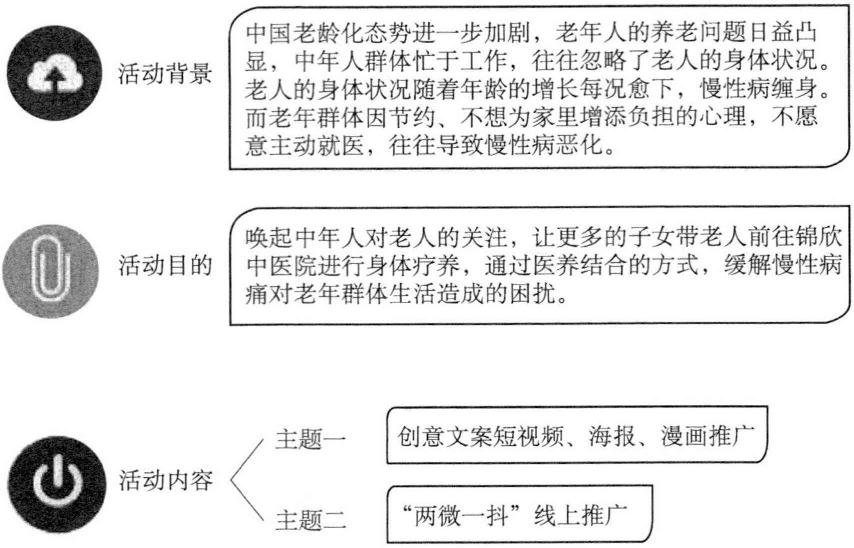

图 7 情感营销

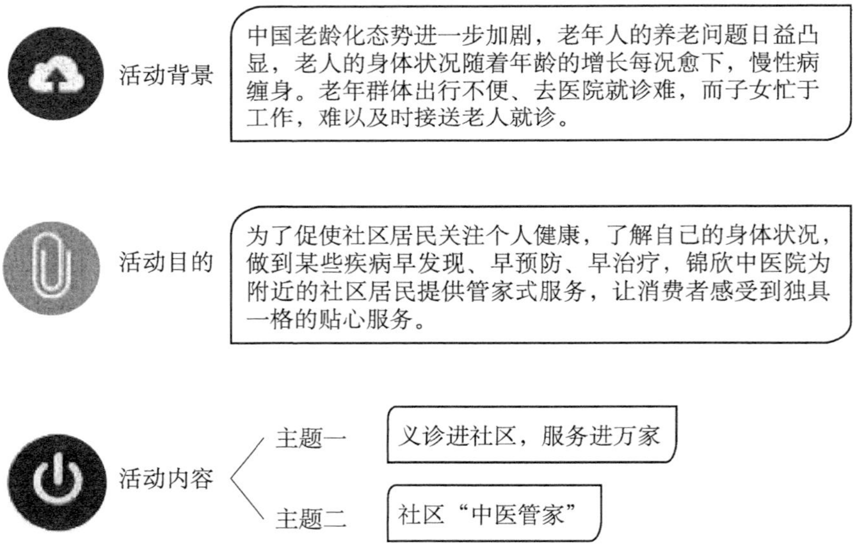

图 8 服务营销

略

8.2 活动预算

略

9. 可行性分析

9.1 组织可行性

锦欣中医院是一家以中医为特色、针灸推拿为重点的集传统与现代于一体的精品中医医院，在针灸推拿等方面有一定的技术水平。我们在进行品牌定位时，结合

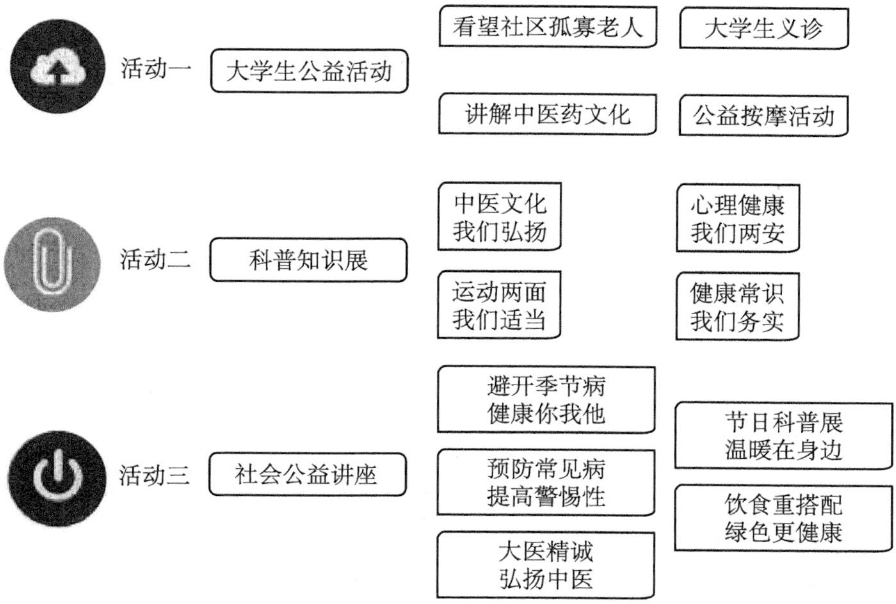

图 9 活动营销

锦欣中医院原有的突出特色，提出打造锦欣中医院“医养结合”这一品牌定位。

9.2 时间可行性

品牌打造和推广本就是一项耗时较长的工作，不可能一蹴而就，所以我们决定以一年的时间为周期，对锦欣中医院进行品牌推广，其中包括情感策略、服务策略和活动策略三种推广策略，根据季节、节日、气候等不同维度将三种推广方式有效结合。

9.3 经济可行性

在打造锦欣中医院“医养结合”的品牌定位时，我们选择在医院现有条件的基础上进行服务蓝图优化和有形展示优化，这样既可节约现有资源，又能提高医院的资源利用率。在推广锦欣中医院“医养结合”的品牌时，推广策略的关键是花最少的钱达到最大的效果，所以我们选择的是社区、大学生等花费最少的宣传渠道。

10. 团队介绍

略

资料来源：选自第三届“锦欣杯”四川省大学生营销策划大赛一等奖获奖作品，有删改.

案例思考

1. 简要评价此营销策划方案。
2. 此营销策划带给你的最大启示是什么？

实用工具

本章提供的实用工具：

1. 调研问卷
2. 项目计划书结构
3. 营销策划方案结构

复习思考

1. 营销策划的工作流程是怎样的？
2. 营销策划团队的角色构成是怎样的？
3. 项目计划书的内容是什么？
4. 营销策划方案的结构与主要内容是什么？
5. 成功的营销策划方案有何特征？

章节测试

章节测试答案

参考资料和推荐资源

[1] 赵强．创意定天下．北京：新华出版社，2008.
[2] 万融．商品学概论．北京：中国人民大学出版社，2013.
[3] 王怀军，王新利．浅析营销策划实战流程：营销策划八部曲．商场现代化，2012（2）：22.

第 2 篇

策略篇

第4章

新产品上市策划

学习目标

1. 知识学习

(1) 熟悉新产品上市开发程序

(2) 理解新产品上市的执行流程

(3) 掌握新产品上市策划方案的内容

2. 能力训练

(1) 新产品上市策划环境的调研和分析能力

(2) 新产品上市策划的设计和优化能力

3. 素质养成

(1) 培养良好的新产品上市意识

(2) 培养新产品上市的系统策划思维

(3) 培养新产品战略思维

章节概要

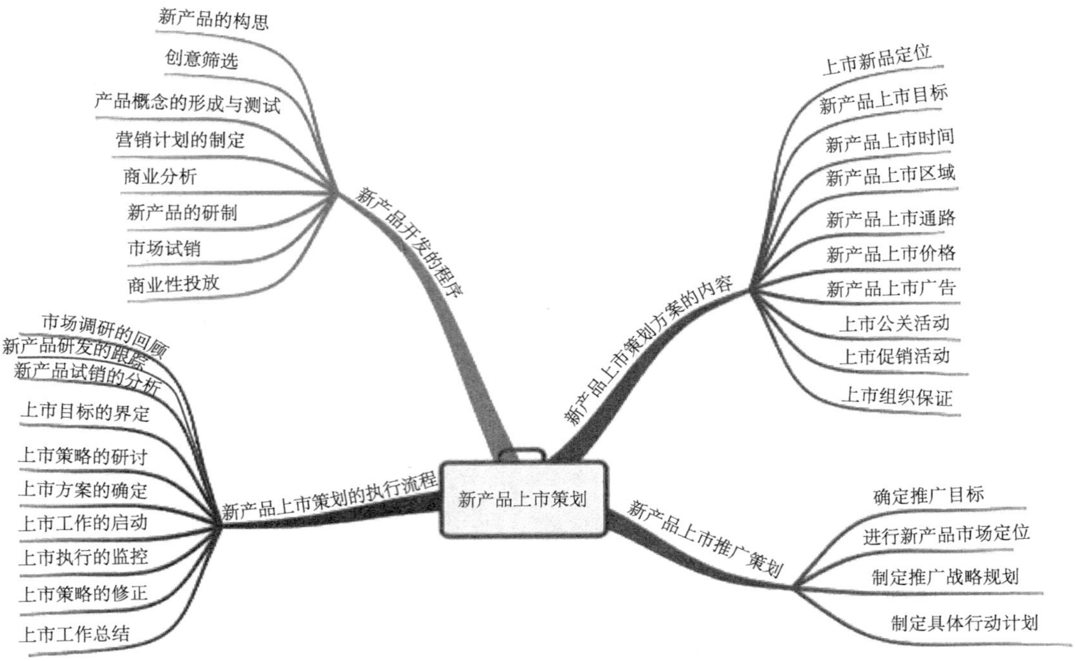

慕课资源

1. 学习视频

2. 学习课件

翻转任务

1. 个人：提前观看慕课视频，回答课后复习思考题，准备课堂提问。

2. 团队：新产品创新设计实践，每个小组选择生活中的最简单物料设计一个产品，确定产品概念、产品市场特征、产品成本与定价、上市推广策略。

导入案例

盲盒营销

2019 年是盲盒市场爆发式增长的一年，如旺仔 56 个民族罐的盲盒玩法大火，呷哺呷哺、全家等也推出了盲盒系列。2020 年新年伊始，众多品牌纷纷推出类似盲盒的玩法。无印良品将代表传统文化的吉祥物和日历放入福罐，颇有拆盲盒的感觉；星巴克将联名款的托特袋和不同款式的杯子放入福袋，让用户充满期待；哈根达斯推出的福袋中有手办和冰激凌兑换券等礼物。盲盒及其变种玩法席卷年轻人生活的每一个维度，成为最火爆的营销方式。十二栋文化推出首款毛绒盲盒——毛绒虫虫团，打破硬品盲盒的局限，俘获了潮玩消费主力军——女性玩家的青睐，其产品创新依托用户场景，陪伴在用户身边；依托线下娱乐零售新业态“LLJ 夹机占”进行渠道创新，打造“IP＋夹娃娃＋新零售平台＋线下娱乐”一体化的沉浸式娱乐消费场景。区别于传统盲盒的单一销售模式，十二栋文化以趣味的方式售出，提高了用户黏性和复购率。盲盒经济的火爆基于 Z 世代消费的崛起，而盲盒的营销模式所形成的“上瘾机制”又能够反向促进 Z 世代的持续高频消费。

资料来源：http：//cn.chinadaily.com.cn/a/202001/15/WS5e1ea9bca3107bb6b579a140.html，https：//www.sohu.com/a/342841260_114835，有删减.

4.1 新产品开发的程序

新产品的开发包括以下八个阶段：新产品的构思、创意筛选、产品概念的形成与测试、营销计划的制定、商业分析、新产品的研制、市场试销、商业性投放（见图 4－1）。

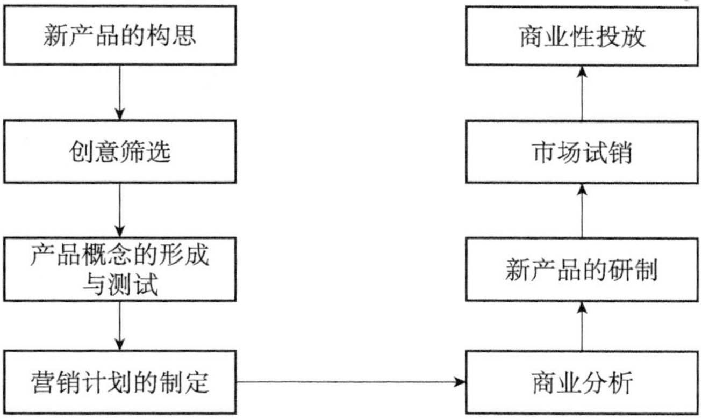

图 4－1　新产品开发流程图

新产品的构思

新产品开发的第一个阶段是形成新产品构思。构思即创意，是为了满足需求而提出的设想。企业寻求新产品构思须明确行业范围、目标市场、产品定位、资源分配、投资收益率等，以避免人力、物力、财力的浪费。本阶段营销部门的主要责任是：积极寻找好的构思，鼓励公司内部开发新产品构思，汇集产品构思送公司有关部门，征求意见，使内容更充实。

构思的来源主要包括：客户需求、科技人员对技术的创意、竞争者的经验和教训、内部员工和中间商的意见。据统计，新产品构思中约60%来自外部，包括客户、竞争者、咨询公司等提供的资料；约40%来自企业内部的技术、生产和销售部门。

知识链接

产品思维

序号	类别	内容
1	产品	是服务于消费者的介质，是与真实世界连接的方式
		三个核心：发现痛点，着手改变，洞察人性同理心
2	互联网产品视角洞察消费者	从外到内分为五层：感知层（外貌），角色框架层（职业），资源结构层（财富、人脉、精神），能力圈（扩充），存在感（内核）
3	衡量产品的标准：情绪	同理心：情绪是每个人的本能
		愉悦：需求被满足
		爽：积累的需求被满足
		不爽：无法忍受产品不完美
4	同理心	愤怒：感觉到底线被侵犯
		恐惧是边界，是动力（不甘失败和平庸），是痛点（教育、医美类 App）
		个体对愤怒和恐惧的反应不同；互联网产品可满足需求或解除恐惧
5	潜意识	内向的人做出了社交网络产品（扎克伯格、马化腾）
		产品是为了迎合用户潜意识
		催眠 & 绕过防御：微笑重复说（脑白金）
		集体人格/潜意识：阿里人（有共同的文化和价值观）
		互联网产品需要突破人的潜意识，不让人产生防御心理
		产品经理要广泛接触用户，尊重客观事实，接纳各种世界观，不进行主观猜想
6	角色化生存	角色如同寄居蟹的壳，每个人会钻进壳，角色里的人群有集体人格
		面对个体产品，要尊重个体，需要全面地做用户研究
		产品经理需要去角色化地分析用户，卸下寄居蟹的壳
7	自我与自律	左脑思考：通过教育形成观念，更自律
		右脑思考：感知力强、时间观念差、自我、有创造力（乔布斯）
		右脑思考的人更适合当产品经理；愉悦感驱动自我的人、恐惧感驱动的人往往更自律；这两种人都可以成功，找个互补的合伙人最为理想

续表

序号	类别	内容
8	机会判断：点、线、面、体	点的努力需附在线和面上，抓住趋势红利，点线面体战略选择很重要
		个体附着的公司、行业、经济体在下沉，个人努力也会被消解，选择一个上升的公司、行业、经济体很重要
9	机会判断	如何找到势能和趋势。决策关键：离开自己这个点，分析所在的线、面和体，分析方向、周期，分析谁能给你赋能
10	痛点、痒点、爽点	痛点是恐惧（用药App，海飞丝去头屑）；爽点是即时满足（百度音乐）；痒点（满足虚拟自我，网红产品，理想生活的投射）
		三点都可做出好产品，有不同切入点（海底捞爽点，网红餐厅痒点）
11	用户画像	比喻——草地是产品，羊是用户，第一只羊很关键，吃着草开心地活下来了，后面就出现了羊群，出现了狼
		头羊数量关系到网络效应（淘宝）；大明（京东）、笨笨（小红书）、小闲（游戏、视频）
12	产品场景	场：时间＋空间，景：情景＋互动；场景＋情绪调动＝产品
13	系统能力	整体流程＋确定性（持续的依赖）；用户需求：打孔——卖或租打孔机或上门服务——服务是核心
14	系统效率	小米手机：手机制造的效率、流量的效率、线下的效率（OPPO、vivo）
15	系统世界观	米聊用户达1 000万时，微信用户达400万；微信的运营与技术能力强，QQ用户远超小米，微信用户很快反超
16	系统迭代	语音照片→朋友圈→公众号→钱包→游戏（5亿用户升级App）→红包
17	系统生死线	傅盛金山：守住安全行业→砍产品（毒霸、卫士）→管理十几个层级砍到三个层级→软件收入砍掉（转型互联网）→3Q大战→两款产品日活暴涨700w→1 200w→出海（海外市场）
18	用户体验五个层次	感知层，角色框架层，资源结构层（百度贴吧），能力圈范围层（农村包围城市），战略存在层
19	用户体验地图（用户视角）	用户→用户的目标和预期→触点→路径→用户情绪（类似主题公园）；产品不是简单堆积，需要有用户故事
20	服务蓝图（服务提供者视角）	资源有限的前提下打造峰值、终值（亚朵酒店：100%送茶、3分钟入住、大堂图书馆、优质的床品）
21	用户激励：上瘾	游戏里的激励设置非常重要，能够让用户感觉受到奖励，有成就感
		内在激励（自我价值的实现、企业文化），外在激励（补贴、奖金）

续表

序号	类别	内容
22	名字、口碑	名字定义了产品
		深奥的名字容易让人望而生畏
		口碑让产品服务价值超出顾客预期（海底捞帮用户唱生日歌等）
23	创新模式	创造用户价值，打破旧有平衡
		用户价值＝新体验－旧体验－替换成本（先发优势）；即使用户对 WPS 的新体验好过对微软 Word 的旧体验，也会因替换成本太高而倾向于使用后者
		创业型小公司应关注增量市场，而非存量市场
		找到蓝海，速度第一，用户体验 60 分就推进市场
24	交叉视角	创新：洞察痛点，解决问题
		小鸡孵化器→婴儿恒温箱（令婴儿死亡率从 66%降到 38%）；欠发达国家婴儿恒温箱没人维护，普莱斯蒂诺教授用汽车配件重构婴儿恒温箱
25	新要素、新物种	亚朵酒店——酒店业和 KOL 社群、阅读、摄影、场景电商结合的创新商业模式
26	三级火箭	原则：高频推低频 罗辑思维：免费脱口秀（头部流量）→得到 App→商业变现
27	颠覆式创新	价值网（消费者、对手、投资人），大公司经常拘泥于传统的价值网，新公司需要发现新的价值网；特斯拉一开始就造电动汽车，将跑车与新能源相结合，当时电动车体量太小，市场也不成熟，大型汽车制造商无法跟进，但电动车市场一旦爆发，大型汽车制造商就落后了
28	产品的微观、中观、宏观	微观：细节体感；中观：制度流程；宏观：战略方向
29	人生逻辑和商业逻辑	人生逻辑大于商业逻辑（人是以意义为中心）；共同规则＜共同利益＜共同信仰
30	产品链接客观世界的过去与将来	越来越多的中国产品进入国际市场，未来一定有更多品牌走向全球

资料来源：https：//blog. csdn. net/ladofwind/article/details/81571378.

营销人员开发新产品的构思方法主要有：

（1）产品属性排列法。将现有产品的属性一一列出并进行讨论，尝试提出每种属性的改良方法，在此基础上形成新创意。

（2）强行联系法。先列出若干不同的产品，然后把某一产品与另一产品或几种产品强行结合起来，产生新构思。

（3）角分析法。将产品的重要因素抽象出来，然后具体分析每一种特性，再形成新的创意。

（4）聚会集力创新法。将专业人员或发明家聚集在一起，在开讨论会前提出若干问题并给予时间准备，会上大家畅所欲言，相互启发，提出设想和建议，经归纳分析，便可以形成新产品构思。

（5）征集意见。这种方法是指产品设计人员通过问卷调查、召开座谈会等方式了解消费者的需求，征求科技人员的意见，咨询技术发明人、专利代理人、大学或企业的实验室负责人、广告代理商等的意见，并且使之常态化，形成制度。

创意筛选

企业在广泛征集新产品构思的基础上，要运用一系列评判标准及科学的评价方法对各种构思进行比较分析和筛选。筛选的目的是选出那些符合本企业长远利益并与企业资源相协调的产品构思进一步开发，剔除那些可行性小或获利较少的产品构思。

1. 评价指标体系的确立

由于企业实力、竞争环境等不同，不同企业新产品构思的评价指标体系也会有所不同，评价方法也有差异，可供选择的评价指标如表 4－1 所示。

表 4－1　新产品构思常用评价指标

指标类别	评价指标
反映市场需求状况的指标	市场规模
	市场增长潜力
	盈利性
	需求弹性
	需求季节性波动
反映市场竞争状况的指标	企业现有竞争地位
	差别优势
	市场竞争程度
	进入市场的难易程度
	潜在进入者
	替代品威胁
反映政策环境的指标	相关法律法规
反映企业新产品开发资源条件的指标	公司是否有或能以合理成本获得开发新产品的资本
	公司是否有或能以合理成本获得开发新产品的技术
	技术的专有性
	新产品生产所需原材料供应是否充分
	公司是否有必需的分销能力
	企业现有生产能力是否可满足产品的生产
	是否符合公司经营战略
	研发推广时机是否有利
其他指标	……

筛选时既要防止低估构思的潜在价值，使企业失去一个好的构思，又要防止高估市场前景或盈利性。[①] 一种常用的评估新产品构思的方法如表 4-2 所示。

表 4-2　产品构思评估表

决定新产品成功的因素（A）	因素相对重要性（B）	新产品构思符合 A 栏各因素的程度（C）											得分（B×C）
		0	0.1	0.2	0.3	0.4	0.5	0.6	0.7	0.8	0.9	1.0	
企业策略与目标	20%								√				0.14
营销技术与经验	20%									√			0.16
财务状况	15%										√		0.135
分销渠道	15%									√			0.12
生产能力	15%										√		0.135
研发能力	10%							√					0.06
供应能力	5%						√						0.025
合计	100%												0.795

表 4-2 中 A 栏是决定新产品开发能否成功的因素。B 栏是企业高层管理者确定的各因素重要性的权重，权重总计 100%，从表 4-2 可以看出，分销渠道重要性比重为 15%，供应能力为 5%。C 栏表示新产品构思符合 A 栏中各因素的程度，在0～1.0 范围内确定，由评估人填写。如 C 栏中分销渠道项估分为 0.8，说明新产品构思与企业分销渠道的适应度高。将 B 栏数字与 C 栏数字相乘可得出每项的加权分数，然后相加得出总分。最后，评估新产品构思的优劣，一般 0.76～1.00 分为良好，0.5～0.75 分为中等，0～0.49 分为差。一项新产品构思需在 0.70 分以上才可采纳。表 4-2 中总分为 0.795，故企业可采纳此新产品构思。

2. 筛选方法

新产品构思的筛选方法有加权评分法、对比排序选择法等。

（1）加权评分法。先确定每项评价指标的分值和权重，然后对每个构思的每项考核指标进行打分，最后算出加权平均分，分高者留下，分低者淘汰。

（2）对比排序选择法。首先，找出每个构思的不利点与有利点；其次，将各不利点按由较差到很差的顺序进行排列，同时将各有利点按较好到很好的顺序进行排列；最后，将各构思的不利点与有利点进行比较，选择有利点明显强于不利点的构思。这种筛选方法中寻找不利点和有利点以及排序主要依靠主观判断，有一定的局限性。

---

① 张霄，马勇，李国田．现代市场营销学．郑州：河南人民出版社，1994.

产品概念的形成与测试

产品构思是企业从自身角度提出的能满足消费者需求的产品设想。新产品构思经过筛选后，需要进一步设计更具体明确的产品概念。产品概念是企业从消费者角度对产品构思（包括产品形状、功能、特性、价格、商标与消费者利益等）用文字、图像、模型等的具体描述，使其在顾客心目中形成一种潜在的产品形象。将构思转化为产品概念时，一般依据使用对象、产品优点和使用场合三个因素。

例如，某保健品生产商要生产一种新型的口服液，味道好、营养高、保健功能显著。这一新产品构思可形成三种产品概念。

（1）儿童饮料。能提供儿童成长所需的营养，供儿童日常饮用。

（2）成年人饮料。供成年人中午提神用。

（3）老年人补品。保健品的功能显著，适于老年人晚上睡觉前饮用。

企业需要借助一定数量的客户及专家评价从众多概念中优选出产品概念。选择依据是：未来市场的潜在容量、投资收益率、销售增长率、生产能力及对企业设备和资源的充分利用等，可采用问卷方式将产品概念用于目标市场中有代表性的消费者进行测试、评估。可以围绕每一种产品概念向顾客询问下列问题：

①产品概念的描述是否清楚？

②您认为本产品与竞争品相比有哪些特殊优点？

③本产品是否符合您的需求？是否有改良的建议？

④您认为这种产品的价格应该是多少？

⑤本产品推出时，您是否会购买？原因是什么？

消费者的问答有助于企业确定最受欢迎的产品概念。问题⑤通常有 4 种可供选择的答案：肯定买、可能买、可能不买和肯定不买。企业可通过制定标准来选择产品概念：如“肯定买”的比例超过 50%就采纳此产品概念，或者“肯定买”和“可能买”的合计比例超过 50%才可采纳。

营销计划的制定

企业选择了最佳的产品概念之后，必须制定将其导入市场的初步营销计划，并在未来的发展阶段中不断完善。初拟的营销计划包括三个部分，下面结合前述口服液的第一种产品概念进行说明。

（1）描述目标市场的规模与结构、消费者购买行为、产品的市场定位、预计短期销量、市场占有率、预期利润率等。

例如：某种儿童饮料的目标市场是有小孩的家庭，价位较高，质量较高；预计第 1 年销量为 30 万箱，第 2 年为 50 万箱；第 1 年市场份额约为 10%，第 2 年预计为 15%；第 1 年利润目标为盈利约 150 万元，第 2 年盈利约 200 万元。

（2）概述产品预期价格、分配渠道及第 1 年的营销预算。

例如：某产品批发给中间商的价格是每箱（24 瓶）20 元，经销商每买 5 箱可赠送 1 箱。第 1 年的广告预算为 500 万元，其中一半用于大城市广告，广告宣传的重点是营养价值高、无副作用。

（3）分别阐述较长期的销售额、利润目标及不同时期的营销组合等。

例如：预计长期的销量占该类产品市场总销量的 30%，预计投资收益率为 15%。为了达到以上目标，产品质量要高，刚投入市场时采用较高定价，再逐渐降价，以扩大市场占有率，广告预算每年增加 10%。

商业分析

制定出最佳产品概念的初步营销策略之后，要从经济效益角度对这一新产品开发方案进行盈利性评估，详细审核预计销量、成本和利润是否符合企业目标，如果符合就能进一步开发。具体分为两步：一是预测新产品销售额，可参照市场上类似产品的销售历史，了解最高和最低销量及其他方面的销售情况，评估内容包括细分市场的研究、市场潜力、销量的预测、产品开发费用的预算、产品生产成本的风险、产品生命周期的预测和投资收益的预测。必须研究和评价产品概念的风险，包括产品需求变化、技术进步、产品生命周期、竞争、销售渠道、内部管理等方面，以分析新产品的市场地位和市场占有率。二是在预测销量后估算新产品的成本和利润。另外，新产品开发的整个过程都需要进行市场分析。

新产品的研制

将经过商业分析的新产品概念送交研发部门或技术部门试制成产品模型或样品，同时进行包装研制和品牌设计，并制定合理的物流方案。这是新产品开发的重要步骤，可以避免由于设计和工艺上存在未发现的缺陷在正式投产时造成资源浪费。只有通过产品试制，投入资金、设备和人力，才能使产品概念具体化。如果技术问题不能解决或成本与利润达不到目标，则要分析原因并研究对策加以改进。若无法解决就放弃该方案，或对方案重新进行定位并再做商业分析。应当强调，新产品研制必须使模型或样品具有产品概念所规定的所有特征。新产品研制出来后，还要对其进行全面鉴定，从技术和经济上做出全面评价。

市场试销

市场试销是先少量生产新产品，按企业制定的营销策略，将产品在选定的目标市场中进行销售试验，以观察用户反映，并及时根据用户意见对新产品做进一步改进。

1. 市场试销应考虑的问题

（1）试销的地区范围。试销市场应是企业目标市场的缩影。

（2）试销时间。试销时间的长短一般应根据产品的平均重复购买率来决定，对于重复购买率高的新产品，试销的时间应当长一些，因为只有重复购买才能说明消费者认可新产品。

（3）应了解首次购买情况和重复购买情况。

（4）试销所需要的费用开支。

（5）试销的营销策略及试销成功后应进一步采取的战略行动。

2. 新产品采用过程

美国营销学者埃弗雷特·罗吉斯在《创新的扩散》一书中建立了创新决策过程模型，包括认知、兴趣、评价、试用、采用五个重要阶段。

（1）认知。这是消费者获得新产品信息的初始阶段。新产品的信息主要来源于广告，也可通过其他间接渠道（产品说明书、技术资料、别人的议论等）获得，此时掌握的信息不够系统，只是一般性的了解。

（2）兴趣。消费者会积极地寻找有关资料和信息，进行对比分析，研究其功能、使用等问题。在较为满意的情况下，将会产生初步的购买动机。

（3）评价。消费者主要权衡采用新产品的边际价值。通过比较可能获得的利益和可能承担的风险，形成明确认识，做出价值判断。

（4）试用。消费者开始小规模地试用新产品，试用后正式评价自己对新产品的认知及购买决策的正确性。

（5）采用。通过试用，若收到理想的使用效果，消费者就会放弃原有产品，完全接受新产品，开始正式采购并重复购买。

让消费者顺利地进入最后的采用阶段，是新产品营销的目的。消费者在某个阶段可能会遇到一些障碍，营销者应及时发现并消除。如许多消费者因购买新产品需大量投资而滞留在兴趣阶段，不愿试用。企业就可以采用分期付款的办法，促使这些消费者进入试用阶段。

3. 新产品的扩散过程

新产品在同一目标市场的扩散规律是：消费者采用新产品有早有晚，开始时仅被极少数消费者接受，然后被多数消费者接受。根据消费者接受的时间顺序，可将消费者分为以下几类。

（1）创新采用者。他们是敢于率先尝试新产品的少数人，产品一上市就积极购买和使用。这部分消费者一般富有冒险精神，收入和社会地位、受教育水平较高，交际广泛、消息灵通，只占全部采用者的 2.5%，是企业推出新产品的重点沟通对象。因此，企业应争取令创新采用者满意，让他们主动宣传，使新产品尽早被早期采用者接受。

（2）早期采用者。他们是第二类采用新产品的群体，他们往往是某些领域中的舆论领袖，会在新产品导入期和成长期内采用，并对之后的采用者影响较大，这类人群约占13.5%，对新产品的扩散起着决定性作用。

（3）早期大众。这部分消费者的采用时间比平均采用时间要早，占全部采用者的34%左右。这类人态度谨慎，受过一定的教育，有较好的工作环境和较高的收入，对舆论领袖的消费行为有比较强的模仿心理，经过创新采用者和早期采用者的认可之后，才决定购买，是顺应社会潮流但又比较谨慎的时尚追求者。

（4）晚期大众。这部分消费者的采用时间较平均采用时间稍晚，占全部采用者的34%左右。这类消费者的基本特征是多疑，从不主动采用或接受新产品，一定要等到多数人使用并且反映良好时才行动。对这部分消费者进行市场扩散是比较困难的。

（5）落伍者。这类采用者思想保守，往往拘泥于传统的消费者购买模式，占全部采用者的16%左右，一般在产品进入成熟期后期甚至衰退期时才会采用。

4. 影响市场扩散的新产品特征

据统计，新产品的上市成功率约为10%。新产品能否为市场迅速接受，取决于众多因素，其中新产品特征是影响市场扩散的重要因素，主要有以下几方面：

（1）相对优越性。新产品在功能、可靠性、便利性、新颖性等方面比原有产品的优势越大，就越容易被消费者采用。

（2）兼容性。当新产品与消费者的需求结构、价值观、信仰和经验相适应或较为接近时，就容易被迅速采用。

（3）技术复杂性。只有产品的结构和使用方法简单易懂，才利于新产品推广，更有利于被广大的消费者接受。这就要求企业在新产品设计、整体结构、使用方法及维修与保养等方面与目标市场的认知程度相接近，尽可能设计出简单易懂、使用方便的产品。

（4）可试用性。即新产品在一定条件下可以试用，降低了购买风险，提高了采用率。

（5）可观察性和可传播性。指新产品在使用时是否容易观察和描述，是否容易说明和示范。凡是信息传播比较便捷、易于认知的产品，其采用速度一般较快。

商业性投放

新产品试销成功后，正式批量生产，全面推向市场，新产品就进入产品生命周期的导入期，产品上市以教育和启发市场为主。企业要在购买设备和原材料以及促销宣传方面投入较多费用。新产品投入市场的初期利润较小，企业在此阶段应对产品投入市场的时机与区域、目标客户和营销策略等问题做出慎重决策。

1. 上市时机

上市时机即选择新产品上市的最佳时机。要考虑如下情况：一是应季上市，新产品应将需求旺季作为上市的时机。二是考虑新产品上市是否会严重影响原有产品的销售，如是，则新产品不宜投入过早，应待原有产品库存量下降后推出，一般选择在原有产品的衰退期投入市场。三是要考虑竞争对手的产品策略。最好提前抢占制高点，在竞争中争取和保持主动权。

要确定企业在导入期的前、中、后哪个时间段将产品上市，因为导入期每个时间段的市场有区别，不同产品的结果不一样。导入期的划定标准是产品在这个市场上的普及程度为5%左右。达到15%时，市场前景逐渐清晰，这时希望进入市场的企业做决策更容易，参与竞争的企业数量也会多起来。所以，从没有市场到形成产品普及程度为15%的市场的过程中，产品上市是有区别的。导入期的不同阶段应该注意的问题如表4-3所示：

表4-3　导入期不同阶段应该注意的事项

导入期的不同阶段	注意的事项
前期	此时市场对产品没有认知，要提前预想到困难，以免因长时间等待市场启动而丧失信心
	在教育市场时不要过多强调产品利益，要强调产品利益可以转化的结果，因为结果是感性的，而利益过于理性
	不进行大规模招商，多数经销商对产品缺乏信心，即便参与进来，也一定会在渠道滞留，占压资金
中期	以终端的推销和直营渠道进行推力和拉力的组合
	最艰难的时期，要注意对终端销售人员的激励和挫折培训
	加入演示、品尝、公关等互动形式，以启动市场
后期	注意对经销商的公关和说服，让其参与市场的铺货，形成多角度攻势
	注意其他竞争者的参与，巩固市场的唯一方法是强化品牌与产品的关系及对品牌的认知

2. 上市区域

新产品上市的地点应结合企业实力和市场条件而定。先在最有吸引力的市场集中投放，加强促销宣传和服务，获得一定占有率后再向其他地区扩张。中小企业可先选择一个城市或一个地区推出新产品，逐渐扩张。大企业可在全国各地甚至世界各地同时上市，占有市场。

(1) 区域市场上市。导入期宜选择市场特征明显、易被企业掌握的区域市场。对于中国市场来说，各区域市场特征各异，需求方式和层面也不同，这使产品在上市过程中难度增大。在区域市场推出导入期产品时需注意以下事项

（见表 4－4）。

表 4－4 导入期产品进入区域市场应注意的事项

注意事项	具体内容
产品方面	选择利益明显、特点突出、易被市场接受的单一产品上市
	产品的利益诉求要明确，产品的形状和包装要易被接受
	传达的主题是产品的共性利益，不要追求个性利益或卖点
	品牌不是传递的重点，不要过分张扬
市场方面	首先要抓住产品主要需求群体的感性部分进行尝试性销售
	抓住目标人群的时代情感是把握市场的关键
	目标人群定位不要过于分散，让这些感性人群产生口碑
推广方面	告知的重点是强化利益可以带来的情感结果
	媒体在配合时应强化品牌与产品的捆绑关系
	卖点的诉求与产品之间应该紧密联系
渠道方面	利用可以控制的直营方式进行面对面的尝试销售
	合理布点，现场演示及终端促销紧密结合
	在直营终端无须进行规则性陈列，以活跃气氛为主
环境方面	注意区域市场环境和相关产品采用的营销方法，以期借鉴
	不要脱离当地的购买习俗和营销基础方法
	如不是一类市场，可以采用更灵活的营销操作

（2）重点城市上市。在重点城市推出导入期的产品要具备两个条件：一是该产品未来的市场潜量很大；二是企业具有充足的资源。因为如果市场潜量大，一旦启动，市场会快速增长，企业容易抢占更多市场份额。重点城市的辐射程度和影响力可使市场规模迅速扩大。相反，如果企业没有充足的资源，一旦市场启动，容易让更有实力的企业把增长中的市场份额瓜分殆尽。在重点城市推出导入期产品需要注意如下问题（见表 4－5）。

表 4－5 导入期产品进入重点城市应注意的事项

注意事项	具体内容
产品方面	选择利益明显、特点突出、易被市场接受的单一产品上市
	产品的利益诉求要明确，产品的形状、包装和品牌要清晰
	传达的主题是产品的共性利益，品牌和利益要有一定的关系
	品牌不是传递的重点，但需要与产品进行必要的捆绑
市场方面	城市主要需求群体的感性部分更具时代特点
	进行尝试性销售的主体与区域有一定区别，不以经济层面进行划分
	目标消费者要集中在一些知识人群，让这类人群产生积极口碑进而影响其他群体的消费行为
推广方面	电视广告的告知作用显著，且配合其他媒体诉求
	卖场的视觉媒体引导和导购产生作用
	品牌的形象作用不要过于明显，重点凸显品牌和产品的捆绑认知

续表

注意事项	具体内容
渠道方面	直营、专柜销售，特卖场所的配合销售
	重点经销商的一些主营网点配合
	一些快速流转品需要走专营渠道（如餐饮）
环境方面	制造话题是城市市场环境的一个显著特征
	城市的时代文化及地方习俗影响一些小区域品牌的进入

（3）全国市场上市。在全国市场推出导入期产品时，企业应具有丰富的资源条件，同时要冒一定的风险。因为处于导入期说明这个产品在市场上还不成熟，要使消费者接受还需长时间的培育。但对于一些功能性产品，可以采用全国市场同时上市的策略。因为每一个产品都是一种利益体现，这种利益还没有很好的产品来传递。总之，可以替代其他产品利益、效果显著、价格满足更多人需要的产品都适用全国市场上市的方式。在全国市场推出导入期产品需要注意如下问题（见表4-6）。

表4-6 导入期产品进入全国市场应注意的事项

注意事项	具体内容
产品方面	必须是所获利益明显、有更大市场需求的产品
	产品的利益是消费者已经接受的，只是形式上有所改变
	市场能接受完全是因为产品因素，不要幻想用已有的品牌强占市场
市场方面	消费者对该产品有潜在的需求
	市场接受方式应趋于感性
推广方面	在这个阶段必须要利用经销商，因为自身难以实现全国性的网络
	经销商不仅要完成铺货，还要进行终端的维护和建设
渠道方面	直营、专柜销售，特卖场所的配合销售
	重点经销商的一些主营网点配合
	一些快速流转品需要专营渠道（如餐饮）
环境方面	各个区域的市场环境不一样，在上市完成之后要根据实际情况对各个区域的网络结构和推广策略进行调整

3. 目标客户

选择对产品需求最强烈的目标客户，有针对性地制定营销计划。产品上市之前应先确定此产品的需求方式。对于中国市场来说，区域发展不平衡，产品所处阶段各不相同，很多产品上市时首选区域市场，因此，确定区域的产品需求形态非常重要。

（1）不同需求方式的产品上市。

①感性产品的上市。消费者在购买产品时存在较多的感性决定因素，很多理性产品在进入成熟阶段后也产生感性因素。而消费者在购买功能性产品和贵重产品时往往通过理性决策。如不同的汽车品牌满足的情感需求可以让消费者为此付出很大代价。企业产品上市时，要确定该产品满足的需求类型，如果情感需求大于利益需

求，这个产品就属于感性消费产品。感性产品上市要注重包装和外观，产品概念与包装色彩的协调要符合受众的情感、年龄和生理需求，终端的设计营造感性的购买气氛。

②理性产品的上市。理性产品往往能满足市场新的或更高层次的需求，也会因为产品目标市场的消费能力和区域差异而不同。理性产品上市要注意：一是产品概念和产品核心利益的体现，不能只强调产品的卖点；二是语言诉求的结果表述，即产品利益可以带给消费者的结果是什么，如金嗓子带来的清爽感觉；三是产品作用大于品牌作用，不要把资源过多地浪费在品牌认知上；四是采用直营的渠道方式更好地进行产品说明。

（2）不同消费方式的产品上市。企业明确了产品的消费方式，就可以更好地选择有针对性的营销策略。快速消费品要求企业把握产品的市场流转速度，耐用消费品则要求企业控制终端销售的有效性。

①快速消费品的上市。快速消费品是消费者重复购买频率较高的产品。企业要想获得更多市场份额，增加频率比扩大市场规模更有效。这是因为增加频率是争取现有的消费者，扩大市场规模则需激发新的消费者需求。

快速消费品市场由于产品成熟期长、品牌占据市场时间长、品牌忠诚度高而竞争非常激烈，产品上市面临巨大的挑战。因此，快速消费品上市需注意：一是产品概念要和情感紧密结合，放弃更多的理性诉求，如海飞丝由之前的药店消费转移到商场，诉求从药品理性转到美感感性；二是包装色彩及情感表达都要与目标市场相符；三是产品推广采用多次重复展示，并且做到视觉一致性、同一性及卖点的生动化处理等；四是要控制渠道的层级，让产品符合高速流转的需要。

②耐用消费品的上市。耐用消费品指在市场上流转速度较慢的产品，消费者购买频率低，产品第二次购买与初次购买的间隔时间较长，品牌忠诚度相对较低。此类产品上市需要重点考虑产品的市场潜量。如果市场有一定的潜量规模，企业可以投入更多的资金去获取这个市场。此类产品上市需要注意：产品在不同阶段的营销策略有差异。如导入阶段可采用低价策略和品牌概念策略，利用渠道的政策控制，避免在成熟阶段被渠道成员控制；成长阶段需要迅速扩张；成熟阶段需采用适应新消费群体的新产品概念和副品牌特征策略，强化在产品质量方面与消费者的沟通。

4. 营销策略

营销策略即对营销组合要素的投资比例和发展次序做出适当的安排，如产品定价、广告预算、分销渠道等。时机、地区、目标客户不同，营销策略也不同。新产品上市时，要制定有针对性的策略以确保新产品成功上市。

4.2 新产品上市策划的执行流程

新产品上市策划工作是否成功直接关系到新产品能否成功导入市场，能否被消费者迅速接受并发展成畅销产品和企业主导产品。新产品上市策划是一项兼具创造性和风险性的工作，因此要按科学的流程进行精心的组织安排与系统规范的策划，并有效实施和执行，如图 4－2 所示。

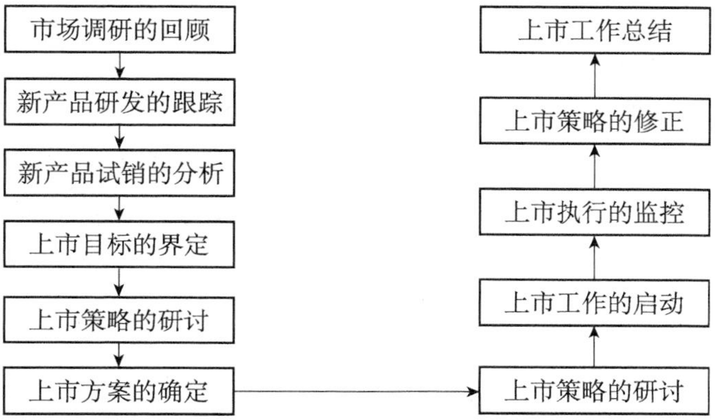

图 4－2　新产品上市策划的执行流程图

市场调研的回顾

开展上市策划前，应对前期市场调研信息进行回顾，包括环境分析、竞品研究、消费者需求与购买行为特征、产品概念测试结果等，以此作为上市策划的依据。如果新产品开发调研时间过久，或内容过于简单，应进行补充调研或重新调研。应注意，市场调研本身并不是目的，而是要明确调查各项目对产品上市的作用和影响，从调研结果中分析产品上市所需内容。企业要关注的调研重点有以下几个方面。

1. 市场需求及市场潜量分析

市场调研的需求分析就是要了解市场容量的大小和规模。市场潜量是市场的显性需求和隐性需求的综合体现，这对产品上市的营销策略有很大影响。如一个产品市场需求潜量很大，说明市场还处于初级阶段或成长阶段，在这个阶段中根据市场需求可采用不同的进入策略。如果此时市场占有率低，而需求量较大，对于有一定资源条件的企业而言，可以利用低价策略推出产品，以有效打击竞品，抢占有利的市场位置。

2. 渠道状况分析

分析渠道是为了在产品上市时帮助企业更有效地利用各种渠道，促使企业完成不同的上市任务。渠道分析的主要工作有：调研不同渠道到达的终端位置；确定不同渠道的长度；分析渠道的配合度；将渠道进行归类整理，比较不同的渠道成员；选择适合产品上市的最佳渠道；根据企业资源寻找合适的渠道。

3. 竞品分析

首先要准确地识别竞品，确定竞争者依据的是产品之间是否存在相同利益而不是是否生产相同的产品。企业既要分析主要竞争者占据的市场份额和原因，也要分析次要竞争者的市场份额，以准确计算产品的市场机会。

4. 媒介分析

媒介分析可帮助企业在产品上市时更好地利用媒介传达产品或品牌信息。具体工作有：整理各媒体承载的内容和方式，评估各媒体的时间效用及所需费用，根据目标和任务要求合理安排媒体组合，用最少的资源实现最大的经济效益。针对目标市场的信息接收习惯、愿意接受的信息内容和信息结构来设计媒介组合。媒体分类如表 4-7 所示。

表 4-7　媒体的分类

分类依据	类别	举例
按技术特性分类	印刷媒体	报纸、杂志、宣传手册、产品说明书、报纸夹页等
	电波媒体	电视、广播、互联网
按传播特性分类	视觉媒体	报纸、杂志、户内外媒体、焦点广告媒体、产品及产品展卖POP、直邮广告媒体等
	听觉媒体	有线及无线广播网
	视听媒体	电视、影院，互联网
按表现特性分类	平面媒体	宣传单页、路牌
	立体媒体	三维立体造型、空间造型

根据以上分类方法，表 4-8 对不同媒体的优势与劣势进行了比较。

表 4-8　不同媒体优势与劣势的比较

媒体类别	优势	劣势
电视媒体	覆盖率高，适应性强，表现力强，吸引力大，关注率高，广告累积效果明显，娱乐性强，对家庭渗透力强，便于促成家庭购买决策	制作复杂，费用高昂；选择性差；线性传播，无法保存，受众接受不充分；无法传播较多信息，难以进行理性诉求
广播媒体	覆盖面广，费用低；收听简单方便，易接触，自由度高；发展较成熟，已形成系统专业化和地域化的广播网络和频道；有相对稳定的目标受众；传播速度快，制作周期短，时间灵活；语言感染力强	线性传播稍纵即逝；无视觉形象，缺乏感性认知和记忆元素；被动接受；节目制作能力限制发挥；不同节目受众不同，广播群体以年轻人和老年人为主；中国文字多音多义容易产生异议及联想
报纸媒体	直接反馈、最流行的消息、地域特点突出；在生产、地域、装订方式上灵活性高；可大面积传播，具有目录价值	太过理性化；区隔多，选择性差；缺乏三维形象记忆；目标群容易分流；版面过多，信息易被遗漏

续表

媒体类别	优势	劣势
杂志媒体	分类明确，读者选择性强；视觉吸引力强；有较强的生命力，宜树立长期品牌；具有较高传阅率	时效性差；到达速度慢；信息易滞后，适宜建立美誉度；告知性产品不宜采用此类媒体
户外媒体	区域市场覆盖范围广，多用于城市人流集中地点；高频次暴露度，表现力强；地理灵活性强；保存性好，连续性强	表达信息少且简单；对广告创意要求高；传播范围有限，成本较高；不同地理位置表现的形象不同；位置决定频率，位置选择需专业；容易产生歧义
直邮媒体	易于反馈，可实现个性化，具有高度的灵活性	成本难以控制和确定；客户定位的难度高；受时代性差异影响

对媒体进行分析后，还要对其进行经济效果的测定，以最终决定是否采用该媒体（见表 4－9）。

表 4－9　媒体测定的内容（以电视为例）

测定指标	说明
潜在受众	在某一区域内，所有拥有电视机的家庭数量
开机率	在某一调查区域内，在特定时段打开电视机的家庭数量占拥有电视机总家庭数量的百分比
受众占有率	收看某一电视节目或电视频道的家庭占总开机家庭的比率
收视率	收看某一节目或电视频道的受众占全部潜在受众的百分比
累积受众	在某一时间段内，收看某一电视节目或电视频道至少一次的家庭户数或人数
累积收视率	在某一时间段内，某一电视节目或电视频道到达的累积受众人数占地区总人口数的比率
总体受众	在某一测定时间段内，某一电视节目或电视频道到达的总家庭户数或人数，其中重复收看的次数也计算在内
到达率	对电视而言，到达率的计算和累积受众相同，计算一段时间内收看某一节目的家庭户数或人数
接触频次	在某一特定的时间段内，某一电视节目到达或接触每位目标受众的平均次数
千人成本	一则广告信息到达每 1 000 人或 1 000 户家庭所需的费用

表 4－9 中各指标之间的关系表现为：收视率＝受众占有率×开机率；接触频次＝总体受众/累积受众；千人成本＝广告费用×1 000/受众数。

除了对电视媒体进行测定外，还要对报纸等其他各类媒体进行测定。企业可以委托专业公司开展此项工作。

5. 环境分析

环境分析包括对竞争、市场、经济等环境的分析。具体工作有：一是产品进入市场前，要了解市场上其他同类产品的销售、品牌等状况及其营销行为；二是目标人群对该产品的接受能力和接受程度；三是要考虑当时的市场条件是否适宜推出产品，以预计整体形势的发展。

6. 消费者分析

消费者分析是产品上市前必须要做的工作，有利于企业把握产品的企划准确度，有针对性地设计推广方法。而且，营销活动中的产品、推广及渠道设计都与消费者分析密切相关。

7. 产品分析

产品分析是产品市场化的分析，包括产品的主要利益和附加利益的表现状态，而非从产品的理化指标上进行科学论证，这有助于企业把一个很好的产品进行有针对性的市场包装。

新产品研发的跟踪

即持续跟踪新产品研发的进度、技术突破、产品形态与技术参数的变化，为上市策划提供时间进度和产品技术、性能等方面的信息。由于新产品上市策划和研发分别属于营销部门和研发部门，容易发生信息沟通不畅等问题，因此，加强沟通非常有必要。

新产品试销的分析

在大规模上市前，应有计划地对新产品进行小规模的试销，并收集、分析新产品试销的销售数据和消费者的反应，形成新产品试销的分析报告，为确定新产品市场规模、市场目标和营销策略提供依据。

上市目标的界定

根据企业的产品规划，结合市场调研和试销反应，研究制定新产品的整体市场目标和上市期间的目标，作为新产品上市方案策划和执行的努力方向。

上市策略的研讨

在上述工作的基础上，对新产品上市进行系统、具体的策划研究，围绕新产品上市时间、地点、渠道、价格、广告、促销、公关活动等确定上市方案。这需要企业的营销部门全力以赴，还需借助专业的策划机构。

上市方案的确定

新产品上市策划方案完成后，需进行内部讨论和审核，必要时还应进行策划方案的市场测试，尤其是广告创意和新品价格的测试，以优化方案。在确定上市策划方案后，企业需调配各方面的资源，形成新产品上市计划，明确各部门的职责，最终形成包括新产品上市策略和上市计划在内的整体上市方案。

上市工作的启动

在新产品上市方案确定后，依据新产品上市计划的行动步骤，进行新产品上市的内部动员、布置和协调，培训相关工作人员，联络与新产品上市有关的外部机构如新闻媒体、分销渠道和广告机构，同步协调行动，启动上市的执行工作。

上市执行的监控

按照新产品上市方案实施上市工作。监控新产品上市执行的时间进度和到位程度，监控新产品上市的阶段性进展和成果，及时解决存在的执行性问题，确保新产品上市执行工作的质量和效果。

上市策略的修正

根据新产品上市执行中发现的问题和意外情况，制定应对措施，对上市计划进行调整和补充，为下一阶段的上市推广做铺垫。

上市工作总结

上市工作结束后，全面收集新产品上市信息和销售数据，总结上市工作。可通过终端消费者、经销商、销售人员、营销人员与广告策划机构、媒体和公众等收集包括新产品质量、价格、促销效果、销量和销售额等方面的信息。

4.3 新产品上市策划方案的内容

新产品上市策划是一项系统化、整体性的策划，至少应包括以下内容。

上市新产品定位

通过产品整体规划与定位分析，确定新产品的目标市场与市场定位，以及新产品的性能、质量水平、价格档次、品牌名称与品牌定位，明确上市新产品与老产品的关系，及其在企业产品组合中的地位，以确保上市推广策略的有效性，确保新产品和企业整体产品推广相协调。

新产品上市目标

根据产品整体规划制定新产品上市的目标，是新产品上市首先要明确的任务，也是新产品上市策略制定与活动策划的依据，决定了资源配置、预算、推广活动的力度与强度。新产品上市目标具体包括：总体目标、上市期间的目标、新产品试用率和接受度指标。新产品上市的目标，既要有一定的挑战性，能激发营销人员的士气和斗志，同时又要基于科学分析与客观判断的市场容量，具有可行性和现实性。

新产品上市时间

新产品上市时间的选择须综合考虑：是根据研发、生产时间还是市场需求与销售季节决定上市时间？是在销售旺季上市还是淡季入市？是否选择在特定节日上市？是抢在竞争者前上市还是跟随其之后上市？这由企业的研发、生产与销售能力，整体市场与产品推广的时间节奏，市场竞争形势，消费者需求的程度等多种因素决定。

新产品上市区域

新产品上市区域的策划需明确以下问题：是按先本地再外地最终推向全国的顺序，还是根据各地人口规模、消费能力和品牌影响力，按城市大、中、小分期分批在全国上市？这需要根据企业的实力、销售和生产能力等因素综合考虑。如果是一个有影响力的全国性品牌，拥有全国性分销网络和大规模生产能力，产品又在全国普遍适用，应考虑在全国市场同步上市；如果是一个区域性品牌，仅在区域性市场具有竞争优势，应先考虑在本地上市；如果产品的需求存在梯次差异，则应按各地消费能力分批上市。

新产品上市通路

新产品上市通路的策划需思考新产品上市的通路形式，分销商的类型、数量和标准，销售通路建设的进度、质量和数量，这些都要依据上市新产品的定位、区域选择及上市时间安排进行系统化设计。一般而言，改进型新产品、系列型新产品和降低成本型新产品可按照原来的销售渠道进行销售，不必进行太多的新渠道策划与设计，这样既可以缩短新产品上市时间，加快上市速度，又可以巩固与原有销售渠道的合作关系。模仿型新产品可以参照竞争者的销售渠道上市。但是全新产品和重新定位新产品须进行上市通路和销售渠道的重新策划和设计，沿用原有渠道的效果可能较差。

新产品上市价格

新产品上市价格方面应明确以下内容：上市新产品的零售价，市场可以接受的零售价，零售商、批发商的进货价，一批、二批价格及销售政策，上市价格的市场竞争力、是否符合产品组合的价格结构等。这些都需要对新产品上市目标、新产品定位、竞品价格、目标消费者的需求水平和价格承受能力、企业与分销商的盈利目标、企业的整体价格体系等进行系统考虑、优化设计。

新产品上市广告

对上市新产品进行广告策划应明确以下内容：上市新产品广告传播的强度、新品广告的定位、诉求对象、诉求主题、诉求方式、广告媒体、广告创意与制作完成时间、投放时间、投放频率和力度、费用预算、广告效果监控等。新产品上市广告的创意、传播强度与新产品的创新度密切相关。全新产品和重新定位产品需较强的广告传播攻势，有不同于正在销售的产品的广告创意。改进型新产品可重新创意广告并进行一定程度的广告宣传，系列型新产品和降低成本型新产品则不必开展强势广告攻势，只需在销售终端开展 POP 传播。

上市公关活动

新品上市策划中的公关活动需要明确以下内容：以公关活动配合新产品上市的必要性，设计既能传播知名度又能提升美誉度的公关活动。一般而言，全新产品和重新定位产品上市需要在公关层面形成有利的舆论氛围，通过新闻公关传播形成利于新产品上市的舆论导向与消费认知。

上市促销活动

新产品上市策划中促销方面需明确以下内容：针对经销商、消费者、销售人员配合开展实效促销活动的必要性和依据，设计既能启动市场又能提升品牌形象的促销活动等。一般而言，消费者从认知、了解新产品到尝试购买使用，需要促销活动的支持。如果只重视广告和公关传播而忽略促销，导致上市新产品难以实现销售启动和销量增长，这样既浪费营销资源，又贻误市场机会和上市工作，甚至导致新品上市的失败。因此，在广告和公关传播形成的有利认知的基础上，通过促销活动建立尝试性消费购买，充分考虑产品性质和消费者促销偏好，综合运用免费试用、买赠、展示等促销工具。新产品上市也需要针对销售通路和销售人员制定激励性的促销措施。影响新产品上市促销活动策划的一个重要因素是新产品和老产品的差异度。产品越新颖、消费者越不熟悉，接受和购买过程越长，越需要促销活动的支持。

上市组织保证

新产品上市组织方面应明确如下问题：企业是否需要成立新产品上市领导小组？市场部门是否需要成立新产品上市项目小组？研发、生产、市场、销售、广告、财务、供应、物流和后勤等部门如何通力合作？以文件或上市推广手册的形式告知相关部门和人员，便于协调行动。新产品上市一定要有组织保障，但组织规模和复杂度需根据新产品的类型和定位来设计。全新产品需要系统全面地设计组织结构，一般性新产品则需要市场、销售、生产等部门在各自职责范围加强沟通和合作。新产品上市的组织设计一般采取矩阵式，以免组织臃肿，增加协调难度和运行成本。

表 4－10 列出了新产品上市的活动安排。

表 4－10　新产品上市活动策划表

序号	实施项目	负责人	费用预算
1	新产品上市价格方案	财务部门负责人	××
2	新产品促销	销售部门负责人	××
3	新产品服务手册制作	制作部门负责人	××
4	新产品广告制作	制作部门负责人	××
5	经销商促销活动	策划部门负责人	××
6	新产品上市制作目录	策划部门负责人	××
7	新产品上市业务训练	培训部门负责人	××
8	新产品上市发布会	新闻部门负责人	××
9	新产品技术服务训练	工程部门负责人	××
10	新产品上市广告计划	广告部门负责人	××
11	新产品销售指引制作	销售部门负责人	××
12	业务人员销售技巧训练	培训部门负责人	××

4.4 新产品上市推广策划

确定推广目标

新产品上市推广的目标既要有鼓舞性和挑战性，又要具有可行性和现实性，一般包括以下方面：销售增长率、市场占有率、产品获利能力、品牌知名度和美誉度、提升企业美誉度、产品形象的树立、营销渠道的优化等。

进行新产品市场定位

通过产品整体规划与定位分析，明确上市新产品的目标市场、市场定位、功能、质量水平、价格档次、品牌名称、不同目标市场中产品的卖点等。其中，产品卖点是产品能吸引消费者的独特利益。产品卖点策划的步骤包括分析产品整体概念、找出核心消费者、进行市场定位、提炼卖点。产品卖点策划的具体思路有：

（1）在产品层面提炼核心卖点。即从产品的核心概念出发，发掘并突出产品的功能或机理、由产品延伸出的差异或优势。如许多洗发水都宣传去屑功能，飘影提出了“去屑不伤发”的卖点；多数方便面品牌宣传量大、味道好，五谷道场提出了“非油炸”的独特卖点。

（2）在品牌层面提炼核心卖点。揭示品牌的精髓和核心价值，并通过强有力的方式来证明这种独特性。例如，猫人内衣的“随身随性”，将产品利益从产品层面的保暖功能提升至品牌层面的“时尚”“性感”“舒适”。

（3）在社会观念层面寻找核心卖点。某种生活方式、情境、情感等都可以成为产品的卖点。如白兰氏的“积累多一点，健康也会多一些”；孔府家酒的“孔府家酒，叫人想家”；南方黑芝麻糊的“一股浓香，一缕温暖”。

制定推广战略规划

企业的新产品上市推广是一项复杂的系统工程，需要事先制定周密的战略规划，整合企业的各种资源和营销策略。新产品推广战略规划包括短期、中期、长期三个递进的阶段目标及达成目标的主要措施（见表 4－11），这是新产品上市推广工作的行动纲领，也是制定新产品推广具体行动方案的指南。

表 4－11　新产品推广战略规划

阶段	时间跨度	推广范围	推广目标	主要推广手段
短期	××年×月—××年×月			
中期	××年×月—××年×月			
长期	××年×月—××年×月			

制定具体行动计划

1. 确定新产品上市的时机

新产品上市不仅要考虑产品需求和销售季节，还要考虑企业研发、生产与销售的能力与节奏、整体市场与产品推广的时间和节奏、现有产品的存量、消费者对产品的认知和接受度及竞争者的情况等多种因素。新产品上市时机的策略选择如表 4－

12 所示。

表 4-12　新产品上市时机的策略选择

上市时机	先于竞争者上市	与竞争者同期上市	晚于竞争者上市
优点	潜在竞争者条件未成熟，先期上市企业可先入为主，确立市场领先地位	与竞争者共同承担风险，共享利润成果	竞争者进行消费观念转化和培养，借鉴竞争者市场开拓的经验，新产品上市风险由竞争者承担
缺点	企业需投入较多资源用于消费者培养，竞争者也会因此受益；易招致追随模仿，企业需提高进入壁垒	与竞争者针锋相对，竞争较激烈	一旦先期上市的竞争者在市场上稳固了竞争地位，后进入者只能以追随者身份出现，不利于品牌形象的树立
实施条件	企业拥有竞争者不易模仿的专有技术或特殊资源	具有较强实力或独特推广策略，可在竞争中脱颖而出	消费者对新产品的认知和接受度不高，用于消费者教育的费用较高，而企业资源有限
案例	英特尔公司不断推出新CPU，成为技术绝对领导者	统一和康师傅同时推出绿茶饮料，针锋相对地展开竞争	在三精药业投放大量广告宣传“三精牌葡萄糖酸锌口服液”有益儿童生长健康，获得市场广泛认知后，娃哈哈公司推出竞品“锌爽歪歪”儿童饮料，以“吃饭香香”为卖点，抢占市场

2. 确定新产品上市的区域

确定新产品的上市区域需要考虑：企业资本实力、销售与生产能力，产品定位，消费者的消费理念、收入水平与购物习惯，渠道状况，竞争者经营状况、竞品价格及促销方式等。常用策略如表 4-13 所示。

表 4-13　新产品上市区域策略

新产品上市区域策略	适用条件
全国市场同步上市	公司资金雄厚、人力充足，拥有全国性分销网络和大规模生产能力，产品在全国普遍适用
先在本地上市，稳定市场后，再逐步向其他地区扩展渗透	资源有限的中小企业
按各地消费能力的差异分批上市	消费者对产品的需求存在差异

3. 新产品上市通路策划

（1）新产品上市通路形式的选择如表 4-14 所示。

表 4-14　新产品上市通路策略

通路策略	适用的产品类型	使用原因
按原来的销售渠道进行销售，不必进行太多新渠道规划和设计	改进型新产品、系列型新产品和降低成本型新产品等	既可缩短上市时间，加快新产品上市速度，也可进一步巩固与原来渠道的合作关系

续表

通路策略	适用的产品类型	使用原因
参照或模仿竞争对手的销售渠道上市	跟进竞争对手的模仿型新产品	有可借鉴的经验，节约通路设计、建设时间，降低通路运行中的磨合成本
重新策划和设计上市通路和销售渠道	全新产品和重新定位新产品	沿用原来通路渠道的可行性较低

（2）选择分销商。可根据分销商的类型做出选择。零售商是产品销售环节的最后一个节点，是消费者接触、购买产品的最主要场所，对新产品的推广起着重要作用。常见的零售商有百货商场、超市、便利店、杂货店、药店等。

（3）销售通路建设的时间规划。新产品在各区域的商超、批发、零售渠道铺货，要确定具体的目标商家，明确各地在什么时间铺货家数和铺货率达到多少。铺货率指在所在市场区域中已经铺入本企业产品的零售商占所有目标零售商的比例。铺货要与促销紧密配合，避免在实际操作中脱节而错失良机。

4. 新产品上市的广告与促销策划

（1）新产品上市的广告策划。广告策划的内容包括：新产品广告诉求主题、广告定位；投放媒体；投放时段、区域、频率及时间跨度；各种广告宣传品、助陈物的样品和投放区域、方式及投放次数；POP 广告、DM 广告能否和产品发货上柜展示同步；广告费预算及广告效果监控机制。

（2）通路促销方式策划。通路进货、铺货是新产品上市销售工作的起点。通路促销可激发通路中商户愿意进货并摆放新产品。常用的通路促销方式及适用范围见表 4－15。

表 4－15　常用通路促销方式及适用范围

促销方式	活动内容	活动目的	适用范围
经销商新产品订货会	邀请目标经销商参会，通过新产品演示、优惠政策鼓励经销商现场订购	迅速取得大量订单	迅速铺进经销商网络，营造全面上市气氛；迅速回笼资金；上市订货会所需费用较多，一般用于战略性新产品上市
经销商价格折扣促销	经销商进货达到一定级别后给予直接的价格折扣或搭赠	刺激经销商大批购买，建立必要的通路库存，以备产品向下游客户的持续推动	产品优势不明显，利用价格折扣促销增加订单量；新产品上市阶段，竞争者推出新产品或正进行促销
经销商销售竞赛	制定具有挑战性的销售目标、具有吸引力的奖励方案，鼓励经销商积极销售新产品	提高通路经营者对新产品销售的配合度，建立经销商忠诚度	采用大经销制的企业，销售依赖经销商的业务系统；直营能力弱，销售占比小，新产品上市推广及发展需依靠经销商

续表

促销方式	活动内容	活动目的	适用范围
批发商订货会	企业针对批发商的短期订货活动，设定不同提货数量级，给予相应奖励，吸引批发商提货	激励批发商积极提货，加快新产品销货、存货周转、新产品在批发通路铺货	经销商进货量较大，产生库存压力
批发市场陈列奖励	选择门店有堆箱空间且位置较好的批发户，按企业要求堆放一定数量的产品或空箱，保持1～2个月，不定期检查，合格者给予一定奖励	营造新产品上市铺天盖地的气势，增加经销商经营信心，增加零售商选择新产品的可能性	批发市场是零售商主要的采购场所；消费者在批发市场的购买率较高；辐射型的批发市场可以向其他地区客户传播产品上市信息
零售店铺货奖励	为鼓励零售商进货而给予额外赠品或其他激励	促使新产品顺利进入零售终端，迅速提高铺货率，尽快让消费者接触新产品	产品零售利润低，零售店进货意愿低，新产品铺货时直接给予奖励；产品上市一段时间，但铺货率持续较低；同类新产品上市，须抢先占据零售店库存
随箱附赠刮刮卡	在产品包装箱内放置刮刮卡，零售店销货时可以刮卡中奖	提升零售店提货积极性，加快新产品销货，巩固零售店铺货率	新产品上市后，铺货率已达要求，但利润对零售店无吸引力，销售积极性不高，零售通路新产品销售不畅，同时，铺货率有波动
零售店陈列奖励	选择繁华街道集中区的零售店，按照企业规定的标准进行陈列	降低铺货难度，促使陈列期内店主积极进货，保证铺货率	新产品在广告宣传、价格上无明显优势，铺货有一定难度

（3）终端促销策划。终端促销是针对终端用户即消费者进行的促销活动，目的是让消费者尽快认知、了解新产品，产生兴趣并购买，最终实现对产品的认可和忠诚（详见第 8 章终端促销策划）。

5. 撰写新产品上市推广策划书

新产品上市推广是一项复杂的系统工程，在撰写策划书时，要立足于新产品上市推广整体战略，清晰交代每个阶段的推广计划、计划间的关联，注意叙述的逻辑性。

案例分析

“峨眉雪芽” 上市营销执行方案 （节选）

第一章　概述（略）

第二章　峨眉雪芽上市营销策略分析

一、营销目标

（1）销量目标：2007 年在全国市场实现 3 000 万元的销售额。

（2）市场拓展目标：成都、乐山作为产品上市的桥头堡，列为重点市场，立足于建立扎实、稳固、可持续的市场地位，发展200个零售网点。

（3）品牌拓展目标：使成都、乐山地区成为高档绿茶排名前三的品牌，其他市场目前只追求实现品牌进入的目标。

（4）利润目标（略）。

二、产品策略

1. 品牌市场定位

绿茶品类顶级品牌，目标消费者定位于政商学界成功人士，高层次社交场所的常用饮品、主要的礼品用茶和价值感高的旅游纪念品。

2. 品牌关键诉求点

推荐品牌诉求语：峨眉雪芽　上清之茶　上人之选

3. 产品结构

顶级：绿茶品类最高端，建立高端品牌形象。

高档：一般高档绿茶，针对大多数目标消费者。

中/低档：略高于常规绿茶产品，用于拓展市场广度，带来更多销售额。

4. 价格定位

顶级：绿茶品类最高价格区间。

高档：比肩主要竞争品牌论道或静心的价格。

中档：比肩主要竞争品牌品位及价格。

低档：略高于普通绿茶。

5. 包装策略（略）

三、渠道策略

1. 渠道类型

第一级，代理商（经销商）。包括旅游景区代理商、区域代理商、批发商。

第二级，零售商。包括自营品牌专卖店、加盟品牌专卖店、授权经销店、商场超市、店中店、旅游商店等。

第三级，商用渠道。主要指茶楼和集团购买。

第四级，消费者。通常从以上三级渠道购买产品。厂家也可开辟如网络直销等直销方式到达消费者，但这种方式销量不大，不应作为主要渠道。

2. 渠道覆盖策略

（1）一级渠道都开发。

（2）在重点市场成都、乐山地区进行多渠道覆盖。

（3）在四川省内地级城市或县设加盟专卖店、多品牌茶叶店进行形象展示和销售。

（4）四川省外市场可选两种模式：第一种，直接选取当地门店较多的连锁零售客户作为代理商；第二种，可选择区域代理商或批发商作为代理商，由代理商覆盖当地二三级渠道。

（5）本品牌要做大做强，成为高档绿茶主流品牌，实现较大的销量，第二级渠道应该是主渠道，否则实现营销目标的难度很大。

3. 渠道价格策略

建议：制定完整渠道价格体系，考虑不同类型零售客户的不同倒扣毛利需求（附件 2：渠道价格策略分析表）。

四、招商策略

1. 招商基本方式

包括广告、会议、拜访招商，可综合使用。

2. 交易政策（经销合同基本内容）

包括：（1）销售区域；（2）销售规格；（3）首单订货数量；（4）市场拓展目标；（5）付款政策；（6）退换货政策；（7）厂家宣传和促销支持政策；（8）销售奖励政策；（9）其他约定：合同期、生效和失效条件、货款往来等。

五、广告策略

1. 广告投放方式

电视广告、电台广告、会展推广、高速公路路牌、公交候车亭和车身广告、报刊广告和软文、售点广告、互联网广告与软文。

2. 广告投放策略

（1）广告形式选择与组合策略（略）。

（2）投放原则：投放少量电视和报纸广告增强各级经销渠道的信心，推动销售网络建设；大规模针对消费者的广告必须与销售网络拓展进度配合；售点广告必须与产品进店销售同时进入，即时产生销量回报。

六、促销策略

消费者促销常用方法有试饮、派样、抽奖、礼品换领、即时折价、促销员推销等。渠道促销常用方法有进货奖励、销售积分奖励、产品陈列展示奖励等。

本品牌上市初期，应配套相应的消费者促销或渠道促销活动，并配合广告宣传，快速建立强势品牌氛围。

第三章　成都市场上市营销执行方案

第一部分　销售执行方案

（1）销量目标：保底 300 万元，力争 500 万元。

（2）销售网点拓展目标：全渠道覆盖（附件 6：“峨眉雪芽”成都市场销售网点拓展目标）。

（3）分销目标：在开发足够销售网点的基础上，还应设定每个渠道卖出产品规格、数量的目标（附件 7：峨眉雪芽成都市场分销标准）。

(4) 销售组织结构及人员：成都经营部设办公点，可依托自营专卖店，还应具备小批量产品的仓储和送货能力。

组织结构及人员配置如图 1 所示。

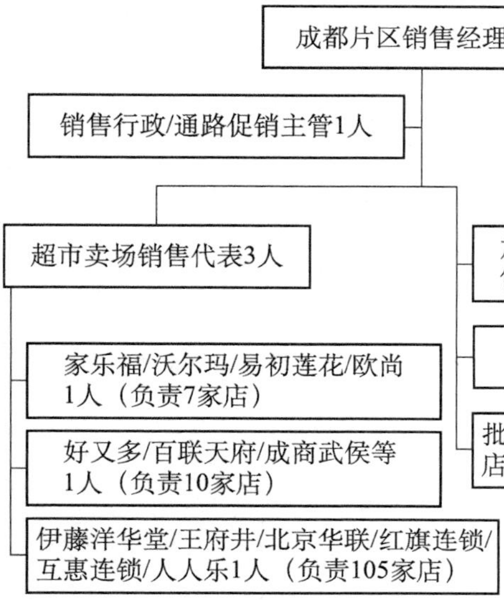

图 1　成都市场人员配置

所有人员必须于 2007 年 2 月 25 日前到位，建议招聘熟悉成都市场的有经验的销售人员，特别是招聘熟悉成都各商超客户采购人员及业务流程的销售代表。2 月底进行系统培训，3 月 1 日开始上岗。

(5) 招商方案及时间安排。

招商时间段：关键阶段为 2007 年 2 月 25 日至 3 月 30 日。

招商目标：在上述时间段内完成销售网点拓展目标的 60%（附件 6）。

成都市场销售量预测（附件 13）。

招商费用预算（附件 14）。

招商工具：应于 3 月 10 日前到位。

第二部分　广告与促销执行方案

1. 广告计划

电视广告、电台广告、报刊广告和软文、公交候车亭广告、小区广告、互联网广告与软文、高速公路路牌、售点广告。广告投放计划总表见附件 10。

2. 促销计划

(1) 消费者促销：茶楼品茶抽奖活动、派样活动、店头试饮、抽奖活动、店内促销员计划、DM 海报促销等。

(2) 渠道促销（具体方案见附件 11）。

(3) 峨眉雪芽上市促销计划总表（见附件 15）。

第三部分　营销管理方案

（1）销售人员角色与职责。清晰描述每一层级销售人员的角色与职责，作为招聘销售人员的基本依据，使销售人员明确了解自己的基本工作，降低管理复杂性。

人员基本职责（略）。

销售行政（兼促销主管）工作职责（略）。

（2）销售人员工作手册：销售人员日常工作的基本指南和工具，主要内容略。

（3）销售人员绩效考核办法。

销售人员收入构成：基本工资＋销售执行奖金＋全勤奖＋回款提成－扣罚。

（4）销售培训规划：帮助销售人员了解公司策略和业务流程，提升销售人员的业务技能，并在销售人员手册的帮助下有效开展工作。

培训时间：2月25—28日。

培训内容：略。

第四部分 上市预算总表和执行时间表

（1）上市预算总表：汇总办公、薪酬、招商、广告与促销等主要项目预算，初步确定资金投入计划（详见附件21：峨眉雪芽成都上市预算总表）。

（2）执行时间表：将产品上市涉及的所有具体工作汇总制成执行时间表，并确定负责部门和人员（详见附件22：峨眉雪芽成都上市执行时间表）。

资料来源：四川大学锦城学院“峨眉雪芽”上市营销执行方案策划组.

案例思考

1. “峨眉雪芽”上市营销执行方案的要素和特点是什么？
2. “峨眉雪芽”上市营销执行的流程是什么？
3. 市场分析对“峨眉雪芽”上市营销方案有效执行的意义有哪些？

实用工具

本章提供的实用工具：

1. 新产品构思的方法
2. 新产品开发流程
3. 新产品上市策划流程
4. 新产品上市策划方案结构
5. 新产品推广设计方法

复习思考

1. 新产品开发流程有哪些？
2. 新产品上市策划流程是什么？
3. 新品上市策划方案有哪些内容？

4. 新产品推广设计有哪些环节？

章节测试

章节测试答案

参考资料和推荐资源

[1] 左仁淑．中国大学 MOOC 爱课程“营销策划”“市场营销”．

[2] 刘永炬．产品上市：新产品迅速切入市场的实操方法．北京：京华出版社，2004.

[3] 熊仕平．品牌战略与产品推广策划．北京：中国经济出版社，2003.

[4] 李临春．让新品成为畅销产品．北京：北京大学出版社，2013.

[5] 库珀．新产品开发流程管理：以市场为驱动：第 4 版．北京：电子工业出版社，2013.

[6] 王广伟．市场营销部管理制度范本大全．厦门：鹭江出版社，2011.

[7] 周帆，洪丽卿．建筑装饰营销方案与公文实战范本．长沙：湖南科学技术出版社，2006.

[8] 李艳娥．营销策划实务．广州：中山大学出版社，2013.

[9] 张霄，马勇，李国田．现代市场营销学．郑州：河南人民出版社，1994.

[10] 邢绍丽．市场营销理论与实务．上海：上海交通大学出版社，2007.

[11] 黄福华，李坚飞．物流营销．大连：东北财经大学出版社，2009.

[12] 朱华锋．营销策划理论与实践．合肥：中国科学技术大学出版社，2013.

第5章 品牌策划

学习目标

1. 知识学习
（1） 掌握和理解品牌定位策划的步骤
（2） 理解品牌的概念及分类
（3） 掌握品牌定位策划的原则和程序
2. 能力训练
（1） 品牌形象策划能力
（2） 品牌定位策划能力
（3） 品牌推广策划能力
3. 素质养成
（1） 培养良好的品牌创建意识
（2） 培养良好的品牌维护意识
（3） 培养品牌战略思维

章节概要

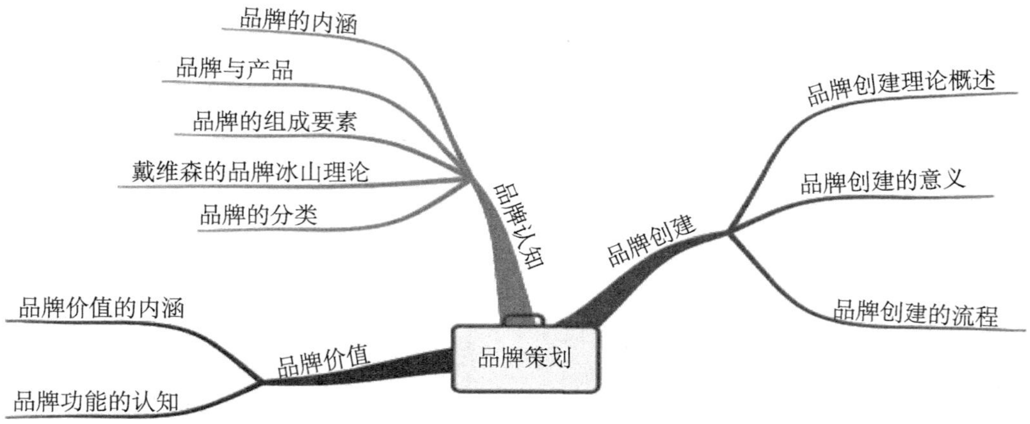

慕课资源

1. 学习视频　　2. 学习课件

翻转任务

1. 个人：提前观看慕课视频，回答课后复习思考题，准备课堂提问。
2. 团队：依据品牌策划类选题进行品牌策划并展示。

导入案例

“找我婚礼”

“找我婚礼”是致力于为用户创造幸福感、仪式感的科技服务公司，覆盖情侣、家庭、工作三个业务场景。盈利主要来源于三方面：婚礼策划、向新人提供婚礼整体解决方案的周边产品、家庭工作场景服务。2014 年 8 月，在成都万达广场的一个小房间里，找我婚礼悄然上线，那时叫找我网。找我网借助 O2O 模式进行口碑传播。“以成本价定制婚礼，一场婚礼的费用比传统婚庆公司低 40%～50%左右”成为找我网进入婚庆市场的头号利剑。它对婚庆市场的核心资源——婚礼策划师这一角色重新定义，婚礼策划师只需要做设计，销售和前期的服务工作则由婚礼顾问负责。客人为婚礼策划师的设计付费。为了激励婚礼策划师提升服务水平，找我网根据下单量和好评率制定了一套涨价机制，吸引婚礼策划师圈内推荐，让更多人自愿加入找我网。服务流程建立后，找我网不停地摸索从获客、转化到售后的路径规划。它从婚礼筹备的形态出发，制定了自己的获客渠道。低获客成本贯穿渠道策略的始终，找我网最终实现线上官方微博、App，线下民政局、合作商等渠道的整合。

2017 年找我网进行了品牌的第一次升级，改名为找我婚礼，更换了 Logo。找我婚礼依据几年来累积的婚礼服务数据推出智能算法，让新人直接找到适合自己的婚礼人，省去复杂的中间环节和费用。找我婚礼通过规模优势尝试建立供应链系统，2018 年重点完善智能仓储、执行，整合婚礼中的人和物两个方面，进行信息化改造，提升整个婚礼服务的性价比及服务质量和服务效率。未来，找我婚礼将在全国建立 5 大区域中心，在 100 个城市选择城市合伙人。

资料来源：https://www.baidu.com/link?url=ANvP1_eNG_41r5qzZECgLNmd4vGwy0BdRVP7Gp5cx7dB5Ul_IZBSOzvuZolxF9rx&wd=&eqid=e7d03b49004ae499000000035eac5131，有删减.

5.1 品牌认知

品牌的内涵

1. 品牌的产生与发展

品牌的英文“brand”源于古挪威文“brandr”，意思是通过“烧灼”打上烙印，最初是在家畜身上做不同标记来表明其主人。随着商品交换的出现，人们逐渐习惯用特殊的标记来表明或区分产品的产地和生产者，生产者也借此提供产品质量担保，这就是品牌早期的雏形。第二次世界大战之后，西方国家的产品之所以能在国际市场所向披靡，就是因为其品牌的巨大优势。跨国公司的海外扩张已从原来的产品输出、资本输出发展到品牌输出新的阶段。在经济全球化的大背景下，品牌已经成为企业竞争的主要武器，成为衡量一个企业、一个地区乃至一个国家综合经济实力的重要标志。

改革开放以来，中国企业深刻认识到自身经营管理方式和品牌含金量与世界一流企业存在较大的差距，开始汲取国外先进的经营思想与品牌管理经验，摸索自己的成长之路。

2. 品牌的概念

国内外的品牌专家或学者从企业视角、消费者视角或二者互动的视角对品牌的内涵进行了探讨，形成了关于品牌内涵认识的几大流派。其中，企业与消费者互动视角已得到业界的高度认同。

(1) 企业视角。品牌的概念最早由美国广告先驱大卫·奥格威于 20 世纪 50 年代提出：品牌是一种错综复杂的象征，它是产品属性、名称、包装、价格、历史声誉、广告方式的无形总和。[①] 企业视角流派强调品牌对企业的价值，最具代表性的有品牌符号说和资产说。[②]

①品牌符号说。菲利普·科特勒认为，品牌是一个名称、名词、符号或设计，或是上述的总和。其目的是要使自己的产品或服务有别于其他竞争者。美国市场营销协会提出，品牌是一种名称、术语、标记、符号或设计，或是它们的组合运用，其目的是辨认某个销售者或某群销售者的产品或服务，并使之同竞争对手的产品和服务区别开来。

---

① 杨晨．品牌管理理论与实务．北京：北京交通大学出版社，2009.

② 余明阳．品牌学．合肥：安徽人民出版社，2002.

品牌符号说以品牌的识别功能为切入点，从直观和表象出发，将品牌视为标榜个性、区别于其他产品和服务的特殊符号。这只是品牌应具有的基本且必要条件，并不是品牌的全部功能，也不能全面揭示品牌的本质。

②品牌资产说。戴维·阿克认为，品牌包括一系列品牌资产和品牌负债。品牌的名称和符号使企业提供给消费者的产品或服务出现增值或减值。亚历山大·比尔认为，品牌资产是一种超越企业生产、商品及其他有形资产以外的价值，可以预计企业的未来收益。片平秀贵认为品牌资产是继人力、物力、财力、信息之后的第五大经营资源。[①] 韩志锋认为，品牌是由企业内在属性转化而成的有价值的形象标志，企业可借助品牌实现外部资源整合。

品牌资产说着眼于品牌的价值，突出品牌作为无形资产给企业带来的综合利益，以及给社会带来的物质及文化价值。同时强调品牌对企业的资产增值功能，故与以顾客为中心的现代经营理念相背离。

（2）消费者视角。强调顾客对品牌的认知和理解，将消费者与品牌相结合。最具代表性的有品牌印象说与品牌关系说。

①品牌印象说。林恩·阿普肖指出，品牌是消费者所看到的各种因素集合而成的产品表现，包括企业的销售策略、产品个性等。凯文·莱恩·凯勒认为品牌的价值基于顾客的认知。品牌专家梁中国认为，品牌是凝聚着企业所有要素的载体，是受众在各种相关信息的综合影响下，对某种事或物形成的概念与印象。在品牌消费时代，品牌形象远比产品和服务本身重要。

品牌印象说着眼于消费者对品牌的主观认知，认为品牌应在消费者脑海中留下记忆与印象，产生品牌消费联想，从而引发消费者的消费意愿。

②品牌关系说。奥美广告公司把品牌定义为消费者和产品之间的关系，指出消费者是品牌的最后拥有者，品牌是消费者经验的总和。哈佛大学商学院大卫·阿诺尔德认为，成功的品牌是企业长期持续地建立产品定位及个性的结果，消费者对其有着较高的认同度。品牌专家戴维·阿克认为，品牌是产品、符号、人、企业与消费者之间的联结和沟通，并把品牌视为"关系的建筑师"。周志民认为，品牌互动包括认知、情感和行为三个要素。

品牌关系说强调品牌的创造需要企业与消费者建立一种沟通与服务的互动关系，充分肯定了消费领域对品牌创建的决定性作用，但同时也忽视了品牌自身的能动作用。品牌是在企业和消费者互动过程中形成的，承载了产品给顾客带来的体验，企业的各种宣传会影响消费者对品牌的认知和情感。

（3）互动视角。由产品形成的机理可知，完整的品牌形成过程涵盖了企业的生产领域、流通领域和消费者的消费领域。产品品牌形成机理如图5-1所示。一个完

---

① 余明阳，朱纪达，肖俊崧．品牌传播学．上海：上海交通大学出版社，2005.

整的品牌定义应从企业和消费者两个角度来阐释。学者李光斗在《品牌竞争力》中指出，品牌既是消费者对企业、产品所有期望的结合，又是企业向目标市场传递企业形象、企业文化、产品理念等要素的载体，而且是企业产品品质的契约担保及履行职责的承诺。品牌是一个动态的信息载体，它涵盖了两个层面的信息：其一，品牌凝聚了企业及其产品的信息，反映了企业的研究开发、生产制造、市场推广能力以及企业文化形象等状况；其二，品牌涵盖了消费者的心理感知，该感知是构成品牌形象的重要来源，即品牌是企业与消费者之间互动的整体概念。

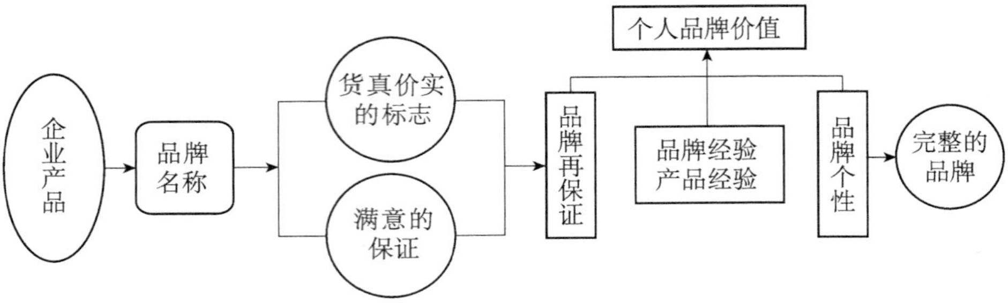

图 5-1　产品品牌形成机理

随着企业营销环境的变化，也出现了一些关于品牌概念的其他观点，主要有：①品牌媒介说。戴维·阿克指出，品牌是在营销或传播过程中形成的，旨在将产品与消费者等利益相关者联系起来，并带来新价值的一种媒介。②品牌生态说。温克尔提出“品牌生态环境”的概念，标志着品牌生态研究的开始。③品牌综合说。大卫·奥格威将生产、营销与时空变化结合起来分析，认为品牌是商品的名称、包装、价格、历史、声誉等的综合。

（4）对品牌定义的总结。综合上述关于品牌内涵的理解，并参照国内外学者的论述，笔者认为，品牌是一个名词，是企业产品的一个名称、一种符号标记、一种象征或一种设计；或者是以上几种的组合运用。品牌的主要作用是通过与竞争者的区隔，方便市场识别一个或一群销售者的产品或服务，进而促进购买行为的产生。

（5）品牌的整体含义。品牌代表着卖方交付给买方的产品特征、利益和服务等一贯性的承诺，品牌还有很多更复杂的象征意义，主要包括以下六层含义。

①属性。品牌代表特定的产品属性。例如奔驰意味着昂贵、工艺精湛、马力强劲、高贵、转卖价值高、速度快、耐用等。公司可以采用一种或几种属性为汽车做广告。多年来奔驰广告一直强调它是世界上工艺最佳的汽车品牌。

②利益。属性需要转化成功能性或情感性的利益。奔驰的耐用属性可转化成功能性的利益：“多年内我不需要买一辆新车。”昂贵属性可转化成情感性利益：“这辆车让我感觉到自己很重要并受人尊重。”工艺精湛的属性可转化成功能性和情感性利益：“发生意外时我很安全。”

③价值。品牌也可体现产品和生产者的价值。因此，奔驰代表高绩效、安全、声望等。品牌的营销人员必须分辨出对这些价值感兴趣的消费者群体。

④文化。品牌也象征着一定的企业文化。例如，奔驰汽车代表着德国文化：组织严谨、高效和高质量。

⑤个性。品牌还代表着一定的个性。如果品牌是一个人、动物或物体的名称，会使人们想到什么呢？奔驰可能会让人想到严谨的老板或庄严的建筑。

⑥用户。品牌暗示着它的购买者或使用者类型。例如，奔驰汽车的购买者一般是事业有成的人士。

一个成功的深度品牌往往同时具有上述六层含义。品牌化的挑战在于确定一整套品牌含义。实际上消费者会更重视品牌利益而不是品牌属性，现有属性会被竞争者模仿，也会随着市场变化等因素而失去价值。因此，企业在塑造品牌时应该更加关注品牌背后所承载的价值、文化和个性，这三者构成了品牌的基础，它们不易被竞争者模仿，也揭示了品牌更深层次的内涵。

品牌与产品

品牌与产品紧密相关，但两者又有区别。没有优质的产品，品牌不能在市场上经久不衰；没有良好的品牌形象，产品就没有强劲的市场竞争力。

(1) 品牌与产品的联系。产品是品牌的载体，品牌依附于产品。品牌是附着在产品上的名称或标识。品牌提供给消费者的利益由产品属性转化而来。品牌核心价值是对产品功能性特征的高度概括和提炼。沃尔沃的核心价值“安全”在于每个设计决策都把安全放在首位，所有技术参数都须让位于安全。

产品质量是品牌竞争力的基础。品牌信息是对消费者的承诺，这需要通过产品质量和绩效来兑现。如果企业传播的品牌信息与产品绩效一致，则有助于树立良好的品牌形象，有助于产品的长期发展。如果不一致，则会使品牌失信于消费者，不利于企业品牌形象的创建，从而损害产品发展。纵观全球品牌发展史，历史悠久的品牌无一例外都是产品品质优良的标杆。

(2) 品牌与产品的区别。美国著名广告学者史蒂芬·金认为，产品是工厂里所生产的东西，品牌是消费者所购买的东西。产品可以被竞争者模仿，品牌却是独一无二的。产品易过时落伍，成功的品牌却能经久不衰。产品只是物理属性的集合，没有生命力，而消费者购买产品除了获得物理属性所带来的功能利益，还有随之而来的形象和情感价值。例如，运动鞋穿着舒适并适合运动，耐克运动鞋还可让年轻人感受到自我超越的体育精神。产品与品牌的区别如表5-1所示。

表 5-1 产品与品牌的区别

差异点	产品	品牌
主要依赖对象	制造商	消费者
表现	具体、具象、物化的	既是具体的，也是抽象的、综合的
作用	实现交换	是与消费者沟通的工具
要素	原料、生产、技术、质量等	标记、形象、个性等
功能和效用	对应特定的功能和效用	不局限于特定的功能和效用
意义	有功能意义	有象征意义
关注点	注重价格	注重价值，追求高附加值
有形/无形	有形资产	无形资产
可模仿性	容易被模仿	独一无二
生命周期	有一定的生命周期	可以经久不衰
可扩展性	只从属于某一种类型	可以延伸、兼并和扩展
可积累和传承性	其效应难以积累	其资产可以不断积累

总之，产品是具体的存在，而品牌存在于消费者的认知中。产品最终由生产部门生产出来，而品牌形成于整个营销组合环节。品牌是根据产品设计出来的。产品重在质量与服务，而品牌贵在传播，以加强消费者对品牌的认知，最终成为品牌资产的一部分。

品牌的组成要素

品牌一般由品牌名称、品牌标志、商标等组成。

（1）品牌名称。品牌名称是品牌的核心要素，是可以用语言表达的部分，是消费者认知和传播品牌的依据，如华为、海尔等。品牌名称体现了企业文化和商品核心内容等，设计要点是易于发音，与产品有较强的关联性，且便于记忆。

（2）品牌标志。品牌标志是一种视觉语言，是品牌中不能用语言来称谓，但易于识别和记忆，给人以更具体、更直观的视觉冲击的部分。可通过图案、色彩、字体的组合来向消费者传递品牌信息。如京都念慈庵蜜炼川贝枇杷膏上的孝亲图案等。

（3）商标。商标是产品名称、标志或二者组合的设计，在向有关部门注册登记后，经批准享有专用权的标志。商标一经商标局核准即为注册商标，商标注册人享有商标专用权，受法律保护。

商标与品牌既有联系又有区别，具体如表 5-2 所示。

表 5-2　品牌与商标的联系和区别

联系与区别		品牌	商标
联系	都是无形资产；都具有一定专有性；都是为了区别于竞争者，帮助消费者识别		
区别	性质	品牌是一个多维度的市场概念，是隐藏在商标背后的企业内在素质与外在形象的综合表现	商标是一个单维度的法律概念，是品牌的法定表现形式
	是否注册	无须办理注册 品牌一经注册就成为商标	商标一般都要注册（我国也有未注册商标）
	是否受保护	不受法律保护	受法律保护，具有独占性，其产权可以转让和买卖
	作用	表明产品的生产和销售单位	区别不同产品的标记，保护品牌积累的市场利益
	内涵	品牌代表着一定的文化，有一定个性	商标是一个标记
	时空效能	品牌无国界，时空效能与生命力取决于市场和经营者的能力	商标有国界，在一定时期内仅在注册国范围内使用，且受法律保护
	外延形式与方式	品牌可以从 A 品类延伸到 B 品类，可利用品牌进行市场开发和资本扩张，品牌延伸过程中名称、标志和图案等没有改变	商标有特定的商品范围；我国商标法规定，当品牌延伸到一种新品类时，就必须作为一种新商标重新办理商标登记注册

戴维森的品牌冰山理论

1997 年，品牌专家戴维森提出了品牌冰山理论，如图 5-2 所示。品牌名称、标志等是品牌的显性部分，即品牌浮在水面上的部分，仅占品牌内涵（冰山）的 15%，而隐藏在水平面以下的部分是品牌的价值、文化、服务等隐形部分，占品牌内涵的 85%，虽然看不到，但对消费者的影响很大，正如冰山的冲击力来自庞大的水下部分。

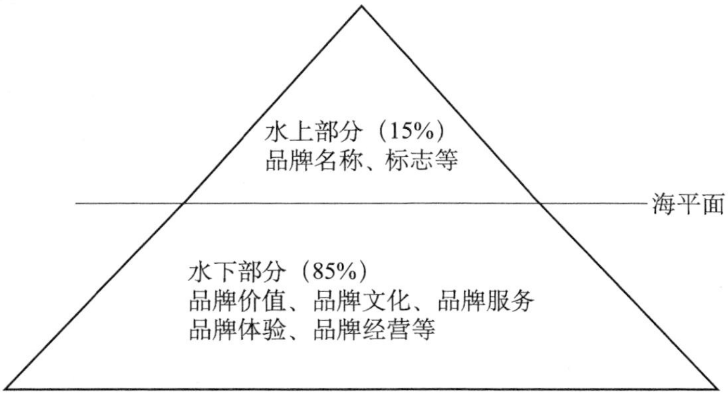

图 5-2　品牌冰山理论

品牌消费的实质就是一种符号消费。只有赋予符号价值，品牌才能够被消费。因此，冰山到底有多大，决定因素为冰山的下部，也就是品牌的价值、文化、服务等。品牌文化是品牌建立的基础，能提升品牌的价值，能潜移默化地促成消费者对品牌的认同和喜爱。因此，正如张瑞敏所言，品牌建设是一项工程，不仅要打造浮出水面的部分，更要夯实水面以下的基础部分，这样才能确保品牌的生命力。

品牌的分类

从以上对品牌内涵的论述可以看出，品牌的外延极其宽泛，常见的企业品牌和产品品牌只是狭义的品牌类别范畴，广义的品牌范畴更广。按照不同的标准，品牌可划分为不同的种类。

1. 根据品牌的运营性质分类

按照品牌的运营性质不同，可将品牌分为组织品牌、服务品牌、产品品牌、目的地品牌、个人品牌、事件品牌。

组织品牌可分为企业品牌和非营利组织品牌。企业品牌又称制造商品牌，是将企业名称作为品牌标志，特性主要表现在企业文化、社会地位和影响等方面，如华为、海尔等。也存在企业品牌与产品品牌不一致的情况。如联合利华公司旗下的力士等品牌就与联合利华不一致。企业品牌主要是让消费者认可企业专业、可信、有实力的企业形象，以便产品品牌更容易被市场认知和接受。如五粮液推出的五粮春由于有五粮液品牌作为背书人，在中档白酒市场迅速占有一定的份额。一些非营利组织也开始塑造品牌，以更好地发挥其职能，如红十字会、国际奥委会等都是著名的非营利组织品牌。

服务品牌是无形服务具有的品牌，又可分为专业型服务品牌和生产型服务品牌。前者指专门从事服务行业的品牌，集中在超市、旅行社、酒店、航空公司、网站、报社等行业。后者专指一些耐用品维修、咨询等提供售后服务的品牌。随着竞争加剧和消费者权益日益受到重视，售后服务的重要性快速提升，很多制造商意识到服务能为企业创造更多利润，因此也着手塑造售后服务品牌。如捷安特自行车打造“五心”服务，别克汽车推出“别克关怀”等。

产品品牌是有形产品具有的品牌，企业专门为某种特定的产品进行设计，反映该特定产品的质量和独特功能。产品品牌根据产品生产经营所属环节不同分为三种：一是属于制造商品牌的消费品品牌，如飘柔洗发水、蒙牛牛奶等；二是属于制造商品牌的工业品品牌，如三菱电梯、海得堡印刷机等；三是属于经销商品牌的自有品牌，指经销商采购无牌产品或委托代生产加工商定制，再贴上自己的品牌。例如，沃尔玛超市就有很多商品是自有品牌。有些企业在产品品牌具有较高知名度和市场影响力时，会考虑将企业品牌与产品品牌合并。例如，苹果、耐克、娃哈哈等品牌既是产品品牌，又是企业品牌。

目的地品牌是以地理区域作为载体的品牌。一是城市品牌，指以城市作为品牌化的对象，将其特性拟人化，让人们将某种形象和联想与城市的精神对接，从而提升城市的竞争力。凯勒认为，像产品和人一样，地理位置或某一空间区域也可以成为品牌。城市品牌化的力量就是让人们了解某一区域，并将某种形象和联想与这个城市的存在自然联系在一起，让它的精神融入城市的每一座建筑之中。近年来，不断涌现出城市品牌运作比较成功的城市，如打造最悠闲城市的成都、春城昆明等。二是国家品牌，指一个国家在他国民众心目中的总体印象和整体感觉，在一定程度上可体现该国在全球的竞争力和影响力。如德国做事严谨的形象、我国的万里长城等属于国家品牌。

个人品牌是一种以人为核心的品牌，突出与人的外在属性和内在属性相关的一些特征和元素，更强调外表、个性、情感、态度、关系等个人品牌的形象塑造，个人品牌也能够体现出应有的商业价值。这些个人多为公众人物，如政治领袖、著名学者、体育明星等。

事件品牌与人们的精神追求高度相关，通常与特定的社会文化环境、历史背景等结合在一起。如世界上著名的事件品牌有民族文化节日、世界杯足球赛等。

2. 根据品牌之间的关联分类

品牌通常并不是单独存在的，往往与其他品牌具有一定的依赖关系，甚至构成品牌关系网。按照品牌之间的关联程度，品牌可分为主品牌（母品牌）和副品牌（子品牌）。二者之间是一种层级关系，也是企业品牌延伸的手段与策略。这并非仅存在于生产企业与具体的品牌之间，事实上更多地存在于两种或多种不同的具体品牌之间。副品牌的作用是将主品牌拓展到一个新的、有意义的领域，从而增强或改变主品牌的联想。例如，“海尔”品牌覆盖冰箱、彩电、空调、计算机等各类产品，“小神童”“节能王”则是海尔在单一产品洗衣机中设置的副品牌，“海尔小神童”洗衣机、“海尔节能王”洗衣机既有联系又可以区隔开。

3. 根据品牌知名度、影响力的辐射区域分类

品牌影响力像动物种群中的领地划分一样决定着每个品牌的发展空间和发展方向，体现在特定地域中对人们消费行为和消费选择的影响。根据品牌知名度、影响力的辐射范围，可以将品牌分为区域品牌、国内品牌、国际品牌、全球品牌。

区域品牌（local brand）是指在一个或几个特定地区经营或生产销售的品牌，其市场影响力和辐射力有限，但在当地都有较高的知名度、美誉度、忠诚度和市场份额。区域品牌总是与当地的消费习惯、风土人情、人文历史等紧密结合在一起。如在华南地区、中西部地区、东北地区等享有知名度和美誉度的产品，都属于区域品牌。常见于文化、饮食、纯净水等领域，如甘肃的黄河啤酒，在甘肃是啤酒行业

的强势品牌，但仅辐射西北地区。随着企业的发展，企业实力增强，战略目标扩大，强势区域品牌会逐步走向全国。如好利来蛋糕最初在兰州生产销售，是当地烘焙行业的强势区域品牌。随着资金的积累，其品牌运营逐渐系统化，开始在全国拓展，成为国内品牌。

国内品牌（national brand）又称为全国性品牌，是指在一国之内知名度、美誉度和忠诚度较高，影响力辐射到全国范围且具有较大市场份额的品牌。这类品牌体现了品牌共性和品牌个性的有机统一，共性是品牌受到全国范围内消费者广泛认同的基础，比如质量、技术及文化，这也构成了国内品牌的三个重要评价维度。每个评价维度的占比因产品类别不同而有差异。如家电类产品的质量与技术要素在构成国内品牌中的占比要相对高于文化要素；服装类产品的质量与文化要素是其成为国内品牌的主要基础，而技术要素占比相对较低。全国性品牌的塑造需要企业具有在全国与其他同类品牌进行竞争的能力，需要企业产品具有与其他品牌产品不同的差异化特点。只有那些拥有高水准产品质量、运用先进技术和强调共性主流文化的区域品牌才能发展成国内品牌。因此，区域品牌向国内品牌发展，必须从文化、质量、技术三个层面进行准确定位。

白酒品牌有很多，但是具体到某位普通消费者，通常只了解国内品牌和所处地区的区域品牌，这是品牌区域性在消费者认知方面的体现。一名四川普通消费者可能知道茅台、五粮液、汾酒等国内品牌，还知道文君酒、江津老白干等区域品牌，但对其他省份的白酒，如甘肃的滨河、内蒙古的金骆驼等品牌，可能知之甚少，甚至完全不了解。因为白酒酿造工艺不复杂，很多城镇可能都有自己的品牌，并且由于当地人对原料和水质的认同，也乐意选择区域品牌，甚至从情感上排斥区域外的品牌。

国际品牌（international brand）是跨出国门在国际市场上具有较高知名度、美誉度的品牌，产品辐射全球，是品牌产品从国内品牌向全球品牌发展的必由之路。国际品牌与国内品牌相比，市场环境更复杂，竞争更激烈，建设难度更大。因此，企业在建设国际品牌时，首先要洞悉国际市场环境和国际品牌发展潮流，以寻找并解决自身成为国际品牌的共性问题。这种共性可能如前所述，也集中体现在质量、技术、文化三个维度，但是要求可能更高、更复杂、差异化更大。当然，如何在国内品牌发展成国际品牌后保护品牌内在的核心要素不丢失，是品牌建设与发展中需解决的问题。

全球品牌（global brand）是在国际品牌的基础上发展而来的，是品牌发展与建设的最高层次，其国际影响力要高于国际品牌，影响力与辐射范围达到全球每个区域。如茅台、华为、海尔等中国品牌经过多年的发展成为全球品牌。本田摩托的国际影响力绝对大于力帆。全球品牌除了长期的历史文化、加工技术工艺的积淀之外，还与品牌所属国家的文化密切相关。追求生活时尚与消费情趣的国家，容易培养奢侈品品牌；追求加工工艺精益求精的国家，容易创造出制造业品牌；地理、气候条件优越的国家，农产品品牌占据优势；历史文化、地形地貌独特的国家，在培养旅游文化全球品牌方面具有优势；通过人们的创造力和想象力也可以造就出一批全球品牌，如好莱坞影城等主题公园。全球品牌的客观基础是存在生理、心理层面有全球共性追求的消费者。尤其是能在心理层面满足消费者需求的全球品牌，其市场地位会更牢固。因此，拥有全球品牌的企业非常注重品牌文化的传播，在传达品牌使命、美好愿景和价值观等方面的投入远高于国际品牌和国内品牌。

4. 根据品牌来源分类

按照品牌的来源不同，可将品牌分为自有品牌、外来品牌和嫁接品牌。自有品牌是指企业根据自身需要、企业战略定位、经济实力、产品开发能力而自主创建的品牌，如王老吉、恒源祥、全聚德等。外来品牌是指企业通过特许经营、引进、并购、收购等方式获得的品牌，如联合利华收购了上海中华牙膏。品牌嫁接是指通过合资、合作方式，生产出带有合作双方或三方品牌的新产品，如索爱手机是索尼和爱立信合作生产的品牌。又如麦当劳和中国石化合作，在加油站开汽车餐厅。

5.2 品牌价值

品牌价值的内涵

桂格麦片的合伙创始人约翰·斯图尔特曾说：如果要把这个公司拆分的话，我愿意将土地、厂房和机器都给你们，我拿走品牌和商标，我会过得比你们好。品牌不仅能给企业带来超额利润，而且能给企业带来巨大财富。品牌价值是企业最重要的资产，在企业并购中的作用引人瞩目，既涉及价值增值问题，也涉及企业发展的战略问题，是企业竞争优势和长期利润的基础。

20 世纪 80 年代以来，西方营销界开始重视品牌价值研究，这些研究都十分注重品牌价值的形成原因和过程。之后，品牌价值的研究成为学界和实务界关注的焦点，随着研究的逐步深入，主要形成了市场驱动模型和资产趋势模型两大模型。研究品牌价值评估的原则和方法对于建立和管理品牌价值是非常有意义的。

1. 西方学者对品牌价值的研究

西方品牌专家在研究品牌价值时选择的维度和要素各不相同，具体见表 5－3。其中，美国营销战略学教授戴维·阿克是西方最早研究品牌价值模型的学者。阿克强调，品牌价值的五个方面具体到某一特定品牌时，赋予的权重并不均衡。这一品牌价值概念模型把品牌价值的组成模块化，有利于品牌价值的管理。美国著名学者凯文·莱恩·凯勒提出的基于顾客的品牌资产模型（Customer-Based on Brand Equity，CBBE）成为大多西方学者研究品牌价值的基础。企业构建强势品牌需要建立品牌标识、创造品牌内涵、引导正确品牌反应、建立合适的消费者-品牌关系，这依赖于六个维度：显著性、绩效、形象、评价、感觉和共鸣。

表 5-3 西方学者选择的品牌价值维度

代表性学者及其研究	主要观点
阿克（1991），五星品牌价值维度	品牌忠诚度（品牌溢价、品牌满意度/品牌忠诚度）；品牌认知度（品牌领导性/品牌普及度）；品牌联想度（品牌价值、品牌个性、企业组织联想）；品牌知名度；市场状况（市场价格和销售区域、市场份额）
凯勒（1998），CBBE品牌资产维度	品牌知晓（品牌回忆、品牌识别；品牌形象、品牌关联、品牌特征、品牌利益、品牌态度）
西蒙和苏立凡（1993），品牌（形象）价值维度	影响品牌价值的营销变量有：广告支出、销售队伍、品牌年龄、品牌组合、公关、公司形象和原产国、促销活动等
兹莫（1988），品牌价值维度	感知质量、品牌关联
克瑞释南（1996），品牌价值维度	记忆网络模型的界定基于顾客品牌价值的各种品牌联想特性——品牌联想数量、联想偏好度、联想的独特性和联想的来源
尤奥（2003），品牌（感知）价值维度	营销活动通过影响品牌价值的维度来影响品牌价值（感知质量、感知忠诚、品牌关联/品牌知晓）
爱勒瓦迪（2003），品牌价值维度	品牌溢价与品牌价值间存在不显著负相关关系，而与广告份额、平均购买周期、产品享乐性和产品大类销售收入存在显著正相关关系
瓦斯奎兹和易格利斯等人（2004），品牌（效用）价值维度	产品功能效用（舒适、安全、耐用），产品象征效用（审美），品牌名称功能效用（保证），品牌名称象征效用（社会识别、地位和个人识别）
尼特梅耶（2004），品牌价值维度	感知质量、感知价值的成本、独特性和顾客愿意溢价支付具有内在一致性和有效性

2. 国内学者对品牌价值的研究

品牌价值理论是品牌学的一个重要分支，目前我国学者对品牌价值的研究集中在概念界定和对西方模型的检验阶段，部分品牌实证分析主要是对品牌价值理论中品牌强度的比较。具体如表 5-4 所示。

表 5-4 国内学者选择的品牌价值维度

代表性学者及其研究	主要观点
冷岩（2000），品牌价值评估	忠诚因子法：品牌价值＝忠诚因子×周期购买量×时限内的周期数×理论目标顾客基数×(单位产品价格－单位无品牌产品价格)

续表

代表性学者及其研究	主要观点
卢泰宏（2000），品牌价值	财务会计概念模型、基于市场的品牌力量模型、基于品牌-消费者关系的模型
江明华（2003），品牌价值维度	价格促销的折扣量对感知质量、购买意向和品牌忠诚三个维度的影响：深度折扣对感知质量、品牌忠诚有负面影响
卫海英等（2003），品牌价值构成	经营策略（企业质量、促销等策略）与品牌价值构成因子（品牌地位、顾客认知价值、品牌定位、创新和市场执行力）显著相关
范秀成等（2005），服务品牌价值	产品市场品牌（B to C）的品牌价值构成模型，服务品牌价值的构成与产品市场品牌价值的构成一样
王永贵（2005），品牌价值	品牌价值有四个关键驱动要素：品牌忠诚、品牌认知/品牌联想、品牌感知质量、品牌满意度，不同要素的驱动作用有差异
于春玲（2006），品牌价值结构维度	基于顾客的品牌价值模型，包括顾客感知因素和行为意向因素
何佳讯（2006），品牌价值（资产）测评	消费者-品牌关系质量（BRQ）概念，从社会心理学视角推进品牌价值测评本土化
方毅（2009），品牌价值评估	品牌贡献率反映消费者和品牌之间的关系程度，并引入实物期权相关方法对品牌持有者的经营能力进行估价
白祖文（2011），品牌价值评估	综合企业和消费者两大因素构建品牌价值评估模型，市场强度和消费者强度（品牌态度、品牌认知、品牌行为）构成品牌强度
乐庆辉（2013），品牌价值影响因素	品牌因素、市场因素、行业因素、管理因素、财务因素、其他因素（交易因素）
李雷、李东红（2014），品牌价值来源与衡量	品牌价值来源于顾客使用感受、企业已有声望、正式组织对品牌的宣传、非正式品牌信息传递、品牌自身的外观形象、顾客对产品的依赖；衡量方法：销售业绩分析、营销人员感受、企业其他人员的感受、销售实验分析（品牌对利润的贡献）、赠予实验分析
骆回（2015），品牌价值结构维度	硬价值（产品价值、竞争力）与软价值（服务文化和技术支持价值、盈利性和生存力，以实现产品排他性、垄断性及品牌性）
魏义光（2015），品牌价值结构维度	核心产品效用价值、附加产品效用价值、认同感价值、其他特殊心理感受价值，后两者是企业产品与其他产品相区别的根本所在

通过梳理发现，多数学者的品牌价值研究主要集中在消费者心理、企业经济行为以及消费者-企业交换关系等方面。模型则围绕企业如何通过研究消费者心理变化规律来提升品牌形象和个性，从而在消费者心中建立品牌忠诚度，使企业的品牌价值增加。

3. 品牌价值的定义总结

品牌价值的研究视角主要有两个：一是从企业财务的角度定义品牌价值，认为品牌价值是品牌的资产价值或财务价值，即给企业带来超过无品牌产品销售的溢价收益。二是从消费者的角度定义品牌价值，认为品牌价值是消费者心智中对品牌强烈、积极和独特的联想，基于此而对品牌营销活动做出差异性的反应，品牌价值取决于品牌联想的强度、认同程度和独特性。

品牌价值（brand value）是品牌形成的无形资产所具有的价值，不同品牌因其在市场中的影响力不同而具有不同价值，高价值的品牌能为企业带来竞争优势。品牌的确切价值很难计算，通常是在某个时点上用类似于有形资产的评估方法计算出来的金额。品牌价值的高低取决于消费者对品牌的忠诚度、品牌知名度、品牌所代表的质量等。

英国权威品牌价值咨询公司 BrandFinance 发布了《2019 年全球最具价值品牌年度报告》，报告显示，亚马逊蝉联全球最有价值品牌，品牌价值达 1 879 亿美元；苹果位居第 2，品牌价值为 1 536 亿美元。中国品牌中，工商银行排名最靠前，位列第 8；建设银行位列第 10。在民企品牌中，华为排名最靠前，为第 12 名；其次是微信（第 20 名）、腾讯 QQ（第 21 名）、淘宝（第 23 名）、天猫（第 35 名）。详见表 5－5。

表 5－5　2019 年度全球品牌价值 500 强榜单（节选）

排名	企业名称	所属国家	领域
1	亚马逊	美国	科技
2	苹果	美国	科技
3	谷歌	美国	科技
4	微软	美国	科技
5	三星	美国	科技
6	AT&T	美国	电信
7	脸书	美国	科技
8	中国工商银行	中国	银行
9	威瑞森	美国	电信
10	中国建设银行	中国	银行
11	沃尔玛	美国	零售
12	华为	中国	科技
13	梅赛德斯-奔驰	德国	汽车
14	平安保险	中国	保险
15	中国移动	中国	电信
16	中国农业银行	中国	银行
17	丰田	日本	汽车
18	国家电网	中国	公用事业
19	中国银行	中国	银行
20	微信	中国	科技
21	腾讯（QQ）	中国	科技
22	家得宝	美国	零售
23	淘宝	中国	科技

续表

排名	企业名称	所属国家	领域
24	德国电信	德国	电信
25	迪士尼	美国	媒体
26	壳牌	荷兰	石化
27	大众	德国	汽车
28	日本电报电话公司	日本	电信
29	宝马	德国	汽车
30	美国富国银行	美国	银行

资料来源：https://www.maigoo.com/news/516336.html.

品牌功能的认知

1. 品牌对消费者的意义

（1）识别产品来源，保护消费者权益。《中华人民共和国消费者权益保护法》规定：保护消费者的合法权益是全社会的共同责任；消费者因购买、使用商品或者接受服务受到人身、财产损害的，享有依法获得赔偿的权利；经营者应当标明其真实名称和标记。另外，同一品牌的商品应该达到同样的质量水平和其他指标，以维护消费者利益。

（2）避免购买风险，降低购买成本。庄臣公司董事长杰姆斯·莱汉说过：如果你心中拥有一个了解并信任的品牌，那它将使你在购物时能更轻松快捷地做出选择。消费者在购买行为中存在财务、功能、生理、社会、心理这五个方面可感知的风险。卡菲勒认为，消费者的不安全感是品牌产品存在的基础。品牌代表着产品的品质和特色，消费者认牌购买可缩短购买过程，降低购买成本。

（3）彰显身份和地位。消费者购买品牌表明其既钟情于品牌的功能性利益，也在意品牌的社会象征意义。不同品牌蕴含着特定的社会意义，代表着不同的文化、品位和风格。被消费的商品一方面转化为对身体和心理的满足，另一方面上升为符号并被纳入整个社会文化系统。品牌的社会象征意义可以显示出消费者与众不同的个性特征，加强和突出自我形象，从而帮助消费者有效地表达自我：可以获得消费同种品牌的消费者群体的认同，或对自己喜爱的产品产生特殊的感情，从使用该品牌上获得一种满足。

2. 品牌对生产者的意义

（1）培养消费者忠诚。品牌一旦形成一定的知名度和美誉度，企业就可利用品牌优势扩大市场，促成消费者品牌忠诚。品牌忠诚使销售者在竞争中得到某些保护，并使他们在制定市场营销计划时具有较大的控制能力。知名品牌代表一定的质量和其他性能，这比较容易吸引新的消费者，从而降低营销费用，所以有人提出品牌具有磁场效应和时尚效应。

（2）稳定产品价格。强势品牌能降低价格弹性，增强对动态市场的适应性，减少未来的经营风险。由于品牌具有排他性，在市场竞争激烈的条件下，一个强势品牌可以像灯塔一样为不知所措的消费者在信息海洋中指明方向，消费者乐意为此多付出代价，厂家不用参与价格大战就能保证一定的销量。而且，品牌具有不可替代性，是产品差异化的重要因素，可降低价格对需求的影响程度。例如，国际品牌可口可乐的价格均由公司统一制定，价格弹性非常小。

（3）降低新产品投入市场的风险。新产品进入市场面临的风险相当大，投入成本也相当高，但是企业可运用品牌延伸将新产品引入市场，借助已成功或成名的品牌扩大企业的产品组合或延伸产品线；采用现有的强势品牌，利用其知名度和美誉度推出新产品。

（4）企业市场竞争的工具。可口可乐公司原总裁伍德拉夫曾说过：即使我的工厂在一夜之间烧光，只要我的品牌还在，我就马上能够恢复生产。品牌代表一个企业在市场中的形象和地位，是企业进入市场的通行证，是连接企业和市场的桥梁和纽带。品牌通过注册得到法律的保护。拥有强势品牌的企业能在未来的竞争中处于有利位置，建立起良好的品牌形象，提高市场覆盖率和占有率，获得更大的利益。

品牌对于消费者及生产者（公司）的作用如表 5－6 所示。

表 5－6　品牌的作用

消费者	生产者（公司）
产品来源的识别	简化运作或追踪的识别方法
产品生产者的责任	合法保护独特性特征的方法
降低风险	满足顾客质量要求的标志
承诺、保证书、与产品生产者的契约	赋予产品独特性的方法
象征身份和地位的手段	竞争优势的来源
质量标识	财务回报的来源

5.3 品牌创建

品牌创建理论概述

品牌创建是企业实施品牌战略的基础和开始，没有品牌创建，就没有品牌，也就谈不上品牌维护、延伸和扩张。若品牌创建不科学，导致品牌定位有偏差，就无法达到预期的战略目标。品牌创建理论有以下几种。

1. 基于广告的品牌创建理论

美国品牌专家戴维·阿克曾指出，长期以来，品牌以大众媒体作为工具，通过广告实现品牌创建的目的。最早的品牌创建理论是由广告大师在实践和思考的基础上提出的，如表 5－7 所示。

表 5－7　基于广告的品牌创建理论

代表理论	代表人物	主要观点
独特的销售主张（USP）理论	罗瑟·瑞夫斯	品牌推广须有一个独特并有广泛吸引力的销售主张，在产品生命周期内广告需前后一致，强调独特的产品利益点
品牌形象理论	大卫·奥格威	品牌要有富含创意的个性形象，这决定了市场地位；侧重创意的艺术性和形象性
品牌定位理论	艾·里斯和杰克·特劳特	定位是在顾客心智中占据有价值的、独特位置，发现或创建心理位置，强调第一的独特性

基于广告的品牌创建理论是基于品牌既定的假设，由产品到品牌形象，再到顾客心智，即从吸引顾客到顾客认同，直至成为顾客的一部分，是一个越来越接近顾客的过程。

2. 基于营销的品牌创建理论

20 世纪 90 年代，品牌创建理论进入一个新的阶段，代表理论如表 5－8 所示。

表 5－8　基于营销的品牌创建理论

代表理论	代表人物	主要观点
基于顾客价值创造的品牌创建理论	凯文·莱恩·凯勒	品牌创建是要创建基于顾客认知的品牌正面价值（对品牌营销的积极反应）；企业创建品牌的工具包括：品牌构成要素、配套营销组合、影响顾客对品牌联想的辅助工具（品牌产品原产国、渠道等），以实现在顾客心中建立知名度和品牌联想的目的
基于品牌识别的品牌创建理论	戴维·阿克	品牌识别系统的建设分三步：品牌战略分析（顾客、竞争者、自我分析）；在环境分析基础上设计品牌识别系统（品牌精髓、核心和延伸识别）；品牌组织背景分析（组织特性、品牌人格、品牌符号和意义）。品牌核心不应改变，应体现在品牌定位和广告传播中

基于营销的品牌创建理论更具有系统性和完整性，它以 3C 即顾客（customer）、竞争者（competitor）、公司品牌（company brand）的分析为基础，以设计品牌识别为核心，以识别执行为保证，对品牌创建实践和理论研究都有指导意义。然而，它始终没能系统论述品牌的战略性分析和有效实施识别系统。

3. 愿景导向型的品牌创建理论

这类理论是对以营销为核心的品牌创建理论的有益补充，不同于以往有形产品的品牌创建理论：通过顾客行为、价值集合、获得认同、满足顾客需求来实现品牌创建目标。其对服务性行业的品牌创建有独特的指导意义，具体见表 5－9。

表 5－9 愿景导向型的品牌创建理论

代表理论	代表人物	主要观点
全员品牌创建理论	戴维森	品牌是一座冰山，可见的品牌名称、图案等仅是露出水面的一小部分，真正支撑可见部分的是隐藏在水下的文化、员工、营销等；创建品牌需不同领域的角色融为一个整体
服务行业的品牌创建理论	莱斯利德・彻纳东尼	适用于服务行业品牌创建的流程：品牌愿景开发——组织文化开发——建立品牌目标——审核品牌环境——确立品牌本质——制定内部保障措施——寻求品牌资源——进行品牌评估，并反馈到品牌愿景中 注重一致（对品牌价值观的认识、员工与品牌价值观、员工行为与品牌价值观要求）、协调（不同部门、层次和个人在工作中的协调性）和公司内部对品牌的全方位支持

品牌创建的意义

1. 提高知名度

品牌创建工作通过确立品牌核心概念，建立品牌概念架构体系，以及品牌核心概念指导下的创意推广，逐步使品牌有了一定的市场认知度，建立起了最初的品牌知名度。

2. 创建卓越的品质认可度

品牌创建的目的是增强认同感，这是消费者对产品或服务的肯定，也是消费者购买和传播品牌的前提。公众对品牌的认同具有相对稳定性，而个人对品牌的认同会随着认知水平、消费情境、经济条件等的变化而改变。

3. 丰富品牌联想

品牌创建活动有利于打造品牌精神文化，使品牌升华出自己的价值观念，成为品牌经营者倡导和强化的主导意识，对内可调节和指导品牌运作、优化资源配置、促使品牌健康发展，对外可丰富品牌联想、增强品牌辐射、激发消费者购买欲望。

4. 提高忠诚度

企业品牌创建的目标应从追求较高市场占有率转向追求更高市场忠诚度，即创立和巩固品牌地位、培养目标顾客对品牌的认同和忠诚。随着品牌忠诚度的提高，顾客受竞争行为影响的程度会降低。研究认为，广告效果的 2/3 应是提高品牌忠诚度，1/3 才是直接促销。

5. 提高品牌溢价能力

品牌溢价是相对竞争品牌同类产品而言，消费者愿意为此品牌多支付的那部分价格。消费者对品牌的溢价支付意愿越高，说明该企业越有能力制定高价格策略。多数消费者更愿意购买价高质优的产品，这已成主流消费心理和普遍规律。品牌溢价能力的获得更多来自品牌之间忠诚度的差距，即品牌情感、心理、精神和文化等附加值的感性差异，而这又来自企业的持续修炼和一以贯之的品牌创建。

6. 提高品牌盈利能力

盈利是企业所追求的目标，品牌的盈利能力由两个因素决定，即市场份额和产品性质。一个品牌的相对市场份额对其盈利能力的影响，取决于整个商品大类是以高档品牌产品为主，还是以低价品牌产品为主。如果某类商品基本上由高档品牌产品构成，那么，这类商品中的大多数品牌是有利可图的。如果这类商品绝大部分是由低价品牌产品和自有品牌产品构成的，那么所有产品的回报都会少一些。

品牌创建的流程

创建品牌是一项系统工程，从洞悉行业本质、制定品牌战略到整合营销传播，从探寻产业规律、创新商业模式到产业链条调整，都需要全面思考、细心谋划（见图 5-3）。

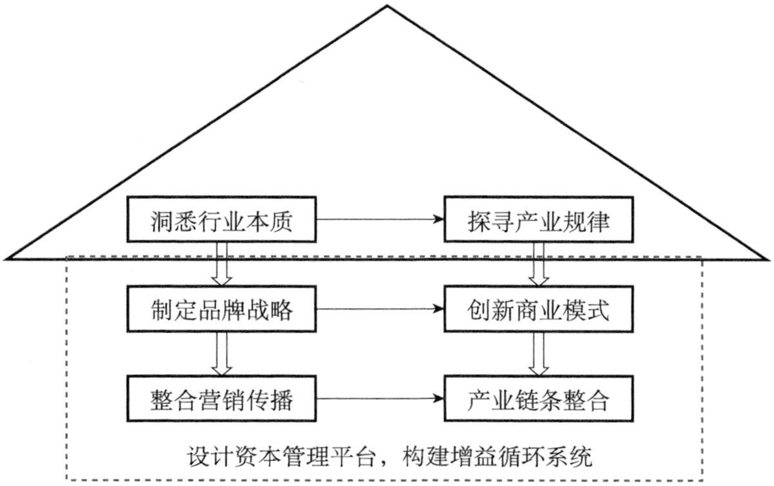

图 5-3　品牌创建思考维度

品牌价值创建六步法包括以下步骤：品牌命名、提升品牌知名度、提升品质认可度、构建品牌识别度、强化品牌联想度、维护品牌忠诚度。

1. 品牌命名

品牌命名的目的是让品牌名称直接服务于营销。品牌名称是品牌的核心要素之一，它提供了品牌联想，并以自身蕴含的形象价值使产品具有持久的市场优势。品牌命名成功与否，直接关系到一个产品能否迅速、持久地立足于市场。

（1）品牌命名方法。

①效用命名。以产品的主要性能和效用命名，能使消费者望名知意，迅速了解产品功效，且便于联想与记忆，如安神补脑液、咳必清等。

②人物命名。即以历史人物、传奇人物、产品制造者及对产品有特别偏好的名人姓名命名。可利用名人声望提高商品档次，或者使消费者产生亲切、实在、物美价廉的感觉，如奔驰汽车、张小泉剪刀、陈麻婆豆腐等。

③制法命名。将商品与独特的制造工艺、加工方法、研制过程结合，使消费者了解制作技术的精良和研制过程的艰辛，给人以货真价实、质量可靠、历史悠久的感觉，如二锅头酒需蒸漏两次才制成。

④好兆命名。以吉利的词句、良好的祝愿命名，既可暗示商品性能优良，又可迎合消费者美好的愿望，使人产生愉快与幸福的情感，如万家乐、百岁酒、美的等。

⑤外形命名。突出商品的优美造型，容易引起消费者的注意和兴趣，多用于食品、工艺品及儿童用品，如棒棒糖、宝塔糖、动物饼干等。

⑥译音命名。译音要求简短、易读、顺口、奇特、有趣。具体方式有：一是简单地将商品原有的外文名称依照其发音翻译成同音的汉字，而不强调字义，如摩托、吉他、比萨等；二是根据外文发音选择寓意美好或与商品本身功能、特点相符的谐音汉字作为商品的中文名称，如可口可乐等；三是基本上脱离原名发音，只根据意思翻译成中文，如随身听等。

⑦产地命名。用商品产地命名，可突出产品的独特地方风味、悠久历史、传统特色和优越性能，并借助产地的风景名胜使人产生亲切感并心向往之。此方法多用于颇有名气的土特产，如北京烤鸭、西湖龙井等。

⑧企业命名。用生产该产品的企业命名，可借助企业已有声誉帮助新产品迅速占领市场，同时节省了宣传费用，如长虹、海尔等。

⑨形象命名。用动物形象或抽象图案给商品命名，可喻示产品拥有类似品质，或比喻好兆，迎合消费者偏好，增强感染力，如小白兔儿童牙膏、野马牌自行车等。但采用这类命名方法的商品比较普遍，容易雷同。

⑩其他命名方法。

夸张命名。用艺术夸张的词句命名，以显示商品的独特功效，如永固牌弹子锁等。这种命名力求恰如其分，过分夸张可能会令人反感。

数字命名。一种是数字本身没有意义，但是简单易懂、易记，如555电池、666高压锅等。另一种是数字的谐音代表吉利，如3388铅笔。

色泽命名。用商品的外在色泽命名，可显示商品品质优良，引发消费者的联想，如浙江兰溪传统食品金丝琥珀蜜枣。

（2）品牌命名的要求。

①联想美好。好的品牌名称要蕴含美好的文化意味，能让消费者产生吉祥、快乐、舒适等美好联想，如荣事达、金利来、娃哈哈等。

②暗示产品功能和用途。好的品牌名称要暗示产品特性、用途，如“三菱”暗示有力度的重工业产品。但品牌名称的暗示要与企业品牌战略统一。如企业的品牌战略是要将品牌进行多元化延伸，那么暗示就不宜过于单一，否则不利于企业的发展。

③好读易记。这是对品牌名称最根本的要求，只有好读易记，品牌才具备识别、传播功能。这就要求品牌名称设计要简洁、明快，读来朗朗上口，响亮动听，如海尔、长虹、娃哈哈等。同时要避免使用生僻字、笔画多的字、发音不响亮的字。

④避免在其他国家产生负面含义。全球化市场中初创品牌应考虑品牌名称能与国际接轨，以利于品牌进入国际市场。要考虑品牌的英文译名是否有贬义。

2. 提升品牌知名度

提升品牌知名度的策略有很多，品牌策划实战中已形成一些低成本的立竿见影的策略，如图5-4所示。

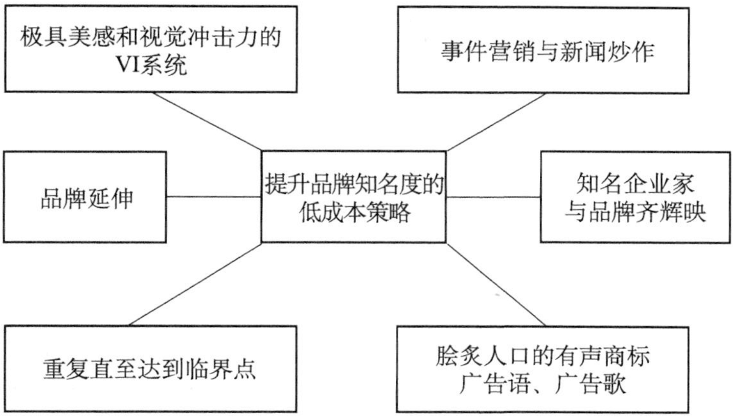

图5-4　提升品牌知名度的策略

（1）事件营销与新闻炒作。策划具有很高关注价值的事件并引发媒体的持续大量报道，吸引公众眼球，是提升品牌知名度的策略之一。

（2）知名企业家与品牌齐辉映。知名企业家对品牌知名度的提升有不可估量的作用，而这一作用机理主要是名人具有比企业更易获得传播与关注的故事、情感，策划时要充分利用这一机理，顺势而为。张瑞敏的“斜坡球体”“日清日高”等理论让大众产生认同和敬意，他在财富论坛与哈佛的演讲更让人备感自豪。

（3）脍炙人口的有声商标、广告语、广告歌。许多脍炙人口、独具特色的广告语令公众记忆深刻，也就令人们对品牌难以忘怀，由此提升了品牌知名度。企业的有声商标也能让消费者记住品牌。如“娃——哈——哈”，公众已耳熟能详、刻骨铭心，这就是有声商标的传播力。

（4）极具美感和视觉冲击的 VI 系统。一套卓越的 VI（视觉识别）系统能栩栩如生地传播企业理念和品牌形象，产生震撼性的视觉效果。然而要达到这样的标准，设计工作是十分艰巨的，不仅需要做大量的调研，更需一流设计师的创作。例如，麦当劳、肯德基的店面设计个性鲜明，极易识别，这就是 VI 系统对提升品牌知名度的作用。

（5）品牌延伸。将品牌延伸到许多产品，这些产品大量出现在零售终端，不停地映入消费者眼帘，这本身对提升知名度有极大的促进作用。每种产品的广告重复推广品牌，对品牌知名度的提升效果也很明显。如雀巢品牌延伸到牛奶、咖啡、麦片等。

（6）重复直至达到临界点。重复有助于记忆，品牌广告投放须足以达到临界点。当然，重复主要指品牌名称与广告主题的重复，广告必须隔一段时间就更新，以免枯燥乏味。①

3. 提升品质认可度

品质认可是品牌资产建立中周期最长的部分，但建立了较好的品质认同，就会形成口碑传播，为企业带来丰厚的回报。提升品质认可度的策略如图 5－5 所示。

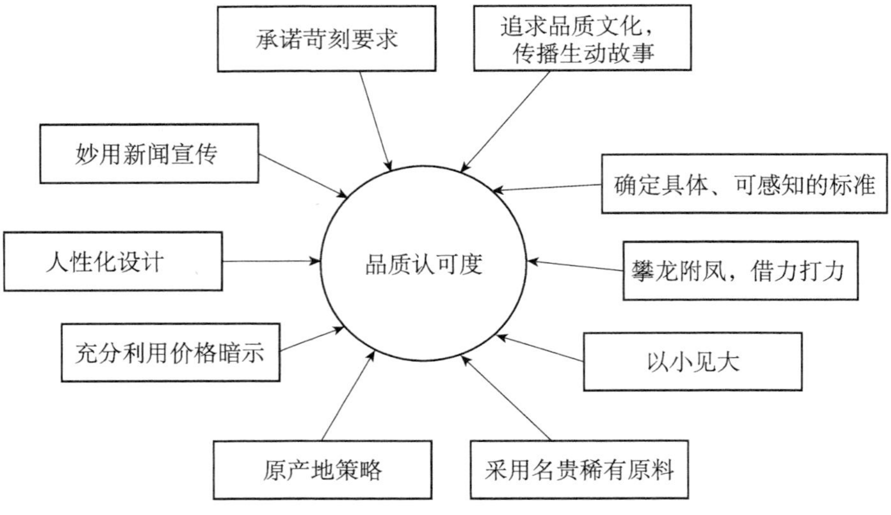

图 5－5　提升品质认可度的策略

① 翁向东．本土品牌战略：创建高价值品牌的法则．2 版．南京：南京大学出版社，2008.

（1）承诺苛刻要求。如通用电气的“六西格玛”，要求 100 万次只能发生 3.4 次失误。这样的苛刻要求给消费者带来不可思议的震撼，从而使消费者对通用电气的品质高度认可。

（2）追求品质文化，传播生动故事。企业建立起品质至上的文化并贯穿到企业管理过程中必然会发生许多动人的故事。如海尔在创业之初把不合格的冰箱砸掉的故事极易传播。要不断提炼能进行生动传播的品质管理故事。

（3）确定具体、可感知的标准。如小天鹅洗衣机可实现 7 500 次无故障运行，多芬含 1/4 的洁面乳等具体标准让人觉得可信度很高。

（4）攀龙附凤，借力打力。与普遍认可的品牌品质认证机构、公信力极高的人物攀上亲，借力打力提升自己，是迅速让公众认可品牌的良好策略。如新飞成功地为通用电气提供定牌冰箱，使新飞的品质认可度大增。

（5）以小见大。放大或凸显产品的特色更能体现比较竞争优势，比如奥迪 A6 能自动感应车内阳光的照射强度，从而自动调节空调。

（6）采用名贵稀有原料。远大中央空调通过报纸广告宣传其部件选用了大量的国际名牌如松下、欧姆龙的产品。

（7）原产地策略。许多产品的品质与产地的土壤、气候有特殊关系，特别是农作物及以农作物为原料的深加工产品，如金华火腿、阳澄湖大闸蟹等。原产地策略是选择某种产品的最佳产地并进行宣传。

（8）充分利用价格暗示。消费者购买像名酒、名表、高档服饰等产品时的主要动机不是获得产品的功能与属性，而是为了追求品牌所附加的精神价值与文化内涵。

（9）人性化设计。通过人性化设计让产品满足消费者细腻的需求，令其感受到品牌的关爱，提高对品质的价值认同。吉列手动剃须刀的手柄用一圈圈凸纹来增加摩擦力，以防止剃须刀滑出手而刮破脸，还在凸纹上套了一层橡皮让消费者使用起来更舒服。

（10）妙用新闻宣传。新闻媒体作为公正的第三方，不仅费用低，而且会使消费者更容易相信，可通过新闻宣传提升公众对品质的认可度。

4. 构建品牌识别度

品牌识别是继品牌形象、定位和个性之后于 20 世纪 90 年代初逐渐兴起的一个重要的品牌概念。戴维·阿克提出，品牌识别是品牌创造和保持的、能引起人们对品牌保持美好印象的联想物。创建强势品牌必须有一个丰富而清晰的品牌识别。我国著名品牌实战专家翁向东基于戴维·阿克的品牌理论和自身经验，提出了包括品牌产品识别、品牌企业识别等的品牌识别系统，如图 5－6 所示。[①] 该品牌识别系统

① 翁向东．本土品牌战略：创建高价值品牌的法则．2 版．南京：南京大学出版社，2008.

具体界定了企业营销传播活动的标准和方向，使品牌核心价值、品牌文化等抽象概念与企业营销活动有效对接，可操作性较强。

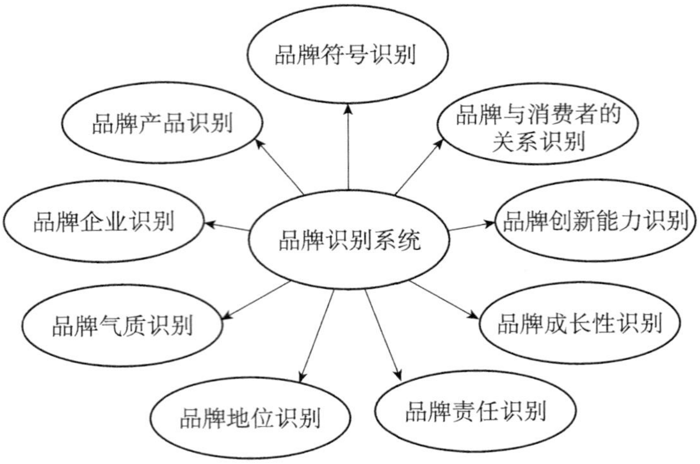

图 5-6　品牌识别系统

（1）品牌产品识别。产品是品牌成功的基础，也是品牌识别的主要载体，包括对产品类别、特色、品质、用途、使用者及产品档次的识别。

（2）品牌企业识别。品牌的企业识别主要从企业理念与企业活动层面与竞争品牌形成区隔，具体有：企业领袖、理念与文化、人力资源、理念、制度与行为、对消费者的需求与利益的关注。

（3）品牌气质识别。品牌气质是消费者对品牌产生的一种心理感觉与审美体验，一般由产品包装、VI 系统、海报、报纸杂志等平面广告的设计风格及影视广告的画面等决定。

（4）品牌地位识别。发展品牌在企业地位方面的识别，塑造品牌的王者之相，是提升品牌地位的捷径。企业树立领导品牌形象通常强调领先的销量、市场占有率或利润，财力与资产规模的领先地位，管理的先进性，技术的领先地位，细分市场上的领先地位等。

（5）品牌责任识别。从企业的社会责任层面形成的品牌识别对品牌的提升效果是广告、产品特征、技术优势无法匹敌的。

（6）品牌成长性识别。若企业的现有实力、销售额、技术等还谈不上领先，可以把增长速度在业内领先、企业拥有非常广阔的发展前景作为品牌的重要识别。塑造品牌的成长性、锐气与活力，能反衬出大品牌的老态龙钟、日薄西山，营造出马上要赶超行业领导者的氛围。

（7）品牌创新能力识别。创新能力的不足一方面会让人觉得品牌带给消费者的利益比竞争品牌差，更重要的是让消费者觉得品牌在走下坡路。企业只有在创新方面领先于竞争者，展现出勃勃生机，才不会被消费者抛弃。一个成功品牌或老品牌的大忌是长期没有进行产品、技术、服务、包装上的创新。

（8）品牌与消费者的关系识别。与消费者建立亲切、和谐、友好的关系是品牌的最高境界。若一个品牌能与消费者建立良好的关系，就会获得很高的品牌忠诚度。

（9）品牌符号识别。企业所有的品牌建设投入都是在品牌符号上，因此成功的品牌符号识别规划是创建强势品牌的基础，如图 5－7 所示。

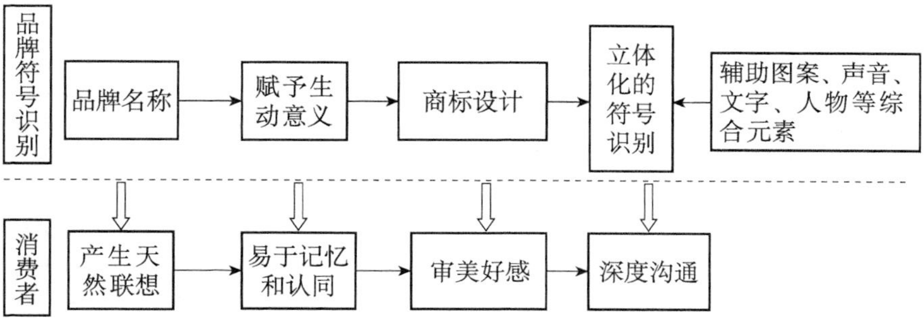

图 5－7　品牌符号识别对消费者认知的影响

5. 强化品牌联想度

品牌联想内容广泛，品牌管理者应关注可直接或间接增进消费者对品牌产生好感、吸引消费者购买、提高忠诚度与溢价能力的联想内容。品牌联想的建设策略如图 5－8 所示。

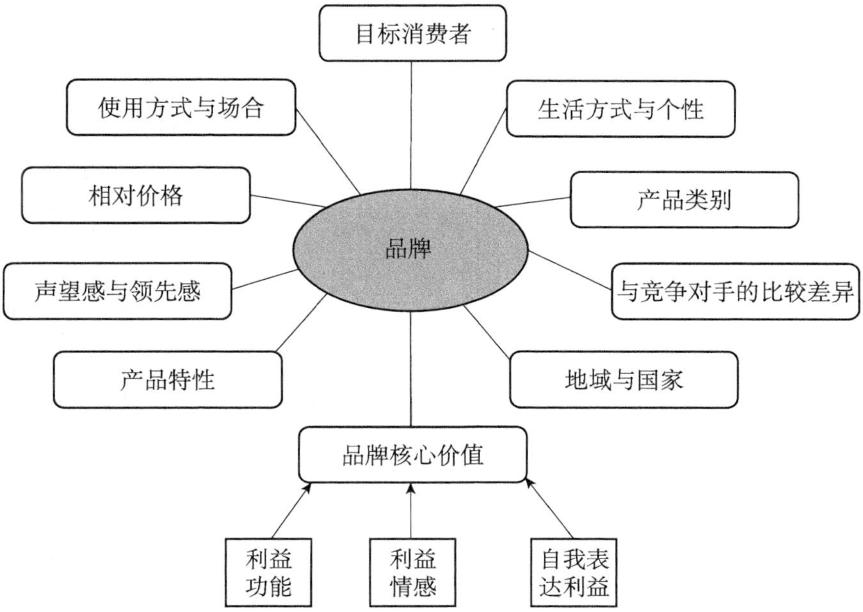

图 5－8　品牌联想系统

（1）品牌核心价值。品牌核心价值是品牌提供给消费者的关键利益，是消费者认可和购买某一品牌的主要动机。它包括功能利益、情感价值和自我表达利益。例如，舍得酒的核心价值为："品舍得酒，感悟智慧人生"，如图 5－9 所示。

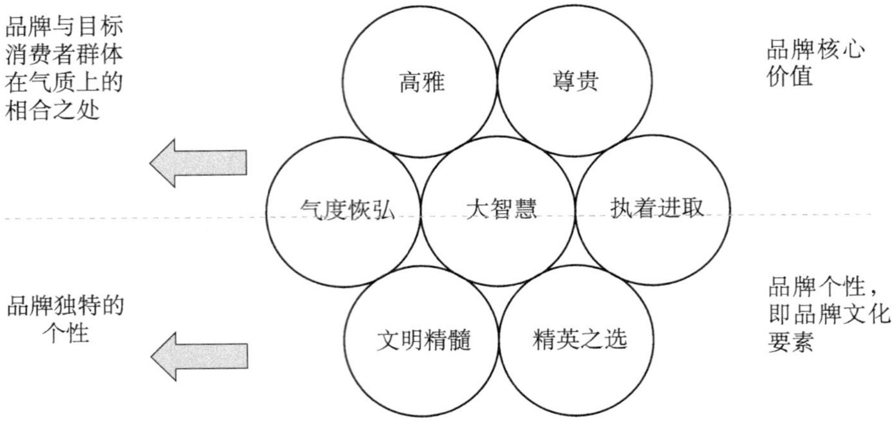

图 5－9　舍得酒的核心价值设计与表现

（2）产品特性。一般而言，品牌的核心价值表现为功能利益时，品牌核心价值往往就是产品特性的一部分。当消费者接触到某一品牌时，大多数情况下会首先想到该品牌的主要特征。最有效的定位策略是将一个品牌与该品牌的产品特性联系起来，从而形成强劲的品牌联想。

（3）声望感与领先感。声望感与领先感指的是联想中对品牌的整体评价，如质量、技术在行业中的领导地位及企业整体实力。一定要注意培育并建立品牌声望与领先感，这比宣传细枝末节的产品特性更能实质性地提升品牌力。

（4）相对价格。价格也是消费者经常与品牌联系起来的事物之一。了解品牌的相对价格能使消费者明白这一品牌是否可列入候选名单、减少购买时信息收集的烦琐程度，毕竟购买力是制约购买决策的最大因素。对品牌经营者来说，一定要了解该品牌知晓度的高低，再据此确定该品牌产品的价格梯度，以制定出一个能吸引消费者的物有所值的价格水平。

（5）使用方式与场合。这种品牌联想是将品牌与产品具体的使用情境联系起来。当消费者接触到某一品牌时，会立刻联想到一个人或多个人在特定的环境中使用某品牌产品的情景。如非常可乐广告中"股票涨啦""嫁啦""考中啦"等幸福畅饮的场景。

（6）目标消费者。将品牌与目标消费者联系起来，可使目标消费者产生归属感。当消费者对一个品牌使用对象的联想与自己正好吻合或接近时，选择这一品牌的可能性就会增大。如百事可乐用青春偶像演绎的"活力、个性、激情"易获得年轻人的认可。

（7）生活方式与个性。由于广告宣传的影响，有些品牌常与某种生活方式联系在一起。品牌代表的生活方式与目标消费者接近，或目标消费群体十分认同并意欲获得这样的生活方式，品牌就对目标消费者充满了诱惑。

（8）产品类别。一旦品牌成为产品类别的代名词，就容易在相应的市场上站稳脚跟，使其他品牌的进入难度倍增。如联想是电脑，将品牌牢牢与产品类别联系起来。

（9）与竞争对手的比较差异。每一个品牌都有竞争者，消费者的购买决策过程实际上就是品牌的比较过程，消费者通过比较来形成有关不同品牌产品优缺点的概念，从而进行购买决策。因此，通过品牌联想反映出与竞争者的鲜明差异与优势是必需的。

（10）地域与国家。一个地域与国家的自然环境资源、发展历史、文化造就了在某些产品领域的特别优势，如中国景德镇的陶瓷、瑞士的手表与军用刀等善用被消费者认同的地域联想，可节省大量宣传成本。地区性的品牌联想对一个地区或国家来说是一笔宝贵的无形资产。

6. 维护品牌忠诚度

品牌忠诚度高的消费者是企业的财富。美国商业研究报告指出：多次光顾的消费者可为企业带来 20%～85%的利润，固定消费者的数目每增长 5%，企业利润就会增加 25%。因此，提高消费者对企业品牌的忠诚度也是企业品牌战略的一项重要内容。品牌忠诚度的维护与提升策略如图 5-10 所示。

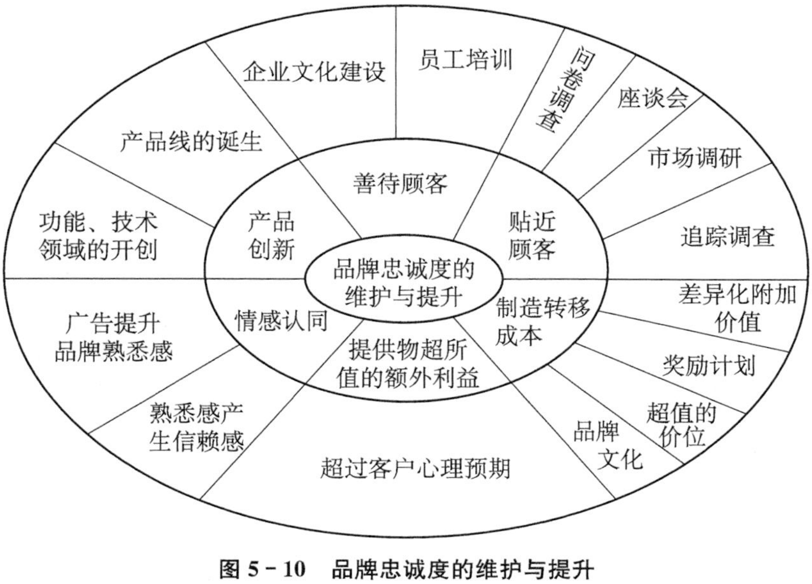

图 5-10　品牌忠诚度的维护与提升

（1）善待顾客。善待顾客可使顾客在购买、使用产品与享受服务的过程中产生难以忘怀、愉悦舒心的感受。这需要卓越的企业文化建设与员工培训，使这一理念成为所有员工认同的价值观并转化为积极的行动。

（2）贴近顾客。通过市场调研和专业的满意度调查等，深入了解顾客的内心世界和潜在需求，为产品和服务的改进提供鲜活翔实的信息。

（3）制造转移成本。唯一性的、差异化的附加价值越多，消费者的转移成本就越高。提高转移成本的策略有：超值的价位、品牌的独特文化、顾客积分奖励计划和顾客俱乐部、专有技术或配件垄断等。

（4）提供物超所值的额外利益。经常提供一些意想不到的利益给消费者，会提高消费者对品牌的认同。海尔的售后服务正是因为提供了超乎期待的利益而获得消费者由衷的认同。建立品牌必须以客户价值的增量为基点，这是品牌生命力的重要保障。

（5）产品创新。创新可让消费者感觉到产品品质不断提升。品质上的不断创新是日本消费类电子产品横扫全球的主要原因。

（6）情感认同。广告所具有的提升品牌心理与情感认同价值的功能使消费者产生了对品牌的挚爱与忠诚。

案例分析

倾醇品牌策划案

绪 1　倾醇品牌故事（略）

绪 2　传统小酒厂的困境（略）

第一章　倾醇的品牌定位

1.1　品牌定位依据

1.1.1　女性酒市场调查（略）（《市场调查报告》已作为策划书附件）

1.1.2　女性酒行业和竞争者分析

（1）宏观：女性酒行业分析（略）

（2）微观：女性酒竞争者分析（略）

1.2　倾醇品牌的定位（创新之处）（见表 1）

表 1　跳出红海的倾醇品牌定位

维度	现有的白酒品牌定位	突破	倾醇的品牌定位	倾醇的创新
诉求	团聚、庆典，诉求平平	创新	送礼送爱、送健康	委婉的东方式对爱的表达
消费动机	邀请亲朋好友、商务宴请	创新	爱人及闺蜜相聚送礼	关爱主旨填补空白
消费时间	午宴、晚宴	创新	情人节，七夕节，母亲节，女友、妻子、母亲的生日	时间节点填补空白

续表

维度	现有的白酒品牌定位	突破	倾醇的品牌定位	倾醇的创新
消费场所	酒店、餐馆、酒吧	创新	见到心爱女人的时候	地点不受吃饭限制
竞争状况	白酒企业在不景气的宏观环境下竞争激烈	创新	跳出竞争圈子，与德芙巧克力、玫瑰花竞争	跳出残酷红海，选择广阔蓝海
成本	高中低档都有，花瓣酒主要是低档酒	创新	中高档，注重品质	高品质，浓关爱
价格	白酒企业在不景气的宏观环境下竞相降价促销，但依然昂贵得难以让普通人群接受	创新	爱情信物：男人送给心爱女人的信物，必须昂贵 送给闺蜜的礼物：体现对健康的关怀	价格附加值：购买者更相信价格能与其爱心匹配，能接受高价
功能	商务气息浓，女人也得喝男人的酒	创新	女人的保健饮品	蓝海市场：女人的广阔需求，而现有产品较少
渠道	从批发到零售，层层中间商盘剥，价格越抬越高	创新	天猫直销网店，微博、微信公共平台	销售渠道绕开了传统批发零售渠道的层层盘剥，直接卖给客户
载体	粮食酒，好窖藏（卖的是酒）	创新	布依族爱情文化（卖的是爱）	民族文化传承

第二章　倾醇品牌设计

2.1　倾醇品牌 Logo 设计（见图 1）

图 1　倾醇 Logo

2.1.1　中文“倾醇”的来源和用意

一般用倾国倾城来形容女性的美丽，“醇”字降低了女性对“酒”字的敏感度，突出了花瓣酒的产品特性。

2.1.2　英文“pure beauty”的来源和用意

pure beauty 传递的是倾醇带给每一位女性的美，以及倾醇追求的美。

2.1.3 人头像的来源和用意

布依族女子头像剪影而成，除了传递布依族的文化，同时代表了女性这一目标消费群体。

2.2 倾醇品牌的核心价值

2.2.1 表述：倾醇，只给最爱

2.2.2 内涵（略）

2.3 倾醇品牌的文化

2.3.1 爱情信物的含蓄、内在、贴心

2.3.2 布依族女性的专一、忠贞、自然

2.3.3 花瓣与花瓣酒的浪漫、健康、热烈

2.4 倾醇品牌的价值延伸（见图 2）

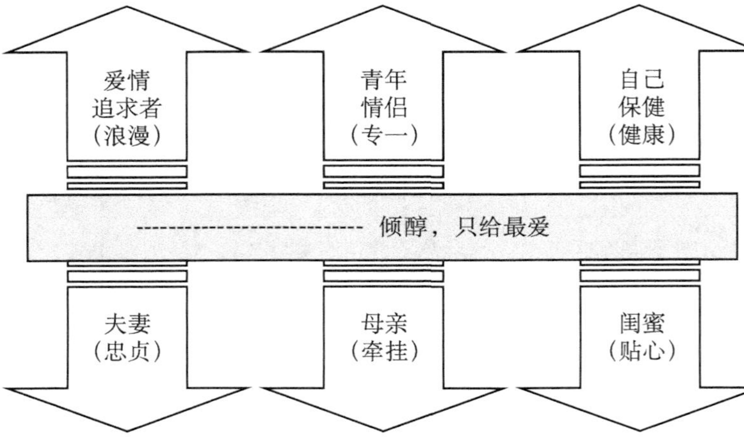

图 2　倾醇品牌价值延伸图

2.5 倾醇品牌的系列延伸（见图 3）

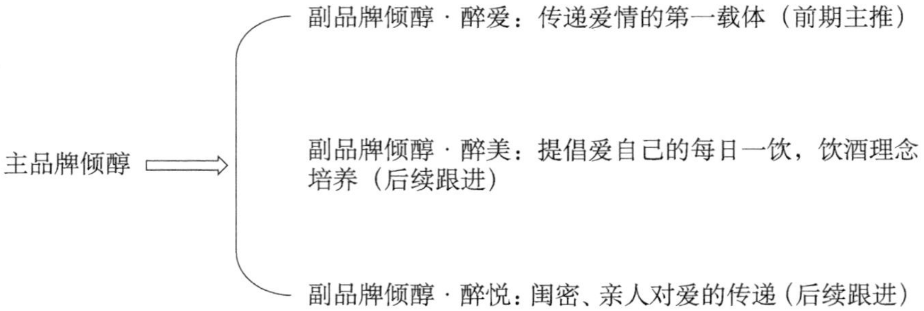

图 3　倾醇品牌系列延伸图

第三章 倾醇品牌推广

3.1 推广目标

倾醇目标：成为男人给女人爱的第一情感载体。

倾醇品牌广告语（略）。

3.2　推广营销策略

在产品系列的推广策略方面，以倾醇・醉爱为主推品牌，在后期的品牌推广中，则以倾醇・醉美为后续跟进品牌（见表 2）。

表 2　倾醇品牌推广营销策略

策略	倾醇・醉爱	倾醇・醉美
产品策略	产品规格： 醉爱产品作为礼品，主要采用茨梨花和玫瑰花酿制，以 19 度、500mL 的礼品装作为标准规格。 产品包装： 主要有玫瑰红和高贵紫两种颜色。 产品诉求： 以酒代花，表达男女之爱。	产品规格： 醉美产品作为独饮、功能、收藏酒，主要采用 18 度、500mL 装作为标准规格。 产品包装： 以高贵的紫色为主。 产品诉求： 享受生活，收藏品。让女人学会独处，学会爱自己。每天来一杯，美丽多一点。
价格策略	定价策略： 采取尾数定价法，将玫瑰红定在 199 元，高贵紫定在 299 元。 价格区域： 100～300 元的价格区间填补男女礼赠市场空白。	定价策略： 采取尾数定价法，将产品定在 399 元。 价格区域： 定价在 300～500 元，避开一线品牌和二线高端品牌。
渠道策略	线上：网络渠道 线下：商场超市、名烟名酒店	线上：网络渠道 线下：商场超市、名烟名酒店
促销策略	联合促销： 与礼品店、花店和相关女性消费机构进行强强联合。 节庆网上促销： 在情人节、妇女节、七夕节等节日在网上进行推广。	销售促进： 给予代理商回扣或补贴；节假日期间对产品进行买一送一、组合优惠等促销，避免直接降价。

3.3　整合营销传播策略

3.3.1　线下推广方案实施

（1）报纸杂志推广实施（略）；（2）楼宇、地铁广告推广实施（略）。

3.3.2　线上推广方案实施

（1）微博推广实施（见图 4）。

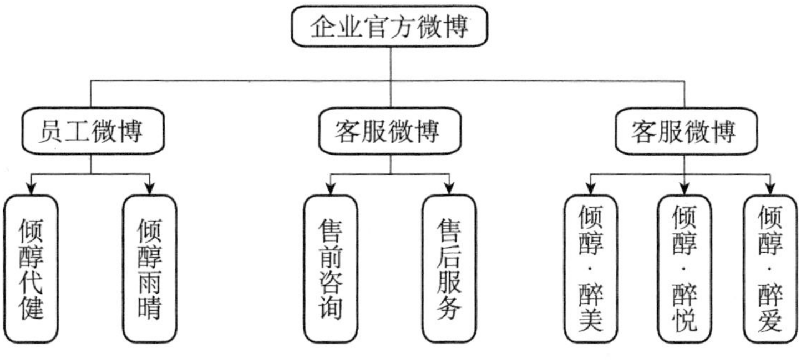

图 4　倾醇的微博推广架构图

（2）微信推广实施（略）。

（3）视频网站推广实施（略）。

3.4　推广进度表（略）

3.5　推广预算（略）

第四章　倾醇品牌管理

4.1　倾醇品质保证

4.2　倾醇品牌信息管理

4.3　倾醇品牌使用管理

第五章　品牌推广效果评估

5.1　销售收入

策划之前的年销售收入在80万元左右。经过策划，预计第一年的销售总收入为2 188 000元，其中天猫店销售收入328 000元，线下经销渠道占1 860 000元。

5.2　投入产出比

相较于其他项目，“倾醇”三年内投资成本较低，风险相对较小，具有一定的灵活性。利润表预测（略）、成本费用明细表（略）。

附件：商标申请书（略）、企业授权书（略）。

资料来源：四川大学锦城学院参加全国高校商业精英挑战赛金奖策划案；参赛选手：陈雨晴、代健、谌雪银、骆佚抒承；指导老师：左仁淑、杨安、杨治国.

案例思考

1. 如何理解倾醇品牌定位策划的步骤？
2. 倾醇品牌文化对其品牌创建的意义有哪些？
3. 倾醇品牌的识别系统有哪些构成要素？

实用工具

本章提供的实用工具：

1. 品牌价值构成维度
2. 品牌创建流程
3. 品牌命名方法
4. 提升品牌知名度的策略
5. 提升品质认可度的策略
6. 构建品牌识别系统、品牌联想系统的策略
7. 品牌忠诚度的维护策略

复习思考

1. 品牌与消费者之间存在怎样的关系？

2. 品牌价值如何积累，又如何增值？
3. 进行品牌策划前为何必须对品牌环境进行研究和分析？资料数据从何而来？
4. 塑造品牌文化应从哪些方面入手？
5. 包装设计要注意哪些问题？其对品牌推广和品牌形象提升有哪些作用？
6. 结合动感地带、海尔等品牌，说明品牌建设要注意哪些问题。

章节测试

章节测试答案

参考资料和推荐资源

[1] 左仁淑．中国大学 MOOC 爱课程“营销策划”“市场营销”．

[2] 戴维·阿克．创建强势品牌．北京：中国劳动社会保障出版社，2004.

[3] 斯科特·戴维斯．品牌资产管理．北京：中国财政经济出版社，2006.

[4] 凯文·莱恩·凯勒．战略品牌管理：第 3 版．北京：中国人民大学出版社，2009.

[5] 余伟萍．品牌管理．北京：清华大学出版社，2007.

[6] 余明阳，戴世富．品牌战略．北京：清华大学出版社，2009.

[7] 杨晨．品牌管理理论与实务．北京：北京交通大学出版社，2009.

[8] 余明阳．品牌学．合肥：安徽人民出版社，2002.

[9] 余明阳，朱纪达，肖俊崧．品牌传播学．上海：上海交通大学出版社，2005.

[10] 黄静．品牌管理．2 版．武汉：武汉大学出版社，2015.

[11] 周志民．品牌管理．天津：南开大学出版社，2008.

[12] 卢泰宏，邝丹妮．整体品牌设计．广州：广东人民出版社，1998.

[13] 魏义光．品牌大逻辑．北京：中国法制出版社，2015.

[14] 乐庆辉．切割式营销．北京：中国物资出版社，2013.

[15] 李雷，李东红．营销战略．4 版．北京：首都经济贸易大学出版社，2014.

[16] 庞守林．品牌管理．2 版．北京：清华大学出版社，2016.

[17] 田永宽．简单管理：不能不借鉴的海尔管理．青岛：青岛出版社，2006.

[18] 任启江．品牌解码．兰州：甘肃人民出版社，2014.

[19] 万后芬，周建设．品牌管理．北京：清华大学出版社，2006.

[20] 苗月新．品牌管理理论与实务．北京：清华大学出版社，2016.

[21] 翁向东．本土品牌战略：创建高价值品牌的法则．2 版．南京：南京大学

出版社，2008.

[22] 张晓磊．强势品牌创建．北京：北京出版社出版集团，2007.

[23] 任立．品牌心经：不战而胜的品牌王道．北京：企业管理出版社，2014.

[24] 舒咏平．公关托出名牌．武汉：武汉大学出版社，1999.

[25] 祝合良．品牌创建与管理．北京：首都经济贸易大学出版社，2007.

[26] 李滨．品牌资产管理．西安：西安交通大学出版社，2014.

[27] 韩光军．品牌设计与发展手册．北京：经济管理出版社，2002.

[28] 陈宗懋，杨亚军．中国茶叶词典．上海：上海文化出版社，2013.

[29] 赵国浩．管理科学理论研究与应用．北京：中国科学技术出版社，2005.

[30] 朱伟明．服装品牌运营．北京：中国纺织出版社，2016.

[31] 冯国忠．医药市场营销学．北京：中国医药科技出版社，2015.

[32] 肖艳，孙庆峰．汽车市场营销学．北京：中国林业出版社，2012.

第6章

企业形象策划

学习目标

1. 知识学习

(1) 认识个人形象与企业形象

(2) 理解企业形象的设计原则

(3) 掌握企业形象识别系统的内容和策划步骤

(4) 企业形象法律保护的基本常识

2. 能力训练

(1) 培养企业(品牌)形象策划的基本能力

(2) 训练企业(品牌)命名的能力

(3) 训练企业(品牌)Logo创意能力

3. 素质养成

(1) 培养企业(品牌)形象策划的系统思维

(2) 培养企业(品牌)形象策划的创新意识

(3) 培养企业(品牌)形象的法律保护意识

章节概要

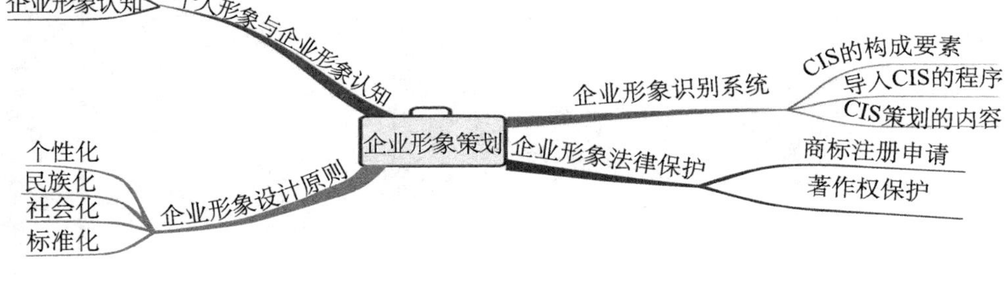

慕课资源

1. 学习视频

2. 学习课件

翻转任务

1. 个人：提前观看慕课视频，回答课后复习思考题，准备课堂提问。

2. 团队：以一个企业的企业形象策划为主题进行 CIS 策划，包含 MI，BI 和 VI。MI 策划的重点包括：企业使命、企业愿景、企业价值观；BI 策划的重点包括：员工的行为规范和服务形象；VI 策划的重点包括：企业名称、品牌（企业）中文简称、品牌（企业）英文、英文简称、广告语、品牌（企业）的标志（Logo）及 Logo 创意进行阐释。

导入案例

塑造美好的企业形象

生活中，人们总是对美好的事物印象深刻。美景、美食、美女……美的事物大都能在视觉上极大冲击人们的大脑神经，让人们大饱眼福。如图所示，一个正在规划开发的风景区——九龙云海，位于四川省甘孜州九龙县湾坝乡，海拔 4 350 米，这里蓝天、云海、雪山、草甸、海子、地球上最大的牦牛……世界如此美好，让人流连忘返，一生一定要和心爱的人去一次的九龙云海。

同样，一个企业的形象也会极大地刺激人们的视觉神经，影响人们对一个企业或者品牌的印象和感知。一个美好的企业形象常常可以带来产品的畅销、企业的盈利以及品牌的增值。

可见，形象在一定程度上影响个人和企业的成功。而良好的个人形象和企业形象都是可以通过科学策划刻意塑造的。

6.1 个人形象与企业形象认知

从心理学的角度来看，形象就是人们通过视觉、听觉、触觉、味觉等各种感觉器官在大脑中形成的关于某种事物的整体印象。按个人和组织来分，形象可分为个人形象和企业形象。

个人形象认知

个人形象并不是简单的外表、长相、发型、化妆的组合概念，而是一个综合的全面素质，一个结合了外表与内在的、在流动中留下的印象。

美国心理学家奥伯特・麦拉比安研究发现，印象形成分配的比例为：一个人的外表形象给别人留下的印象占比最高，高达 55%，人的外表包括穿着、外貌、体形、发色等；其次是语音行为，包括语气、语调、手势、站姿、动作、坐姿等给别人留下的印象占 38%；演讲的内容仅能给别人留下 7%的印象（见图 6－1）。英国哲学家培根曾说：相貌的美高于光泽的美，而秀雅合适的动作美又高于相貌的美，这是美的精华。

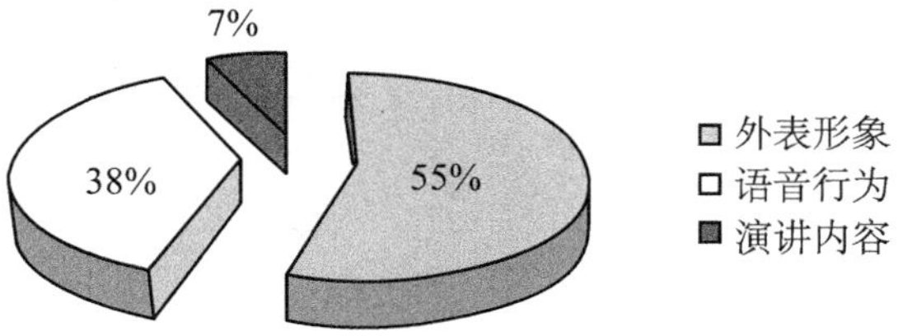

图 6－1　个人印象形成分配图

企业形象认知

企业形象，是社会公众对企业在运作过程中表现出来的行为特征和精神风貌的总体评价和综合反映，是企业的外观现象和内在本质、物质文明和精神文明的有机统一。这种印象是通过人体的感官获得的。著名品牌专家凯文・莱恩・凯勒对企业形象所下的定义是：消费者在记忆中通过联想反映出的对组织的感知。企业形象通常包括产品形象、媒介形象、组织形象、标识形象、人员形象、文化形象、环境形象和社区形象等。这些形象又可分为内在形象和外在形象。

企业形象对企业的发展乃至国家的发展至关重要。日本企业形象设计专家加藤邦宏说：当代企业参与竞争的正确策略是商品力、销售力和形象力。可见形象对企业的重要性。表 6－1 是 2019 年 BrandZ 全球品牌价值 10 强榜，榜单中亚马逊品牌价值为3 155.05 亿美元，高居全球第一；阿里巴巴品牌价值为 1 312.46 亿美元，位列中国第一，全球第七；腾讯品牌价值为 1 308.62 亿美元，位列中国第二，全球第八。全球前 10 名中，美国有 8 个，中国仅有 2 个，中国企业仍需努力提升企业形象，进而提升中国的国家形象，以深入落实习近平同志关于实现中国经济“三个转变”重要指示精神，推动“中国制造向中国创造转变，中国速度向中国质量转变，制造大国向制造强国转变”，以推动消费升级、品牌升级、经济升级转型为己任，以时代使命为己任，确保社会效益和经济效益相统一。

表 6－1　2019 年 BrandZ 全球品牌价值 10 强

2019 年排名	品牌	类别	2019 年品牌价值（亿美元）	品牌价值变化	2018 年排名
1	亚马逊	零售	3 155.05	52%	3
2	苹果	科技	3 095.27	3%	2
3	谷歌	科技	3 090.00	2%	1
4	微软	科技	2 512.44	25%	4
5	Visa	支付	1 779.18	22%	7
6	脸书	科技	1 589.68	−2%	6
7	阿里巴巴	零售	1 312.46	16%	9
8	腾讯	科技	1 308.62	−27%	5
9	麦当劳	快餐	1 303.68	3%	8
10	AT&T	电信	1 083.75	2%	10

6.2 企业形象设计原则

企业形象设计一般应遵循个性化、民族化、社会化和标准化四大原则。

个性化

企业形象设计的第一大原则是个性化。个性化的企业形象设计在一定程度上要求企业形象独特，区别于大众而具有差异性。个性化的企业形象容易产生冲击力，让人记住企业。让人记住了企业形象就意味着成功。

个性化原则要求我们从客户、企业、行业和竞争者四个维度去思考、设计和检验企业形象。从客户（customer）维度进行个性化设计，是指满足客户对品牌或企业和产品的功能和情感诉求。从企业（company）维度进行个性化设计，是指体现企业某一方面的特点或优势，可以是经营理念、产品特色、地理优势等。从行业（industry）维度进行个性化设计，是指体现行业属性。比如我们留意到，餐饮行业的企业形象设计在标准颜色方面使用红色和黄色居多，如麦当劳、肯德基、德克士等。为什么红色和黄色更多地用于餐饮企业？一是因为红色和黄色醒目，能引起消费者的注意；二是因为人类从开始用火烹制食物时起，火就与饮食分不开，而火的颜色正是红、黄色；三是因为红色、黄色属于暖色调，体现了食物的摄入可给人们带来能量和温暖。

图6-2所示为Hi设计师酒店Logo实景图①，图6-3显示了Hi设计师酒店Logo的创意来源。一是从客户维度体现个性化，考虑到80后、90后人群追求时尚与品质，看重性价比，所以选择了一个趴在床上，托着下巴、翘着脚自由自在的女孩的形象。二是从企业维度体现个性化，考虑酒店名称“Hi设计师酒店”中“Hi”的字母造型，英文中“hi”意为打招呼，代表亲近、友好，可体现企业服务理念；另外“hi”的中文谐音是“海”，代表酒店行业欢迎来自五湖四海的客人入住，海纳百川；同时“海”代表水，象征财富，有纳四方之财的意思。此Logo整体有朝阳从海面升起的画面感，象征企业未来发展蒸蒸日上。三是从行业维度体现个性化，考虑到酒店是华灯初上，游客休息休闲的地方，也是游客暂时的归宿和家，所以，为了体现灯光的颜色和对家温馨、温暖的表达，Logo设计采用了红色和黄色的暖色调。总的来说，Hi设计师酒店的Logo从客户、企业和行业三个维度完美体现了Logo创意设计的个性化原则。该创意设计于2017年11月通过国家知识产权局商标局审核予以注册，获得了商标专用权利。

最后，从竞争者（competitor）维度进行个性化设计，指区别于竞争对手，实现差异化设计。德克士的早期Logo以橘色为主色，并辅以蓝色与黄色。德克士的新一代Logo大胆创新，极具现代感。其图案是一只清新的小鸟，它寓意着德克士致力于带来自然与新鲜的美味体验，让美味不仅留于唇齿之间，而且让美味带来的快乐飞翔在每位顾客的心间。新Logo采用绿色，代表德克士一如既往坚持的绿色生态理念。德克士的食材均来自优质的产地，经过精心挑选，严格把控制作过程的安全卫生，并拥有独特的制作工艺。德克士要让消费者每一口都吃得美味，更吃得放心。德克士新一代Logo选择绿色既可区别于麦当劳和肯德基等竞争对手，又可体现消费者对食品安全、绿色、健康的功能需求（见图6-4）。

---

① Hi设计师酒店是开在成都春熙路的休闲舒适酒店，每一间房的设计都不同。Hi设计师酒店致力于为80后、90后休闲旅游人群提供服务。

图 6－2　成都春熙路 Hi 设计师酒店实景图（图片来源：大道经纬）

图 6－3　Hi 设计师酒店 Logo 创意来源（图片来源：大道经纬）

图 6－4　德克士、麦当劳、肯德基的 Logo 对比（图片来源：网络）

民族化

企业形象设计的第二大原则是民族化。民族化是指设计企业形象时与民族元素关联起来。一般从理念识别、行为识别和视觉识别三个维度，遵循民族化原则去设计企业形象。民族化的企业形象更加容易被人们识别和记忆。如图 6－5 所示，左侧图代表中国；中间图代表日本；右侧图代表美国。为什么这么容易识别这三张图片代表的形象，因为民族化特点鲜明。左侧图采用了代表中国元素的篆刻；中间图采用了代表日本元素的动漫；右侧图采用了代表美国元素的自由女神像。

图 6－5　中国、日本、美国民族化认知图（图片来源：网络）

社会化

企业形象设计的第三大原则是社会化。社会化指引导社会大众心理使其顺应时代潮流。设计企业形象时，遵循社会化原则便于受众接受、记忆，同时可降低传播成本。比如交通规则中“红灯停、绿灯行”这一社会化原则被打破，会让一个城市的交通一片混乱。比如我们都知道手机来电时，接通电话按绿色键，挂断电话按红色键。如果一款新手机把红色键设计为接通电话，绿色键设计为挂断电话，消费者可能会因为这个反常设计而吐槽、退货，最终影响公司的企业形象，甚至使公司倒闭。前文所述 Hi 设计师酒店的 Logo 选用了红、黄色为主色调的设计同样也是遵循社会化原则的体现。古代的客栈多在红色灯笼或者黄色灯笼上写上客栈名称，招牌上的字多为黄（金）色，因为红、黄色容易吸引客户的注意。如今，现代化酒店用灯光代替了灯笼，但色调一直传承了下来。比如 7 天酒店的外观设计（含 Logo）、如家酒店的内部设计都是以红、黄色为主色调。由此可见，遵循社会化原则对企业形象设计至关重要。

标准化

企业形象设计的第四大原则是标准化。标准化是指企业形象的简洁化、统一化、系列化、通用化和组合化。遵循标准化的原则使品牌便于识别、应用与传播。图 6-6 为中国联通公司 VI 标准组合设计。左图为中国联通 VI 的竖式组合，包含 Logo、中文和英文。右上图是中国联通 VI 的完整组合，包含 Logo、英文、中文、广告语。右下图是中国联通 VI 的横式组合，包含 Logo、英文和中文。

图 6-6　中国联通 VI 组合设计图（图片来源：网络）

6.3 企业形象识别系统

企业形象识别系统（corporate identity system，CIS），通常也称 CI。它是通过一系列形象设计，将企业的经营理念、行为规范和模式有序地传达给社会公众，并被社会公众认知、认同和内化的系统策略。CI 起源于第二次世界大战前伦敦地铁系统的设计，这是 CI 的萌芽；战后，美国的 IBM 率先导入 CI，CI 得到了发展；20 世纪 70 年代，马自达、松下、索尼等开始导入独具特色的 CI。

CIS 的构成要素

1. CIS 的三大要素

企业形象识别系统（CIS）由 MIS，BIS 和 VIS 三个要素构成。MIS（mind identity system）是企业的理念识别系统，通常也称 MI。理念识别系统包含企业的价值观、企业口号、企业使命、企业愿景、企业哲学等精神层面的要素。BIS（behavior identity system）是企业的行为识别系统，通常也称 BI。行为识别系统包含企业的整体行为、组织行为、员工行为等行为层面的要素。VIS（visual identity system）是企业的视觉识别系统，通常也称 VI。视觉识别系统包含企业的招牌、Logo、运输车辆、信封、纸杯等物质层面的要素。总体来讲，CIS 的三大要素中，理念识别是企业的心，行为识别是企业的手，视觉识别是企业的脸。

SIS（store identity system）是企业（品牌）连锁终端形象识别系统，通常也称 SI。SI 有时也被认为是 space identity 的简称，意为企业（品牌）空间识别。与一般企业在设计品牌时强调的 CI 不同，SI 是针对连锁加盟性质的企业而实施的店铺形象设计与管理系统，更重视从空间的角度进行形象设计和策划。

具有代表性的 CI 模式有两种：美国模式和日本模式。美国模式以 VI 模式为主。美国模式有两大特点：一是注重视觉识别标识的设计，强调视觉识别标识的统一性和标准化；二是强调制度化、规范化、系统化，方便管理和操作。日本模式以 MI 模式为主。日本在 20 世纪 70 年代创造性地发展出了独具特色的 CI 理论。比较有代表性的企业 CI 设计是朝日啤酒公司的形象重塑。日本模式有三大特点：第一，注重企业理念与企业文化的深层次修炼；第二，立足于企业的长期战略部署和长远利益；第三，实施人性化的管理方式，注重人际关系的和谐。

2. MI，BI 和 VI 之间的四大关系

企业形象识别系统的三要素 MI，BI 和 VI 之间表现出四大关系：整合性、层次性、关联性、独立性。如图 6－7 所示，理念识别、行为识别和视觉识别三要素之间第一大关系是整合性。整合性是指理念识别、行为识别和视觉识别通过三个维度的要素的相互作用，给受众留下整体、完整的企业形象。

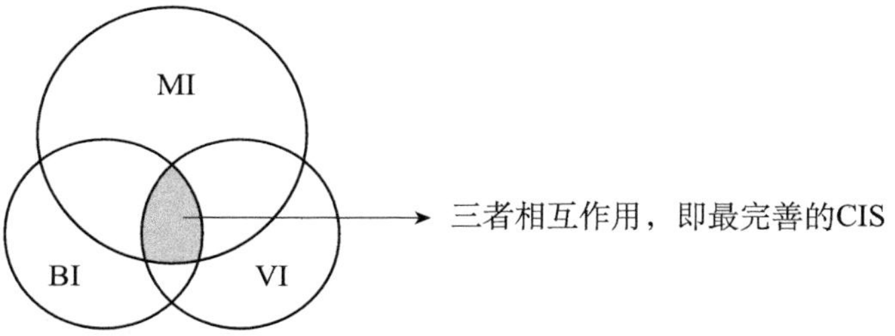

图 6－7　MI，BI 和 VI 之间的整合性

如图 6－8 所示，理念识别、行为识别和视觉识别三要素之间的第二大关系是层次性。层次性是指理念识别、行为识别和视觉识别分为不同的层次。理念识别居于最高层次，是精神层面的识别，展现企业的宏观方向；行为识别居于中间层次，是行为层面的识别，体现企业的具体动作；视觉识别居于最低层次，是物质层面的识别，体现企业物品的方方面面。

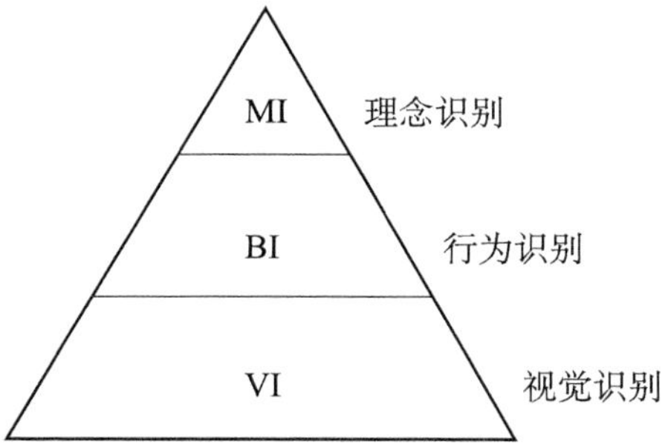

图 6－8　MI，BI 和 VI 之间的层次性

如图 6－9 所示，理念识别、行为识别和视觉识别三要素之间的第三大关系是关联性。关联性是指理念识别、行为识别和视觉识别是相互联系的整体，给受众留下同一化的形象。如图 6－9 所示，MI 到 VI 的过程是将企业的理念识别逐步视觉化的过程；从 VI 到 MI 的过程是将企业的视觉识别逐步理念化的过程；MI 是企业的自我认识，如企业使命是企业为什么而存在的自我认识，VI 则是其他人对企业的认识，这两者是逐步同一化的过程。

如图 6－10 所示，理念识别、行为识别和视觉识别三要素之间的第四大关系是独立性。独立性是指理念识别、行为识别和视觉识别相对独立，MI 主要是指企业

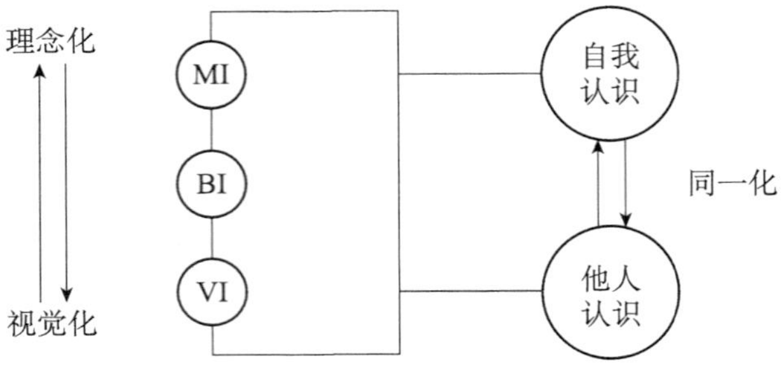

图 6-9　MI，BI 和 VI 之间的关联性

的战略层面，为企业员工指引方向，使企业员工达成理念共识；BI 主要是指企业的执行层面，规范、统一企业行为；VI 侧重企业策略层面，整合所有可视形象。

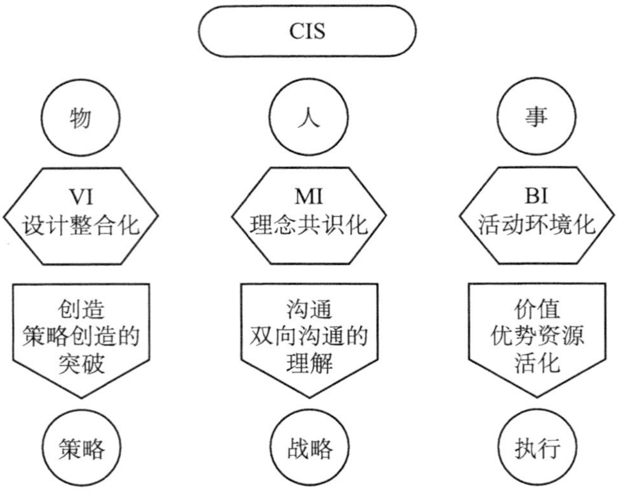

图 6-10　MI，BI 和 VI 之间的独立性

导入 CIS 的程序

科学的 CIS 可以通过科学的流程来设计。按照科学的 CIS 导入程序，可以使企业形象的导入事半功倍。

1. CI 设计的流程

CI 的设计分为 11 个步骤。如图 6-11 所示，第一步是 CI 计划确认，这是企业形象设计的总体规划阶段，需要和公司核心高管层确认 CI 总体规划和部署；第二步是组建机构，是指组建 CI 设计工作部门；第三步是形象测定，需要对企业的形象进行定位，设计初步的企业形象；第四步是形象总概念的确认，是在企业形象测定的基础上，进一步提炼和升华企业形象的总体概念；第五步是提炼企业理念，在企业形象总体概念确认的基础上提炼出企业的核心理念识别；第六步是视觉识别设计；第七步是行为识别设计；第八步是 CI 手册编辑；第九步是 CI 发布；第十步是对 CI

进行全面实施与管理；第十一步是 CI 信息反馈。

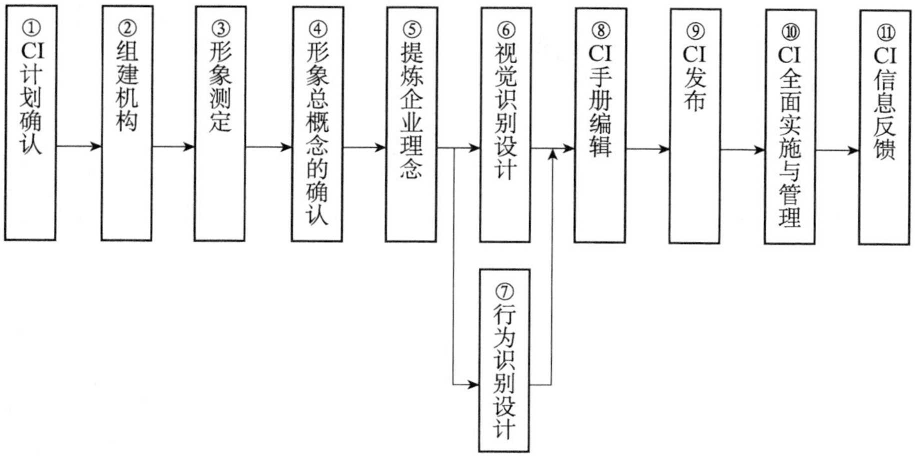

图 6 - 11　CI 设计流程

2. CI 导入的程序

CI 导入包含五个步骤。如图 6 - 12 所示，第一步是准备，由专门的 CI 委员会负责筹备；第二步是调查分析，运用 3C1M 模型调查企业内外部环境；第三步是企划，包括定位、创意和策划企业形象的整体概念，并以此为基础提炼企业的理念识别系统；第四步是设计，重点是视觉识别系统设计和行为识别系统设计；第五步是实施，主要是指 CI 计划的发布、执行、监管和反馈调整。

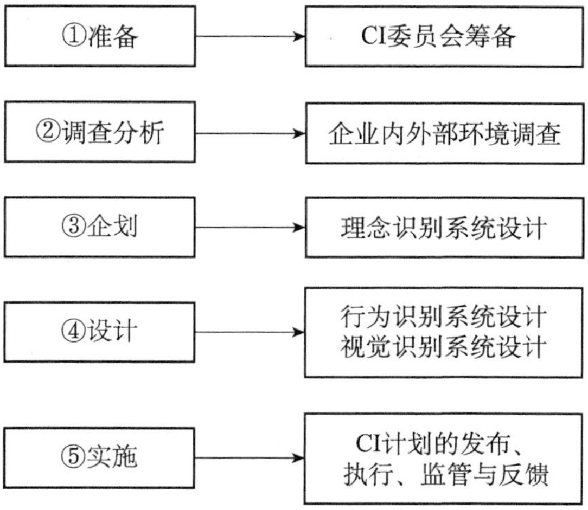

图 6 - 12　CI 导入的程序

CIS 策划的内容

CIS 策划的内容主要涉及 MI，BI 和 VI 三个方面。策划的角度和方法很多，没有放之四海皆准的原则和标准，笔者认为接触点理论是CIS策划内容的灵魂。理解和掌握了接触点理论就抓住了企业形象策划的核心，乃至企业形象管理的重点。接触点理论重点放到VI策划部分阐述。

1. MI策划

（1）MI策划的具体内容。MI的策划主要包括企业使命、企业愿景、企业价值观以及企业经营哲学。企业使命是对企业为什么而存在的根本思考，它确定了现在是什么、定位如何，将来做什么。企业使命是企业存在的意义，是企业核心经营理念的展开。企业使命包括企业的社会使命、经济使命、文化使命、生态使命、可持续发展使命等。企业使命可分为最高使命和最低使命（即现实使命）两个层次。比如微软的使命是：每个家庭的每台桌上都有一台电脑，且都使用微软的软件。

企业愿景描述将来某段时间内想要到达，并愿意为之付出超常努力以到达的地方。即企业想成为什么。比如柯达的企业愿景是在化学成像和电子影像方面成为世界一流企业。通常采用3C原则对企业愿景进行检验，即清楚（clearly）、简洁（concise）、引人入胜（compelling）。

企业价值观是企业的价值、信仰、心态系统中可资评价的若干侧面的总和，是客观事物及人的行为是否具有价值及价值大小的总看法。

企业经营哲学是企业处理经营与环境、经营与人、经营与物、经营与事，以及如何经营一个企业的根本观点和根本思维方式，是对企业全部行为的根本指导。

（2）MI的形成途径。MI的形成途径包括：管理者个人的价值观和道德观、企业的经验教训、企业外部环境的变化（富国强民、生态环保）、社会责任、企业性质、社会文化背景。

案　例

大道经纬的MI

成都大道经纬企业管理咨询有限公司（简称大道经纬）是中国西部具有影响力的创业服务公司，大道经纬存在的价值是让创业更容易。大道经纬旗下拥有大道财税和大道品牌两个子品牌，服务范围涵盖工商服务、财税服务、品牌设计和知识产权4大领域，包含50多项创业服务。目前已入驻一流创业服务平台6个，大道经纬已获得近10项资质及知识产权证书。

大道经纬是德国、法国、韩国等地客户的长期合作伙伴，服务客户包括58同城、言几又、阿里巴巴跨境电商平台客户、铂涛集团等3 000多家企业，涵盖互联网、软件科技、大数据、人工智能、商贸、农业、餐饮、酒店、汽车、金融、教育、旅游、心理咨询、管理咨询、工程、建材、家具等30多个行业。大道财税专注中小企业财务风控与合理节税，是四川省成都市高新区财政局批准的具备代理记账资质的专业服务机构，是首批加入成都市代理记账协会的会员单位。大道经纬专注于强势品牌的打造及保护，是国家知识产权局商标局备案机构，同时是四川省版权协会理事单位。大道经纬以为中小企业保驾护航为企业使命；以共赢、责任、感恩为经营理念；以主动、专业、高效为服务标准；致力于成为中国西部专业的全生命周期创业服务商。

（背景图片来源：网络）

2. BI 策划

企业形象识别系统中 BI 包含两部分：内部 BI 和外部 BI。内部 BI 包括员工管理、行为规范、教育培训、企业文化活动和工作氛围等。外部 BI 包括服务形象、广告活动、促销活动和公关活动等。

3. VI 策划

（1）VI 的基本要素。VI 的基本要素通常包含企业名称、企业标志、标准字体和标准颜色等。

①企业名称。企业名称包含企业的全称、简称、中文名称与英文名称等。

②企业、品牌标志。企业或品牌标志（Logo）就是企业或品牌的徽标（受法律保护的标志就是商标），起到对拥有徽标的公司加以识别和推广的作用，形象生动的 Logo 可以让消费者记住公司主体和品牌文化。它在企业形象传递的过程中应用最为广泛，出现次数最多，也是一个企业 CIS 战略中最重要的因素。企业将它所有的文化内容包括产品与服务、整体的实力等都融合在这个标志中，通过后期的不断努力与反复策划，给大众留下深刻的印象。企业标志所包含的内容如图 6－13 所示。

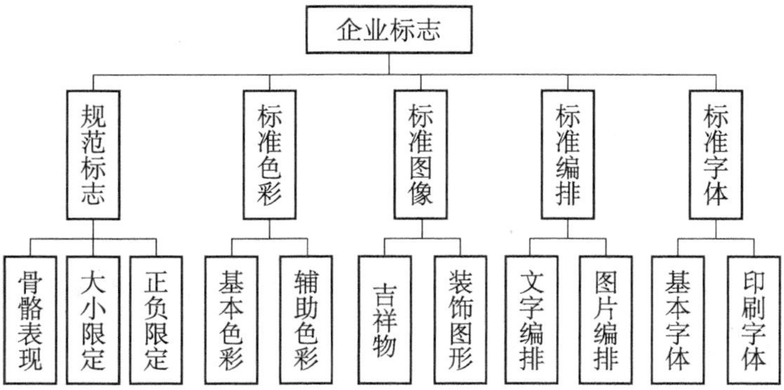

图 6－13　企业标志包含的内容

③标准字体。标准字体是指经过专业的设计以表现企业名称或品牌的字体。标准字体设计包括企业名称标准字和品牌标准字的设计。标准字体是企业形象识别系

统中的基本要素之一，应用广泛，常与标志联系在一起，具有明确的说明性，可直接将企业或品牌传达给观众，与视觉、听觉同步传递信息，可强化企业形象与品牌的诉求力，其设计与标志具有同等的重要性。

④标准颜色。常用的标准色模式有 CMYK 与 RGB 两种。CMYK 也称作印刷色彩模式。CMYK 代表印刷用的四种颜色，C 代表青色，M 代表洋红色，Y 代表黄色，K 代表黑色。在实际应用中，青色、洋红色和黄色很难叠加形成真正的黑色，最多是褐色，因此又引入了黑色。黑色的作用是强化暗调，加深暗部色彩。CMYK 模式有 4 个通道，C，M，Y，K 各一个。

RGB 色彩模式是工业界的一种颜色标准，通过红（R）、绿（G）、蓝（B）三个颜色通道的变化以及它们相互之间的叠加来得到各种颜色。RGB 几乎包括人类视力所能感知的所有颜色，是目前运用最广的颜色系统之一。

CMYK 和 RGB 两种模式最大的区别是：CMYK 是反光模式，RGB 是发光模式。CMYK 依靠光的反射来呈现颜色，常用于杂志、书籍等的印刷。RGB 通过屏幕发光直接呈现颜色，显示图像，因此它常用于屏幕。

案 例

大道经纬 VI 基本要素

（1）企业名称：成都大道经纬企业管理咨询有限公司

（2）中文品牌名称：大道经纬

（3）英文品牌名称：DADAO CONSULTING

（4）英文简称：DDC

（5）品牌广告语：让全世界创业者都拥有品牌

（6）大道经纬的 Logo

大道经纬的 Logo 由“大道”拼音首字母 D 演变的 OK 手势组成，内部空白圆形中有两条经线和两条纬线，代表地球。大道经纬的 Logo 有三层含义：

第一，象征客户价值，是企业经营的核心。大道经纬作为现代服务型咨询公司以客户至上为经营理念，表示大道经纬将尽最大努力满足客户需求，让客户满意，让客户的问题得到 OK 的答复。

第二，代表运用“道”的规律帮助创业企业持续成长，让创业更容易。所谓道生一、一生二、二生三、三生万物。三个手指和“道”的拼音首字母 D 都是“道”在图形上的体现。

第三，预示大道经纬服务全球的美好愿景。地球经纬线表明“道”是帮助创业者成功的关键；手心的地球表明为全世界的中小企业保驾护航的良好愿望。

（7）大道经纬的字体（见下图）

中文：

大道经纬

英文：

DADAO CONSULTING

（8）大道经纬标准色

大道经纬的标准色用 CMYK 模式表示为：

蓝色 C：78 M：10 Y：4 K：0

大道经纬的标准色用 RGB 模式表示为：

蓝色 R：0 G：151 B：208

（2）VI 的应用要素。VI 应用主要包括 7 大系统 15 项应用要素。如图 6－14 所示，7 大系统是包装系统、产品系统、办公系统、环境系统、广告系统、服饰系统和运输系统。应用要素主要包括运输包装、展示包装、销售包装，产品造型、各种符号，交流文本、业务文本，户外环境、室内标识，户外广告、印刷广告，各类服饰、各类标识，各类车辆、其他工具等。

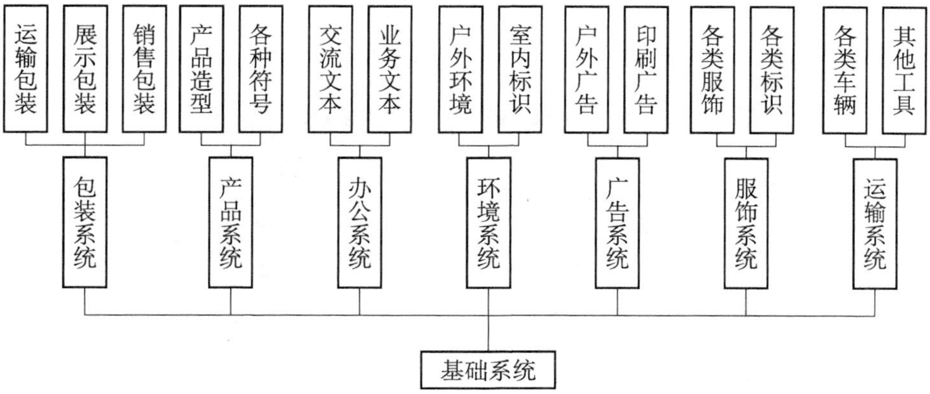

图 6－14 企业 VI 应用基础系统（图片来源：大道经纬）

如图 6－15 所示，根据企业的性质，VI 应用系统可分为商业性企业 VI 应用系统、工业性企业 VI 应用系统、事业性企业 VI 应用系统和社会性企业 VI 应用系统。商业性企业 VI 应用系统突出店铺/环境和售点广告等。工业性企业 VI 应用系统偏重产品、包装、户外环境和室内标识等。事业性企业 VI 应用系统突出纪念品、服装、标识等。社会性企业 VI 应用系统偏重宣传广告、办公用具等。

无论是哪种类型的企业，都须重视接触点的管理。接触点是指受众所能接触到的企业形象的方方面面。在进行企业形象策划时，根据企业性质的不同和企业形象策划目的的不同，只要把握住了关键接触点，做好关键接触点的形象策划、设计、传播和管理，很容易树立企业的良好形象，这是 VI 策划内容的精髓。

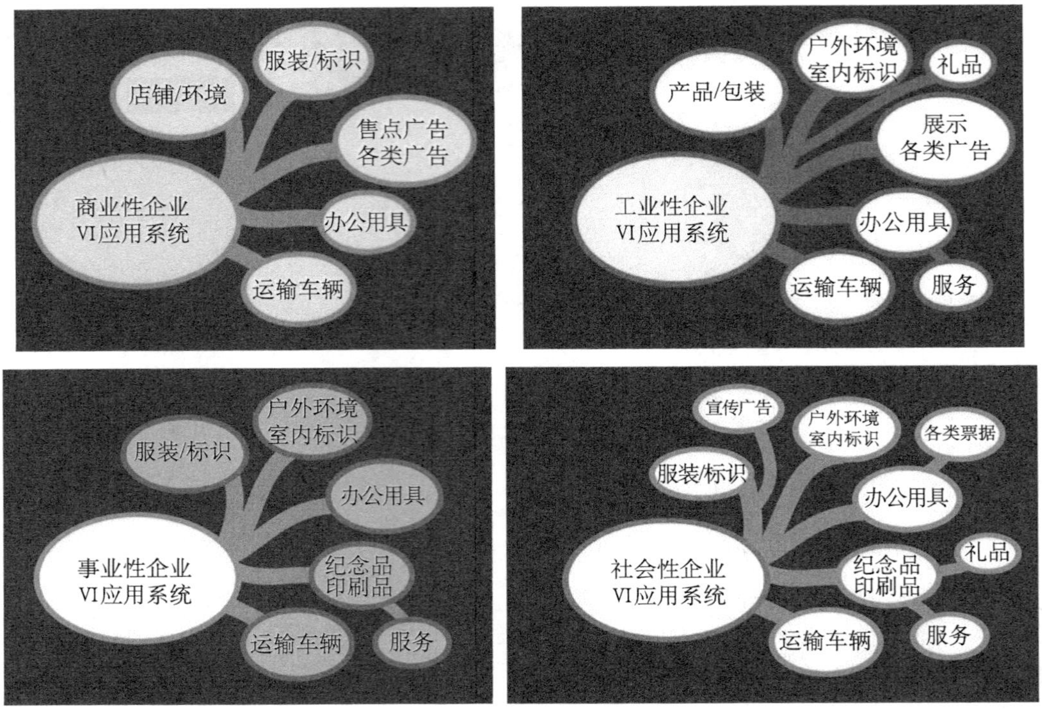

图 6-15　企业 VI 应用系统

如图 6-16 所示，企业 VI 的基础系统和应用系统组成了企业 VI 系统。

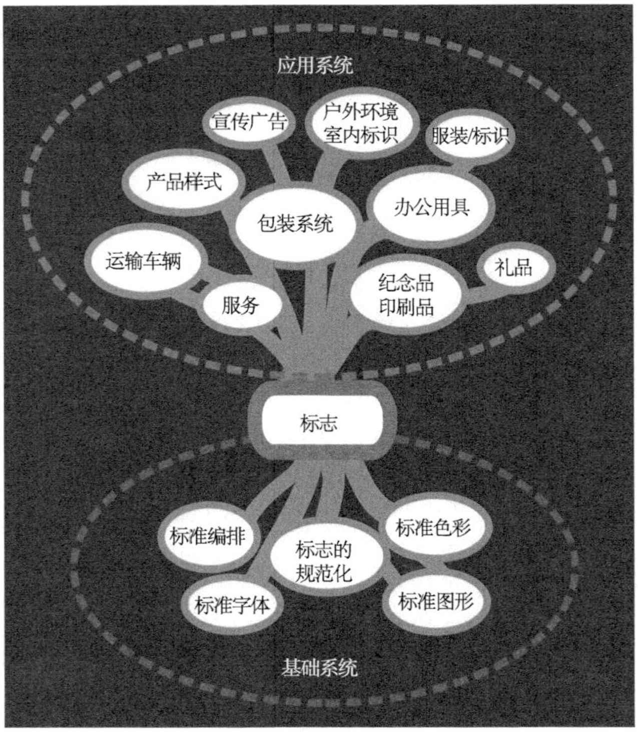

图 6-16　企业 VI 系统

案　例

大道经纬 VI 应用展示

以下图片均来自大道经纬。

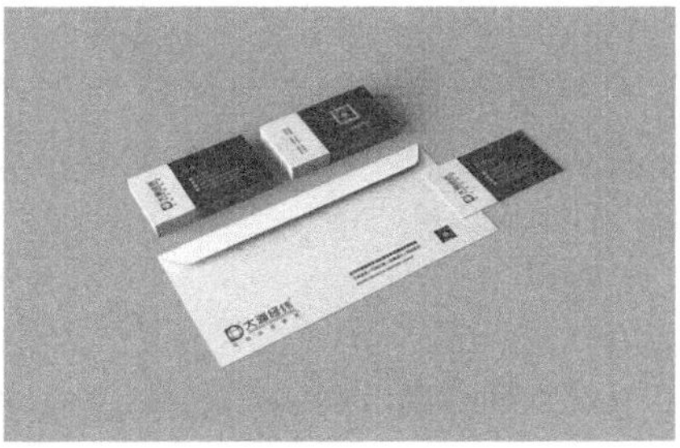

6.4　企业形象法律保护

企业形象的法律保护主要是指将企业形象识别系统中企业（品牌）的中文名称、英文名称、标志（Logo）、广告语、产品包装设计、企业歌曲等内容，进行商标、版权和专利的申请注册，使企业形象系统的知识产权得到法律保护。

商标注册申请

商标申请主要包括以下范围：商标检索，商标近似判断，商标注册申请，商标转让、变更、续展，商标许可合同备案，商标国际注册，商标复审，商标争议，商标撤销。本书重点阐述国内商标的注册申请。图 6－17 为商标注册证书示例。

第 19273415 号

商标注册证

大道经纬

核定使用商品/服务项目（国际分类：35；45）

第 35 类：广告设计；广告策划；广告；商业管理咨询；特许经营的商业管理；商业中介服务；市场营销；会计；商业审计；税务申报服务（截止）

第 45 类：知识产权咨询；版权管理；知识产权许可；为法律咨询目的监控知识产权；域名注册（法律服务）；计算机软件许可（法律服务）；法律文件准备服务；在线社交网络<见背面>

注 册 人 成都大道经纬企业管理咨询有限公司

注册人地址 四川省成都市高新区天府大道500号2幢34层2号

注册日期 2017年04月21日 有效期至 2027年04月20日

局 长 刘俊臣 发证机关 商标局

图 6－17 大道经纬商标证书

（图片来源：大道经纬）

1. 商标申请的主体

《中华人民共和国商标法》（以下简称《商标法》）第 4 条规定：自然人、法人或者其他组织在生产经营活动中，对其商品或者服务需要取得商标专用权的，应当向商标局申请商标注册。《商标法》规定，自然人在我国可以申请注册商标，而不必具有从事生产经营的资格。申请注册商标的法人组织主要包括：企业法人、机关法人、事业单位法人、社会团体法人等。其他组织是指不具备法人资格，但合法成立，具有一定组织机构和财产的组织。具体包括：私营独资企业、合伙组织、合伙型联营企业、中外合作经营企业、社会团体、依法设立并领取营业执照的法人的分支机构等。《商标法》第 5 条规定：共同申请人是指两个以上的自然人、法人或者其他组织，其可以共同向商标局申请注册同一商标，共同享有和行使该商标专有权。根据《商标法》第 17 条和第 18 条的规定，外国人或者外国企业在中国申请商标注册的，应当按照其所属国和中华人民共和国签订的协议或者共同参加的国际条约办理，或者按照对等原则办理；外国人或者外国企业在中国申请商标注册和办理其他商标事宜的，应当委托依法设立的商标代理机构办理。

2. 商标申请的原则

根据我国法律规定，申请人主动申请，经商标注册机关审查后才能取得商标权并受法律保护。未注册的商标可以使用，但使用者对其不享有专用权。因此，商标权的取得不同于著作权的自动产生。在我国申请商标，应了解申请的基本原则。

（1）申请在先原则。申请在先原则是指以申请日期为依据，受理在先申请人的商标注册申请，驳回在后申请人的申请。《商标法》第 31 条规定：两个或者两个以上的商标注册申请人，在同一种商品或者类似商品上，以相同或者近似的商标申请注册的，初步审定并公告申请在先的商标；同一天申请的，初步审定并公告使用在先的商标，驳回其他人的申请，不予公告。由此可知，我国商标申请采用的是申请在先原则，同时以使用在先原则为补充。

（2）自愿注册原则。自愿注册原则是指商标使用人根据需要自行决定是否申请商标注册。我国商标法规定，只有注册后的商标才受法律保护，享有商标专用权。未注册的商标不得与他人的注册商标相冲突。

在实行商标自愿注册的同时，《商标法》第6条规定：法律、行政法规规定必须使用注册商标的商品，必须申请商标注册，未经核准注册的，不得在市场销售。

（3）显著性原则。商标的显著性是一个相对的概念，它并不是标志本身固有的特性，而是和标识本身、使用该标识的商品或服务以及消费者的感知都相关的一个概念。因此，在判定一个标识是否具有显著性的时候，必须将其标识构成、独创性、指定使用的商品或服务等因素在个案中综合考虑。第一，考虑商标本身的构成要素是否具有可识别性；第二，考虑商标标识的独创性；第三，要和具体指定使用的商品及服务相结合。

根据商标显著性的强弱，可以把商标标识分为三类：一是有固有显著性的标识，如臆造词汇，如“海尔”；二是缺乏固有显著性的标识，如通用名称或描述性标志，如“U盘”；三是通过使用获得显著性的标识，如“两面针”。

从商标申请注册需要遵循的原则来看，先注册就先拥有相应的商标权利。因此，企业在形象策划设计出来后，应尽早获得法律保护，以免被人恶意抢先注册，带来不必要的麻烦和损失。

3. 商标注册的条件

根据《商标法》的规定，申请注册的商标必须具备以下条件才能获得核准。

（1）符合法定的构成要素。《商标法》第8条对商标的构成要素做出了明确的规定，我国商标的法定构成要素包括：文字、图形、字母、数字、三维标志、颜色组合和声音等。

（2）具有显著性。商标应具有独特性，商标的构成要素应立意新颖、独具风格，使消费者容易识别。

（3）不得和他人的在先权相冲突或恶意抢注。我国商标法要求申请商标注册不得损害他人现有的在先权利，也不得以不正当手段抢先注册他人已经使用并有一定影响的商标。

（4）不得使用和注册法律禁止的标志。各国立法大多规定，特定的官方和国际组织的标志、民族歧视性的标志、对商品质量和产地容易产生误认的标志、缺乏显著性的标志以及带有功能性的形状，不得作为商标使用和申请注册。我国商标法对相关内容做出了明确规定。

4. 不得作为商标使用的情形

根据《商标法》第10条，下列标志不得作为商标使用：

①同中华人民共和国的国家名称、国旗、国徽、国歌、军旗、军徽、军歌、勋章等相同或者近似的，以及同中央国家机关的名称、标志、所在地特定地点的名称或者标志性建筑的名称、图形相同的。

②同外国的国家名称、国旗、国徽、军旗等相同或者近似的，但经过该国政府同意的除外。

③同政府间国际组织的名称、旗帜、徽记等相同或者近似的，但经该组织同意或者不易误导公众的除外。

④与表明实施控制、予以保证的官方标志、检验印记相同或者相近的，但经授权的除外。

⑤同“红十字”“红新月”的名称、标志相同或者近似的。

⑥带有民族歧视性的。

⑦带有欺骗性，容易使公众对商品的质量等特点或产地产生误认的。

⑧有害于社会主义道德风尚或者有其他不良影响的。

县级以上行政区划的地名或者公众知晓的外国地名不得作为商标。但是，地名具有其他含义或者作为集体商标、证明商标组成部分的除外；已经注册的使用地名的商标继续有效。

5. 不得作为商标注册的情形

《商标法》第 11 条规定，下列标志不得作为商标注册：

①仅有本商品的通用名称、图形、型号的。

②仅直接表明商品的质量、主要原料、功能、用途、重量、数量及其他特点的。

③其他缺乏显著特征的。

前款所列标志经过使用取得显著特征，并便于识别的，可以作为商标注册。

6. 商标注册流程

如图 6－18 所示，商标注册流程包含八个步骤：查询商标、递交注册申请、形式受理、形式审查、下发受理通知书、实质审查、初审公告、下发证书。商标办理周期为 18 个月左右，有效期为 10 年，可续展。

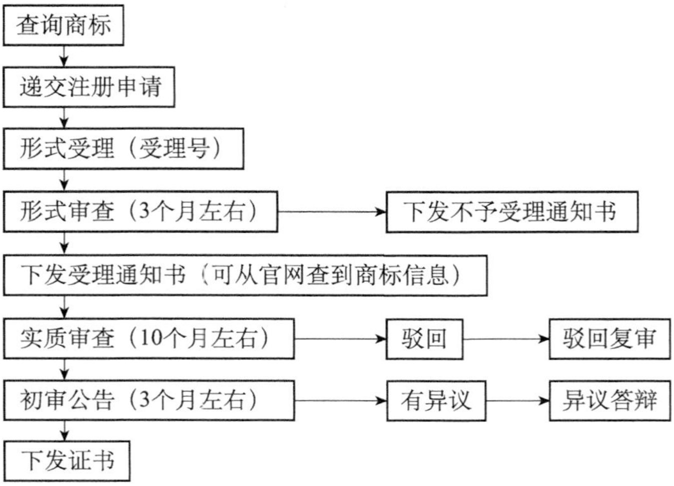

图 6－18　商标注册流程

7. 商标权续展

商标权的续展是指注册商标所有人为了在注册商标有效期满后继续享有注册商标专用权，按规定申请并经批准延续其注册商标有效期的一种制度。注册商标有效期满需要继续使用的，商标注册人应当在期满前 12 个月内按照规定办理续展手续；在此期间未能办理的，可以给予 6 个月的宽限期。每次续展的有效期为 10 年，自该商标上一届有效期满次日起计算。期满未办理续展手续的，注销其注册商标。

著作权保护

著作权（版权）是指文学、艺术和科学作品的创作者对其所创作的作品享有的权利，分为著作人身权与著作财产权。《中华人民共和国著作权法》（以下简称《著作权法》）所调整和保护的对象是著作权及与著作权有关的权利，如著作权人的人身权和财产权。著作权只保护表达形式，不保护思想，即对同样的思想和情感，人们都有权以自己的方式加以表现和利用。

著作权登记分为作品著作权登记和计算机软件著作权登记。

1. 作品著作权登记

著作权的客体为作品。作品是指文学、艺术和科学领域内具有独创性并能以某种形式复制的智力创作成果。作品的法律特征或者必备条件包括：独创性、可复制性和合法性。独创性是指作品必须是作者独立完成的创造性成果。可复制性是指作品能够以一定的物质形式表现或固定下来，供他人利用。不能申请著作权登记的作品有：依法禁止出版、传播的作品；法律、法规、国家机关的决议、决定、命令和其他具有立法、行政、司法性质的文件，及其官方正式译文；时事新闻；历法、通用数表、通用表格和公式。图 6－19 为美术作品登记证书示例。

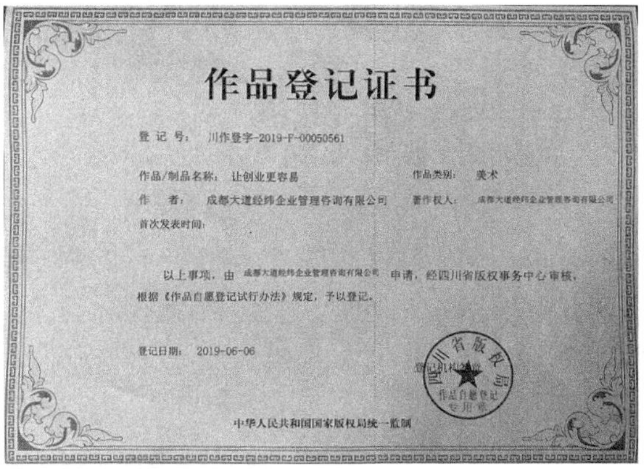
作品登记证书

登记号：川作登字-2019-F-00050561

作品/制品名称：让创业更容易　　作品类别：美术

作　　者：成都大道经纬企业管理咨询有限公司　　著作权人：成都大道经纬企业管理咨询有限公司

首次发表时间：

以上事项，由成都大道经纬企业管理咨询有限公司申请，经四川省版权事务中心审核，根据《作品自愿登记试行办法》规定，予以登记。

登记日期：2019-06-06

中华人民共和国国家版权局统一监制

图 6－19　大道经纬“让创业更容易”广告语美术作品登记证书

可以申请著作权登记的作品有：文字作品，是指小说、诗词、散文、论文等以文字形式表现的作品；口述作品，是指即兴的演说、授课、法庭辩论等以口头语言形式表现的作品；音乐作品，是指歌曲、交响乐等能够演唱或者演奏的带词或者不带词的作品；戏剧作品，是指话剧、歌剧、地方戏等供舞台演出的作品；曲艺作品，是指相声、快书、大鼓、评书等以说唱为主要表演形式的作品；舞蹈作品，是指通过连续的动作、姿势、表情等表现思想情感的作品；杂技艺术作品，是指杂技、魔术、马戏等通过形体动作和技巧表现的作品；美术作品，是指绘画、书法、雕塑等以线条、色彩或者其他方式构成的有审美意义的平面或者立体的造型艺术作品；建筑作品，是指以建筑物或者构筑物形式表现的有审美意义的作品；摄影作品，是指借助器械在感光材料或者其他介质上记录客观物体形象的艺术作品；电影作品和以类似摄制电影的方法创作的作品，是指摄制在一定介质上，由一系列有伴音或者无伴音的画面组成，并且借助适当装置放映或者以其他方式传播的作品；图形作品，是指为施工、生产绘制的工程设计图、产品设计图，以及反映地理现象、说明事物原理或者结构的地图、示意图等作品；模型作品，是指为展示、试验或者观测等用途，根据物体的形状和结构，按照一定比例制成的立体作品。图 6－20 为 Logo 美术作品登记证书示例。

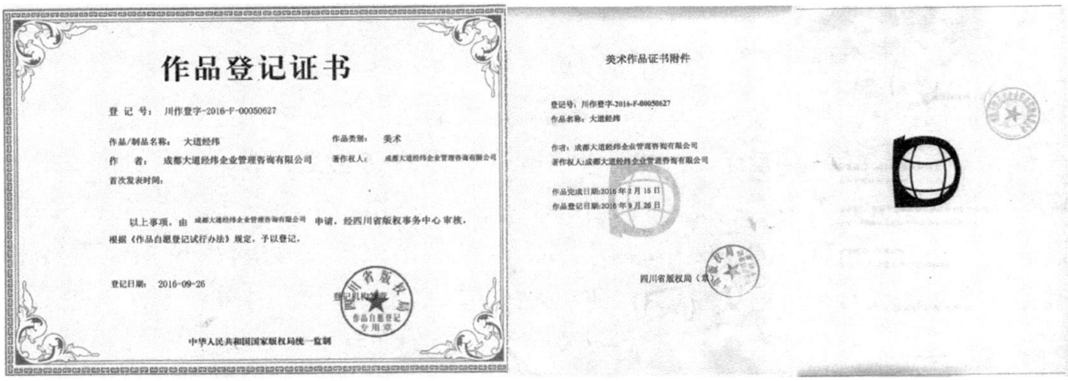

图 6－20　大道经纬 Logo 美术作品登记证书

作品著作权的保护期限如下：

公民的个人作品，其发表权和各项经济权利的保护期为作者的终生及其死亡后的 50 年。

法人或其他组织的作品，其发表权和各项经济权利的保护期为作品首次发表后的 50 年；自创作完成后 50 年内未发表的，上述权利不再受保护。

人身权中的保护作品完整权、署名权、修改权是不受时间限制的。

2. 计算机软件著作权登记

计算机软件是指计算机程序及相关文档。计算机程序是指能够实现一定功能的代码化指令序列或者符号化语句序列。文档指用来描述程序的内容、组成、设计、功能规格、开发情况、测试结果及使用方法的文字资料和图表，如程序设计说明书、流程图、用户手册等。

案例分析

志诚商标

成都市志诚商标代理有限公司是经四川省成都市工商行政管理局批准成立，经国家商标局、专利局备案的综合性知识产权服务机构。公司秉承“志向、诚信、热爱、信赖、责任”的企业经营理念，以“查询、审查、注册、监测、维护、维权”为行业服务标准，以“主动、高效、专业、服务感动客户”为行业服务要求。经过多年发展，公司拥有多名实践经验丰富、专业功底深厚且综合素质高的专业律师、代理人、工商服务人员；凭借卓越的专业化服务和现代化管理，立足于西部，服务全国市场。公司的业务范围涉及商标代理、专利代理、著作权代理、品牌设计、著名商标认定咨询、驰名商标认定咨询、高新企业认定咨询、质量体系认证咨询、境外知识产权业务、知识产权咨询诉讼等领域。

志诚商标的标志设计说明：以公司的企业文化，即志向、诚信、热爱、信赖、责任为主题思想，其核心是志向诚信。在中国文化中，常以一言九鼎来比喻一个人的诚信，“鼎”被视为立国重器，是国家和权力的象征。直到现在，中国人仍然有一种鼎崇拜的意识，“鼎”字也被赋予“显赫”“尊贵”“盛大”等引申意义，因此志诚商标的标志以“鼎”的造型结合志诚的拼音首字母 Z 和 C 构成，既烘托了企业的至诚至信，又体现了企业的雄厚实力与蓬勃发展。

案例思考

1. 志诚商标的 Logo 设计体现了哪些企业形象设计原则？
2. 志诚商标的 MI 是什么？
3. 志诚商标的 VI 基本要素包含哪些内容？
4. 志诚商标的 Logo 组合中有哪些法律保护措施？

实用工具

本章提供的实用工具：

1. 站酷网（便于读者随时随地了解原创设计作品，掌握企业形象设计的趋势）

2. 国家知识产权局商标分局商标查询官网，http://sbj.saic.gov.cn（便于读者查询企业形象有关知识产权的保护情况）

3. 企业形象设计客户背景资料调查工具（读者可直接利用此工具调查企业形象设计的背景，为正式的企业形象设计提供帮助，下面的示例来自大道经纬）

成都大道经纬企业管理咨询有限公司
T:86-186-2828-2308　　CDDDJW.COM
成都市高新区天府大道500号东方希望天祥广场c座34层3402号
Chengdu Dadao Jingwei Business Management Consulting Co., Ltd

CONSULTING
DADAO大道经纬

PART1　企业形象设计背景资料调查

1.公司全称：

2.品牌中文：

3.品牌英文：

4.品牌定位：

5.广告语：

6.品牌情况描述

（1）主营产品/服务：

（2）产品价格：

（3）销售/推广渠道：

（4）销售区域：

（5）目标人群：

（6）竞争对手/成功标杆：

（7）希望LOGO的颜色：

（8）请用3-5关键词描述这个品牌

（9）其他要求：

成为西部专业的全生命周期创业服务商
工商服务 / 代理记账 / 品牌设计 / 商标版权
大道财税 | 大道品牌 | 知互联知识产权 | 知行智库
Dadao Finance & Taxation | Brand

Pages 1 / 1

复习思考

1. 企业形象在竞争中的作用有哪些？
2. 企业形象设计的原则有哪些？
3. 企业形象设计要素有哪些？
4. 如何认识MI，BI与VI的关系？
5. 如何进行企业形象设计？
6. 企业形象法律保护的基本内容有哪些？

7. 如何有效保护企业的形象?

8. 简要介绍并评价中国移动的 MI 和 VI 体系。

9. 收集一个你认为形象极佳的企业的资料并进行评价。

章节测试

章节测试答案

参考资料和推荐资源

[1] 曾国安．形象至上：企业 CIS 战略漫谈．武汉：湖北人民出版社，1996.

[2] 刘光明．企业形象导入．2 版．北京：经济管理出版社，2003.

[3] 加德纳，荷尔曼．logo lounge 7：2 000 个由国际顶尖设计师倾情打造的品牌形象标识．南昌：江西美术出版社，2014.

[4] 大卫·艾雷．超越 Logo 设计：国际顶级平面设计师的成功法则：第 2 版．北京：人民邮电出版社，2015.

[5] 李锦魁．1 营销：让品牌成为消费者第一选择．北京：经济管理出版社，2015.

[6] 叶万春，万后芬．企业形象策划：CIS 导入．大连：东北财经大学出版社，2011.

[7] 李怀斌，李响．企业形象策划．大连：东北财经大学出版社，2012.

[8] 周朝霞．企业形象策划实务．北京：机械工业出版社，2010.

[9] 李森．企业形象策划．北京：清华大学出版社．2016.

[10] 周小儒．企业形象设计．北京：化学工业出版社，2010.

[11] 马翔．商标业务指南．北京：中国法制出版社，2007.

[12]《中华人民共和国商标法》.

[13] 郎胜．中华人民共和国广告法释义．北京：法律出版社，2015.

第7章 营销传播策划

学习目标

1. 知识学习

(1) 掌握营销传播与整合营销传播的基本定义和理念

(2) 掌握营销策划传播的重要环节

(3) 掌握目标受众识别、开发和分析的相关理论

(4) 掌握媒体和接触点的基本理论

(5) 掌握广告、公共关系、销售促进、事件营销的基本概念

(6) 掌握人员销售、直销和互动营销、口碑营销的基本概念

2. 能力训练

(1) 培养营销传播策划的基本能力

(2) 掌握营销传播受众开发和分析的方法

(3) 掌握营销传播内容策划的方法和工具

(4) 掌握营销传播媒体和接触点策划的方法和策略

(5) 掌握广告、公共关系、销售促进、事件营销策划的基本技巧

(6) 掌握人员销售、直销和互动营销、口碑营销策划的基本技巧

3. 素质养成

(1) 培养整合营销传播思维

(2) 培养营销创新的意识

(3) 提升互联网背景下营销策划人员的视野和格局

章节概要

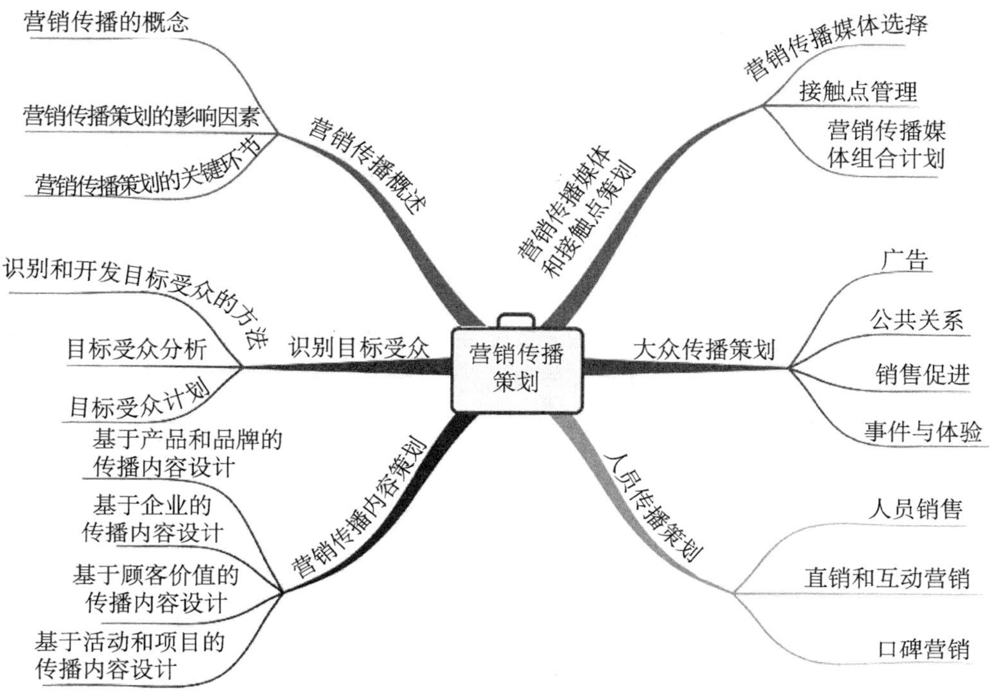

慕课资源

1. 学习视频

2. 学习课件

翻转任务

1. 个人：提前观看慕课视频，回答课后复习思考题，准备课堂提问。

2. 团队：围绕一个具体的营销传播项目，完成营销策划的主要框架，并在课堂上展示。

导入案例

格力的终端体验创新行动计划

站在新兴格力的立场，从宏观环境、微观环境、终端消费者、B端经销商等多个维度进行立体分析，围绕“体验+”的核心理念，为其打造“234”终端体验创新行动计划，即两种体验途径、三大体验形式、四项体验流程。

1. 两种体验途径

(1) 新技术体验另辟体验营销新途径。基于VR技术为智睿中央空调提供线下体验，能够有效提升客户参与感、沉浸感。3D智能样板间、720度全景体验、实景商品展示、极度渲染、互动桌面、室内定位系统可以引流人群，使顾客留店时间更长，转化率也更高。基于AR技术的增强现实能够为客户进行产品组合方案的现场设计，做到所见即所得。

(2) 交互式体验扩大顾客接触面。情景交互体验能够极大增强客户的沉浸式体验，让消费者感受到品牌的个性特点，同时更加生活化、网络化，拉近和消费者的距离，持续产生有吸引力的内容，进一步扩大品牌影响力，提升用户黏性和活跃度，同时促进客户数据洞察与应用。

2. 三大体验形式

(1) 综合展示平台。该平台在三种体验形式中占地规模最大，可比照宜家购物体验中心的规模，选址成都郊区的空旷地带。这样考虑有三个原因：一是平台占地面积较大，只有郊区地块能够满足要求；二是郊区租金较低，能够节省费用；三是能够方便客户购物泊车。综合展示平台有利于吸引客户，广泛接触客户，提供全面的产品和服务体验。

(2) 终端接触店。其占地规模小于综合展示平台，大于合作体验网点，可参照一般线下体验门店，面积在150～200平方米，选址市中心或其他大型商圈。此类地段人流量大，终端接触店不仅能够起到很好的企业形象展示作用，还能够在潜移默化中给客户传递值得信赖的品牌观念。

(3) 合作体验网点。这是三种体验形式中占地空间最小也最灵活的。诸如家装市场、建材市场等在产品类型和数量展示上不占优势，创新性地引进VR技术能够很好地解决这一问题，还能带给客户新技术体验的科技感和新鲜感。

3. 四项体验流程

(1) 多面引流，增加客流量。针对中央空调潜在客户可以使用多种引流手段，例如口碑引流、目录引流和科技技术引流等，聚集顾客流量。

(2) 优化展示，提升品牌形象。通过企业硬实力和软实力的展示、企业文化展示、项目展示、成功案例展示等提升品牌的形象。

(3) 信息整合，精准转化客户。通过客户资料留取、客户行为分析、销售和服务知识库的建立，准确把握客户需求，精准转化客户。

（4）分析数据，预测市场趋势。根据格力体验店所获得的客户数据，将客户的意向进行分类和系统分析，帮助格力优先占领未来市场，并且根据市场需求调整研发、生产计划，从而达到整合营销的目的。

资料来源：第二届四川省大学生营销策划大赛优秀方案，有修改；作者：敬熙、饶玲瑜、王诗琴、彭瑞、漆敏，指导老师：左仁淑.

7.1 营销传播概述

市场营销的核心过程是创造价值、传播价值和传递价值，营销传播在市场营销活动中起着非常重要的作用，是市场营销不可分割的环节。随着社会变革和技术进步，营销传播成为市场营销理论和实践创新的重要领域，这也是营销策划的重点内容。

营销传播的概念

1. 营销传播的含义

特伦斯·辛普认为，营销传播是在一个品牌的营销组合中，通过与特定品牌的客户或者用户建立共识而达成价值交换的所有要素的总和。菲利普·科特勒认为，营销传播是公司试图用来直接或间接向消费者告知、说服和提醒关于其销售的产品和品牌的相关信息的方法。一般认为，营销传播的实质是信息沟通，即让消费者了解企业的产品和品牌（告知功能），劝说和提醒消费者购买这些产品和品牌（说服功能），建立并维护顾客关系，树立和提升品牌形象（影响功能）。

2. 传统营销传播面临的挑战

营销传播已经有较为成熟的理论体系和实践，但随着社会的发展，传统的营销传播面临众多的挑战，也出现了很多问题。

（1）信息爆炸。海量信息令人目不暇接，绝大多数信息被受众遗忘和过滤。

（2）媒体变革。渠道、媒体和接触点多元化，企业无所适从。

（3）传播竞争。企业、媒体乃至个人均可成为传播的主体，传播的效率大大降低。

（4）信任危机。由于自媒体的出现，信息传播的内容更加丰富，但传播的公信力下降，信息干扰更大，信息真伪难辨。

（5）受众素质提升。受众的素质越来越高，更重视个性化，鉴别能力更强，话语权更大，为企业营销传播增加了难度。

（6）难以控制。面对的受众越来越复杂，传播渠道越来越多，企业的传播计划和管理过程更加难以控制。

在营销传播不断发展的背景下，传统营销传播的缺点逐渐暴露出来，例如传播目标单一、直线沟通、单向维度、参与度低、信息单纯、渠道有限、持续性差等。为了克服传统营销传播的不足，企业转向整合营销传播（integrated marketing communications，IMC）。

3. 整合营销传播

整合营销传播一词起源于 20 世纪 80 年代的美国，至今学者们对其概念和原则的看法不一致。美国广告代理商协会给出的定义是：整合营销传播是一个具有增加价值的全面的营销沟通计划，这个计划可以通过普通广告、直接反应、促销和公共关系等方式进行评价和组合，并通过严密的信息整合产生清晰、一致和最大化的影响。诺尔瓦和菲尔普斯强调三个要点：一种声音的营销传播（one voice marketing）、整合的营销传播（integrated marketing）、协同作战的营销传播（coordinated marketing）。汤姆·邓肯提出，整合营销传播是一个为了创建和培养有效益的品牌与客户间的关系、品牌与其他股东之间的关系而进行的控制和影响各种信息以及促进有目的沟通的战略性操作过程。比较经典的是唐·舒尔茨、海蒂·舒尔茨的定义：整合营销传播是品牌与消费者、客户、潜在客户、其他目标客户以及相关的外部和内部受众来共同完成的一个过程，这个过程用来计划、发展、执行和评估那些可协调、可测量、可劝服的品牌传播。本书从营销实践的角度，综合各个专家的观点，对整合营销传播的内涵总结如下：以顾客为导向，以建立长期稳定的顾客关系为目的，整合各类传播信息与各类传播渠道，综合运用传播策略，制定并执行协调、持续、一致的传播计划的营销战略管理过程。与传统营销传播相比，整合营销传播具有清晰明确、连贯持续、高效精准、统一一致、双向互动的特点。

营销传播策划的影响因素

在营销传播策划中，要充分考虑营销传播的影响因素，有针对性地制定营销传播策划方案。主要的影响因素有：

（1）传播目标。传播的目标是告知提醒、增加销量、树立形象，还是应对竞争？传播目标不同，传播内容、传播媒体和策略组合也就不同。

（2）市场条件。进行营销传播策划要充分考虑市场条件，包括目标市场的特点与大小、不同的市场类型以及政治法律条件、传播技术与媒体技术的应用、行业发展的特点等。

（3）产品特性。工业品和消费品的营销传播策略是有显著区别的，数码产品和传统产品的传播形式也不一样，日用品和奢侈品也需要考虑产品用途和属性的不同。此外，处于不同生命周期的产品，传播策略也会不同。例如，导入期、成长期以广告为主，衰退期以销售促进为主。

（4）竞争对手。传播策略的制定要充分考虑竞争对手的营销传播现状，包括传播目标、传播策略等。

（5）传播预算。传播预算的多少影响传播组合的选择和运用。费用较高时，则运用充分；费用较低时，则运用不充分。

营销传播策划的关键环节

营销传播策划需要注意很多关键环节，遵循一定的步骤会大大提升营销传播的效率，我们分别介绍 5W 传播模式、创造企业价值的五大关键步骤和开发有效传播的八个步骤。

1. 5W 传播模式

哈罗德·拉斯韦尔在《社会传播的结构与功能》中提出了传播过程及五个基本构成要素：谁（who）？说什么（what）？对谁（whom）说？通过什么渠道（which channel）？取得什么效果（what effect）？这就是著名的拉斯韦尔 5W 传播模式，这个模式简明清晰，是传播模式的经典。很多学者对此进行过修订、补充和发展，大都保留了它的本质特点。这一模式还为传播学研究的五大基本内容奠定了基础：控制分析、内容分析、媒介分析、受众分析以及效果分析。这五种分析涵盖了传播研究的主要领域（见图 7－1）。

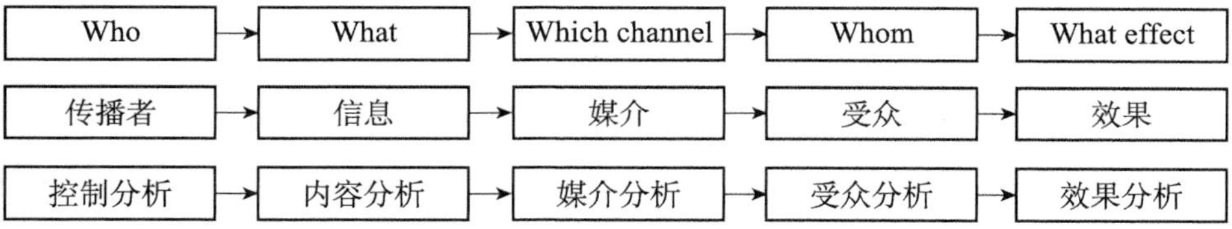

图 7－1　拉斯韦尔 5W 传播模式

2. 创造企业价值的五大关键步骤

唐·舒尔茨博士在《整合营销传播：创造企业价值的五大关键步骤》中提出了五大关键步骤，分别为明确现有顾客和潜在顾客、评估现有顾客和潜在顾客的价值、生成并传播信息和激励计划、评估顾客投资回报、事后分析和未来规划（见图 7－2）。

3. 开发有效传播的八个步骤

菲利普·科特勒在《营销管理》一书中提出了开发有效传播的八个步骤，分别为识别目标受众、确定传播目标、设计传播信息、选择传播渠道、编制传播预算、传播组合决策、衡量传播效果、管理整合营销传播过程（见图 7－3）。

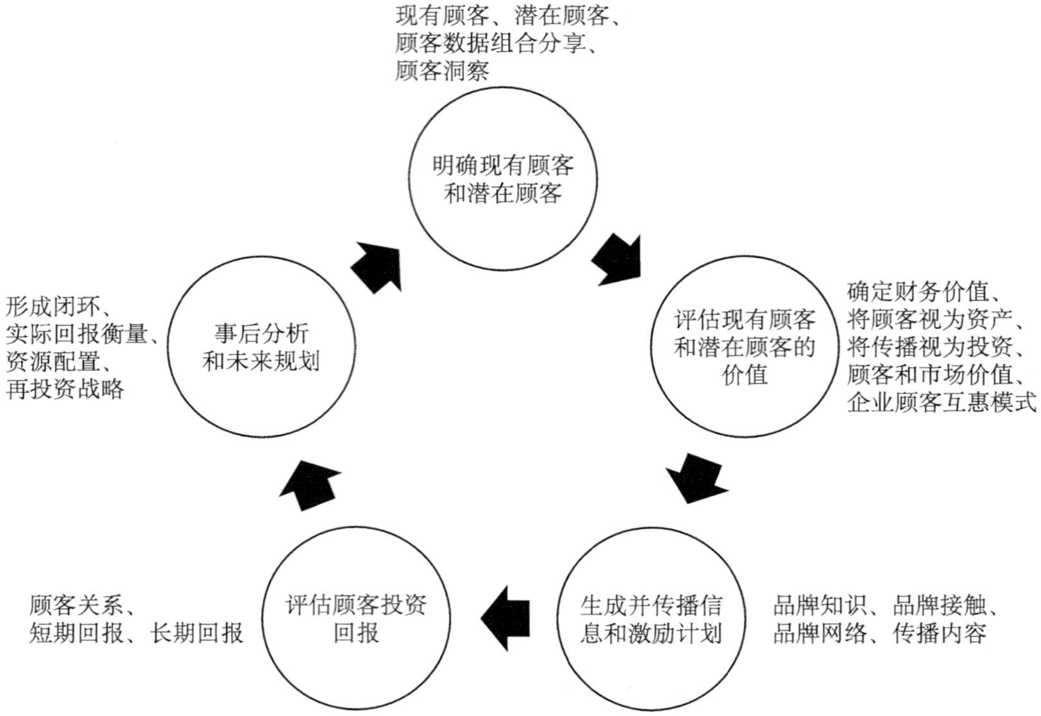

图 7-2　创造企业价值的五大关键步骤

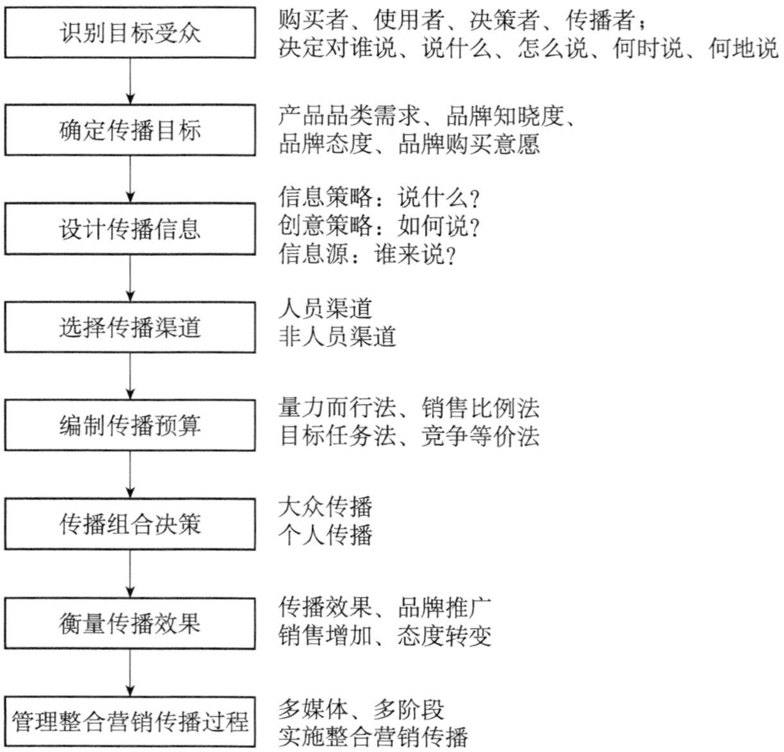

图 7-3　开发有效传播的八个步骤

7.2 识别目标受众

识别和开发目标受众的方法

识别和界定现有顾客和潜在顾客是营销传播的起点，也是制定传播计划的基础，只有充分了解、充分开发顾客，才能够有的放矢地制定和实施营销计划。有专家认为，识别目标受众不仅是营销传播的问题，也是企业开发市场进行顾客创新的过程。传统的目标市场战略包括市场细分、目标市场选择和市场定位，其中，市场细分是目标市场战略的有效基础，也是企业定义和选择目标市场的主要方法。结合互联网和信息技术的发展，本书增加了资源聚集法、行为集中法和顾客驱动法等方法以开创和拓展顾客资源（见图 7－4）。

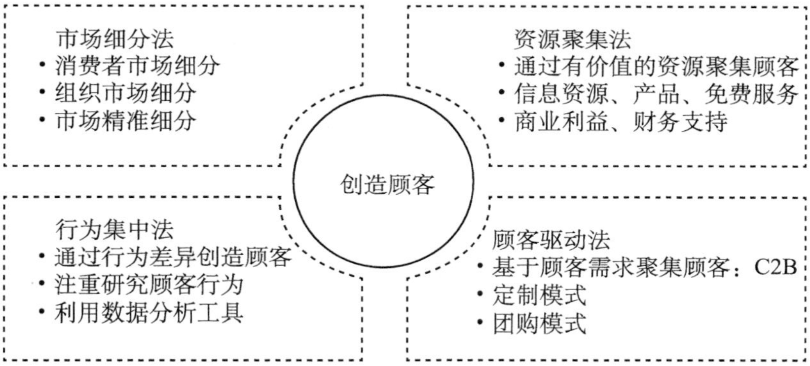

图 7－4　识别和开发目标受众的方法

1. 市场细分法

市场细分法是在需求多样化、社会分工、企业营销环境日益复杂的环境下，依据营销环境与企业自身条件和目标，按照顾客需求特征或变量，将一个大市场细分为若干子市场，从中选择一个或几个子市场作为目标市场的方法。影响消费者市场细分的主要标准有地理因素、人口因素、心理因素、行为因素等四类。组织市场则可按行业、区域、规模、所有制等方式进行细分。市场细分法在营销传播中运用非常普遍，但也存在一些不足：首先，它是对群体进行划分，缺乏对客户的具体分析和对个性化需求的针对性；其次，它仅仅对顾客需求进行表面分析，缺乏深度挖掘，从人口统计学特征进行市场细分缺乏准确性，具有同样细分因素的顾客会存在很大的需求差异；最后，互联网和大数据技术的出现也对市场细分方法提出了新的挑战。

2. 资源聚集法

这是在营销实践中创立的一种新型的聚客方式，特别是在互联网广泛应用的今天，该方法的主要做法是企业通过提供对顾客有价值的资源，吸引顾客聚集，并不细分市场，而是将对此类资源有兴趣的顾客集中起来，形成有效的顾客资源或者顾客流量，进行有效的传播，这样的传播往往更加精准。例如，搜索引擎通过海量的信息吸引巨大的顾客流量，QQ、微信等社交媒体通过免费社交工具聚集用户，众多的 App 通过优惠、红包等形式聚集现有和潜在的顾客，酒店等通过会员制聚集顾客。当企业拥有强大的顾客资源之后，再进行顾客分析和传播，会大大提升传播的效果。本书认为，聚集顾客的主要工具如图 7－5 所示。

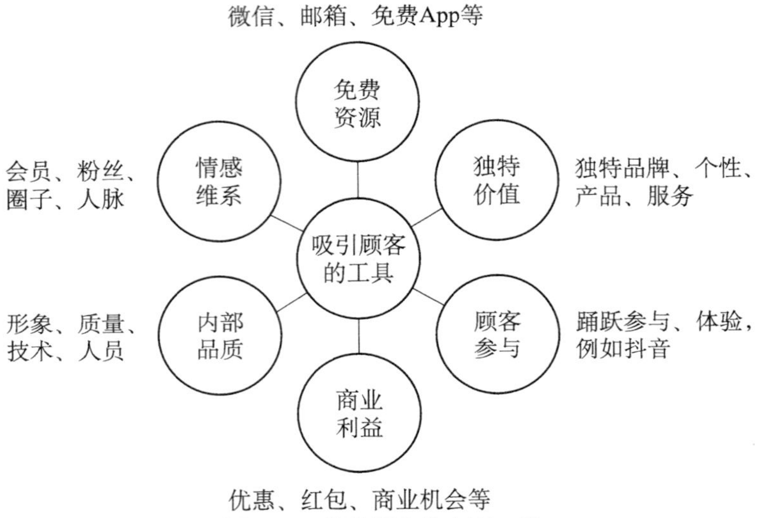

图 7－5　聚集顾客的主要工具

3. 行为集中法

行为集中法不考虑市场细分变量，而从顾客行为入手，顾客群的分类是以他们的行为偏好和所做的事情为基础，或者将顾客细分的所有差异体现在行为差异这一结果上。例如，若一类顾客日常的生活习惯和方式，接触、购买和使用产品的方式很相似，就可以将其划分为一个类型。对顾客做什么、如何做、消费怎么样的深度分析比对其年龄、居住地、收入的分析往往更加精准。这就是很多电子商务购物平台、支付服务平台能精准分析和把握顾客需求并进行针对性传播的手段之一。在营销传播实践中，用行为集中法识别和确定目标受众需要强大的技术支持，特别是大数据的应用。行为集中法的常用途径如图 7－6 所示。

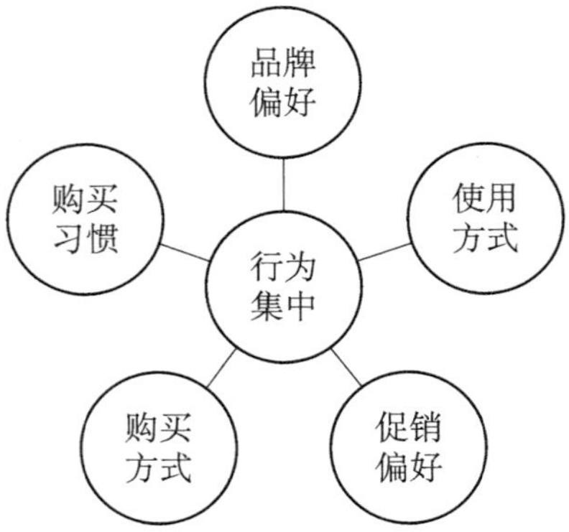

图 7－6　行为集中法的常用途径

4. 顾客驱动法

这是在营销传播实践中总结出来的新方法。实际上，在顾客话语权至上的今天，顾客在传播活动中具有更大的主动性，很多顾客需求、产品开发和销售活动都是由顾客发起或者驱动的。因此，顾客驱动法也成为营销传播识别和聚集顾客的重要方法。例如，通过广告、促销活动等将具有相似需求的顾客吸引在一起，形成新的需求，进行传播和销售活动，比较典型的有发起团购、顾客定制、订单征集等。

目标受众分析

在互联网和大数据背景下，顾客分析有更多更广泛的方法，我们以顾客数据库作为基本的工具进行描述，基于顾客数据库的分析能有效提升营销传播策划的精准性。

1. 顾客数据库

顾客数据库（customer database）是将现有的、可获得的与可接触的单个顾客或潜在顾客的众多信息，有组织地收集汇总成一个系统，以实现营销目标。如进行潜在顾客开发、确定潜在顾客资格、执行产品或服务的销售、维系顾客关系等。

（1）顾客数据库的作用。顾客数据库在营销传播乃至整个市场营销活动中发挥着非常重要的作用，本书从三个层次进行总结：第一个层次是用于顾客联络、销售、服务；第二个层次是顾客分析、顾客互动、数据挖掘；第三个层次是建立企业和顾客的关系，进行有效的顾客关系管理。

（2）顾客数据来源。企业的顾客数据有众多的来源，从内部而言，有客户销售数据、产品使用数据、客户反馈数据、财务数据、调研数据等，外部则有文献资料、政府和行业机构、专业机构、媒体报道等。在数据收集方面，对于顾客数据是否值得收集和保留，唐·舒尔茨认为有三个标准：第一，这些数据能够帮助我们与现有客户和潜在客户建立更紧密的关系吗？我们能够提供他们需要的产品或服务吗？第二，这些数据能否帮助我们成为一个学习型组织，帮助我们真正理解顾客行为，并利用这些知识来为未来的客户带来满意的体验？第三，这些数据是否有助于我们更好地分配有限的资源并做出更好的营销传播决策？

（3）顾客数据分析处理。顾客数据库有效支持营销传播计划是基于对数据的分析和处理，要做好真正的顾客洞察需要按照一定的方式对数据进行组合和分析，可以参考唐·舒尔茨提出的可观察/可衡量数据矩阵（见图 7－7）。

2. 顾客分析

顾客分析是制定传播计划的基础依据，包括传播目标、传播内容、传播渠道和传播时间等，均与顾客需求相关。本书将顾客分析分为三个部分，即需求分析、行为分析和媒体习惯分析。

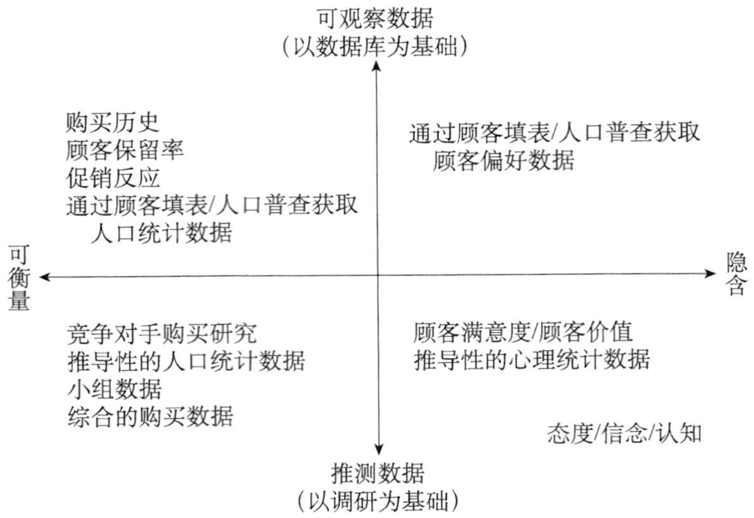

图 7-7　可观察/可衡量数据矩阵

（1）需求分析。需求分析决定营销传播的内容，具体分析现状、目标、计划、需求、利益、价值、动态等。分析的方法比较多，包括 5W1H 法、MAN 法则（money，authority，need，分别是购买力、决策权、需求）、RFM 模型（recency，frequency，monetary，分别是最近一次购买、购买频率、购买金额）、CLV（顾客生命周期），以及常规使用的统计分析、财务分析、营销审计、绩效评价等方法。

（2）行为分析。行为分析是制定传播策略的依据，我们用反应层次模型分析顾客行为，以利于传播计划的制定（见表 7-1）。

表 7-1　传播反应层次模型

阶段	AIDA 模型	效果层次模型	创新扩散模型	信息处理模型
认知阶段	注意	注意、了解	意识	展示、注意、理解
情感阶段	兴趣、欲望	喜欢、偏好、确信	兴趣、评价	接受、记忆、信任
行为阶段	行动、购买	购买	试用、采纳	行为

（3）媒体习惯分析。媒体习惯分析是决定媒体选择的依据，在营销传播策划中，需要考虑四个关键的因素：一是用户基本属性，例如用户的性别、年龄、职业等基本数据；二是接触媒体类型，要分析目标受众接触媒体的习惯和类型，例如年轻人更多地接触网络；三是接触媒体时间，很多受众会在不同的季节、一天中不同的时段，或者不同的需求下接触不同的媒体；四是对待媒体的态度，例如部分老年人对于报纸和电视的信任度会更高。

目标受众计划

1. 目标受众的类别

我们针对现有顾客和潜在顾客的营销传播做了必要的分析，基于整合营销传播的理念，企业营销传播的受众范围很广，不仅限于顾客，如图 7-8 所示。

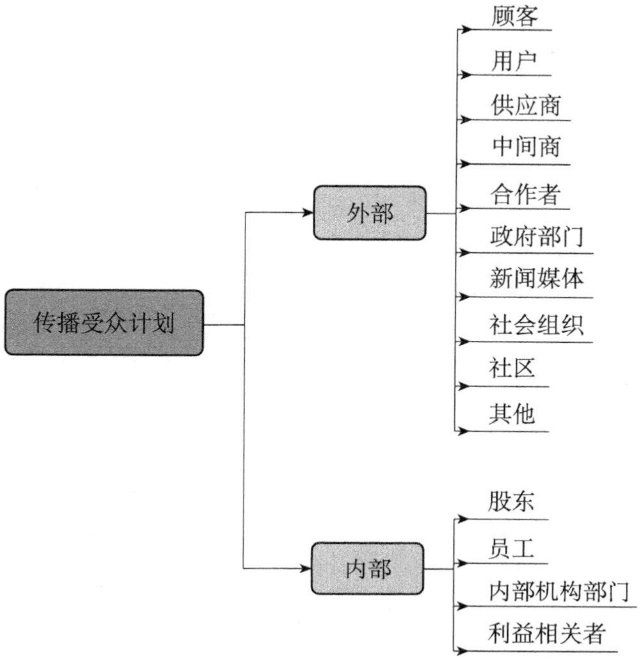

图 7-8　传播受众计划

2. 基于目标市场的营销传播策划

在营销传播策划中，识别目标受众主要解决三个基本问题：第一是目标市场的开发和识别；第二是目标市场或者受众分析；第三是传播计划的制定。基于目标市场的营销传播策划可以按照菲利普·科特勒提出的八个步骤进行，在确定目标受众之后，进行受众分析，确定传播目标、传播内容、传播媒体、传播预算以及传播策略和进度计划，形成完整的营销传播方案。

7.3 营销传播内容策划

在确定目标受众并进行分析之后，需要针对不同的目标受众确定传播内容。依据整合营销传播的理念，企业的一切信息均可通过媒体向外传播，因此，传播内容的策划是营销传播策划的重要组成部分。企业在不同的环境、不同的发展周期、不同的时间乃至不同的活动中，传播的内容都会有所不同。如何提炼和策划传播内容？本书从产品和品牌、企业、顾客价值、活动和项目的角度进行阐述。在营销传播实践中，可以根据需要进行传播内容的选择、组合和设计。

基于产品和品牌的传播内容设计

产品是企业的立足之本，也是顾客价值的载体，在不同的时间、通过不同的媒体向顾客有效传播产品的信息能帮助顾客认识产品的特色和优势，让顾客更了解和熟悉产品，建立起对产品的认可和喜爱。可以通过罗瑟·瑞夫斯提出的独特的销售主张（unique selling proposition，USP）突出产品的独特性，例如，“南孚电池，1节更比6节强”，也可以根据传统营销学中产品的五个层次对产品特色进行设计，强调核心产品、形式产品、期望产品、延伸产品和潜在产品的价值，突出产品的个性、式样、功能、优势等。基于品牌内涵的传播则是围绕品牌的核心诉求，在不同的场合、通过不同的媒体向顾客传播品牌的内涵和价值，以建立品牌和顾客关系（见表7-2）。

表7-2 基于品牌内涵设计传播内容

品牌内涵	传播内容
产品特质（属性）	产品的特性、品质、服务
特定利益（利益）	用户价值、功能或情感利益
使用者（用户）	目标人群、目标客户
公司价值（价值）	产品的价值或企业的价值观
品牌个性（个性）	品牌的个性特色和人格特征
特定文化（文化）	所代表的特定文化

基于企业的传播内容设计

树立良好的企业形象也是营销传播的重要目标。企业可以通过对整体形象的设计和包装，策划营销传播的内容，向社会系统、持续地传播信息，通过新闻、企业网站、自媒体等形式进行传播会更加有效，可增强社会对企业的了解，赢得社会和公众的支持。这些内容的传播对企业的营销活动起着非常重要的作用。常见的内容设计如表7-3所示。

表7-3 基于企业的传播内容设计

传播内容	传播诉求
人员（企业家和员工）	良好的企业形象、优秀的员工
设备设施	强大的制造能力、运营能力、质量保障能力
厂容厂貌	规模化、规范化的管理
资质和荣誉	能力、资格、优势
技术成就	研发能力、技术能力
项目案例/成功案例	企业实力、经验、业界口碑

续表

传播内容	传播诉求
财务指标	综合能力、资金实力
企业历史	优秀的积淀和传承
企业文化	展示企业文化和精神
产品展示	质量、品类和可选择性
活动与公关	公益性和社会责任

基于顾客价值的传播内容设计

顾客价值是市场营销的核心，围绕产品或品牌的顾客价值设计传播内容，可鲜明地传播顾客的利益和效用。我们可以利用价值主张矩阵这个工具对组织市场（见图 7－9）和消费者市场（见图 7－10）进行设计，其中组织市场可以基于市场利益、生产运营利益和财务利益几个维度来设计客户的价值主张；消费者市场可以从痒点（利益）、痛点（问题）和爆点（卖点）等角度来设计。

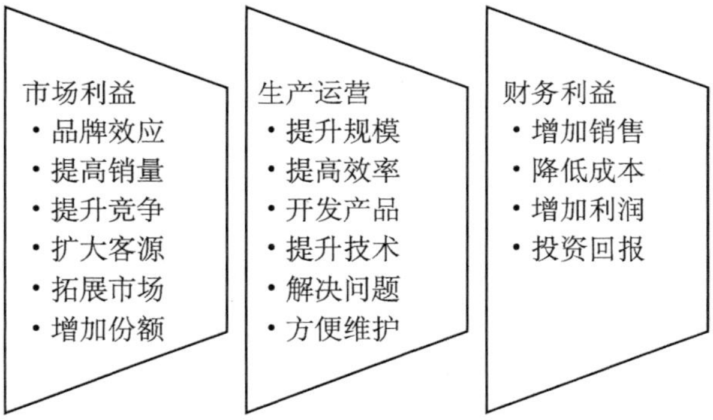

图 7－9　组织市场价值主张矩阵

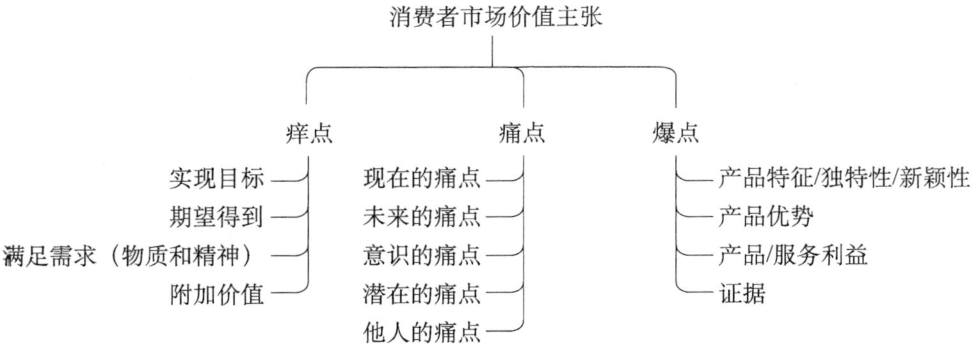

图 7－10　消费者市场价值主张矩阵

基于活动和项目的传播内容设计

在营销传播中，企业经常会举办各类活动或者项目，例如促销活动、产品上市、企业路演、企业年会、节日庆典、会员活动等，这些活动本身也是营销传播的重要组成内容。在营销传播策划中，会根据活动的目标、主题和日程有计划地安排，内容多体现为日程或者议程。

7.4 营销传播媒体和接触点策划

按照整合营销传播的思想，每个接触点都在传递信息，都在形成顾客印象，都在建立品牌和顾客关系。接触管理是指企业可以在某一时间、某一地点或者某一场合与顾客进行沟通。在市场信息高度发达、媒体繁多、信息传递干扰噪声巨大的背景下，如何与顾客接触、何时与顾客接触以及采用什么途径和方式与顾客接触就成为营销传播策划的重要课题。因此，传播媒体和接触点要解决的核心问题就是传播途径、传播手段和传播方式。

营销传播媒体选择

媒体是信息传递的通道、途径、手段、工具或载体，根据媒体属性，我们将营销传播的媒体分为传统媒体和新媒体。

1. 传统媒体

如表 7-4 所示，传统媒体主要包括印刷媒体、电子媒体、户外媒体等几种类型。同时，传统媒体也在不断地创新发展（见表 7-5）。

表 7-4 营销传播媒体选择

媒体类型	常用媒体	典型媒体分析
印刷媒体	报纸、杂志、挂历、画册、纪念册、公开出版物、内刊、信函、手册、海报、板报、展板、明信片等	报纸的优势：权威性强、本土阅读客群稳定、时效性较强；劣势：不易保留、表现形式单一 杂志的优势：专业客群、受众稳定；劣势：传播面窄
电子媒体	电视、广播、电话、电子屏、触摸屏、自助服务设备（ATM、便民终端、社区终端）、社区广播、分众传媒等	电视的优势：表现灵活、覆盖面广、渗透性高、重复性好；劣势：费用较高 广播的优势：受众稳定、时效性强、覆盖面广、收听方便；劣势：表现形式不灵活
户外媒体	运输工具、龙门架、路牌、站亭、墙体、楼体、旗帜、户外用品、户外框架等	优势：形式灵活、创新性强、针对性强

表 7－5　传统媒体的创新发展

媒体类别	营销传播创新
数字电视（平台）	专用频道 电视购物 信息服务：主菜单、信息频道 导视频道 广告媒体：开机画面广告、滚动字幕、弹出广告、画中画
分众传媒	楼宇视频 卖场终端视频 电梯视频 户外 LED 彩屏 院线媒体 社区广播 个体传媒
聚众传媒	楼宇视频 商务场所 运输工具 自有媒体
框架传媒	平面媒体 电梯框架 楼宇框架 户外框架
触动传媒	触摸式液晶屏：自助服务、业务操作、信息、地图、广告 （广泛分布于机场、银行、医院、铁路、商场、学校、出租车、地铁、车站、码头、广场、旅游景点、居民小区、政府部门）

2. 新媒体

新媒体是在新的技术支撑体系下出现的媒体形态，美国《连线》杂志提出，新媒体是所有人对所有人的传播。清华大学熊澄宇教授认为，新媒体是在计算机信息处理技术基础之上出现和影响的媒体形态。阳光文化吴征指出：相对于旧媒体，新媒体的第一个特点是它的消解力量——消解传统媒体之间的边界，消解国家与国家之间、社群之间、产业之间的边界，消解信息发送者与接收者之间的边界。因此，新媒体是营销传播界的重大变革，对传播主体、传播对象、传播内容、传播方式、传播费用乃至整个传播商业模式都提出了创新性、革命性的挑战。新媒体在营销传播中的应用如表 7－6 所示。

表 7－6　新媒体在营销传播中的应用

媒体类别	主要媒体
PC 网络	网站、搜索引擎、网页应用、网页广告

续表

媒体类别	主要媒体
移动互联网	移动网络：3G/4G/5G 网络、WiFi、路由器 移动终端：手机、平板、手环、穿戴设备、机器人、智能设备 社交媒体：即时通信工具（微信、QQ）、博客、微博、论坛、社交平台/网站、内容社区等 工具和应用：游戏、软件、工具、App
数据、通信、识别及定位应用	物联网 现代通信技术 通信工具和软件 识别技术：条形码、二维码、射频识别、生物识别 导航、地图及 LBS（基于位置的服务） 大数据、云计算、商业智能应用、CRM/呼叫中心

接触点管理

接触点管理就是对接触点及传播内容进行计划、组织、协调和控制，以实现传播目标、构筑顾客关系，解决的问题是在什么时间、通过什么渠道向谁传递什么内容。传播过程中的接触点很多，也有不同的类别。每个接触点的作用不同，各有优势。接触点可以创新，也可以整合，应根据传播目标进行管理。

1. 接触点设计

所有媒体、现场、工作人员均可作为接触点，可以根据营销传播的需要进行系统化、持续性、相互协调的设计。表 7－7 为主要接触点设计思路，虽然不可能涵盖所有的顾客接触点，但对营销策划有一定的启发。也有人提出基于整合营销传播的全渠道设计，虽然不同的学者和企业在媒体分类上的观点可能存在差异，但是也非常有参考价值（见图 7－11）。

表 7－7　主要接触点设计思路

接触点类别	主要形式举例
售前接触点	媒体广告、官方网站、搜索引擎、电商平台、自媒体（官方微博、微信）、App、广告直投、新品发布、上市活动、路演展示、电话营销、销售促进活动、已购物的顾客（转发、转介绍）
售中/现场接触点	门店、门头、橱窗、货架、柜台、堆头、展示、促销、服务、环境、人员、设施、现场管理、卖点广告、用户体验、产品包装、订货、支付、物流安排
售后接触点	物流配送、安装、技术支持和服务、培训、顾客投诉、回访、电话交流、邮件、会员管理、顾客社团/社区、自媒体、App
提升影响力的接触点	公司新闻、年度报告、企业培训、企业招聘、企业庆典、企业年会、顾客/供应商/合作商会议、企业资质、成功案例、企业画册（以及 CIS）、股东会议、公共关系活动

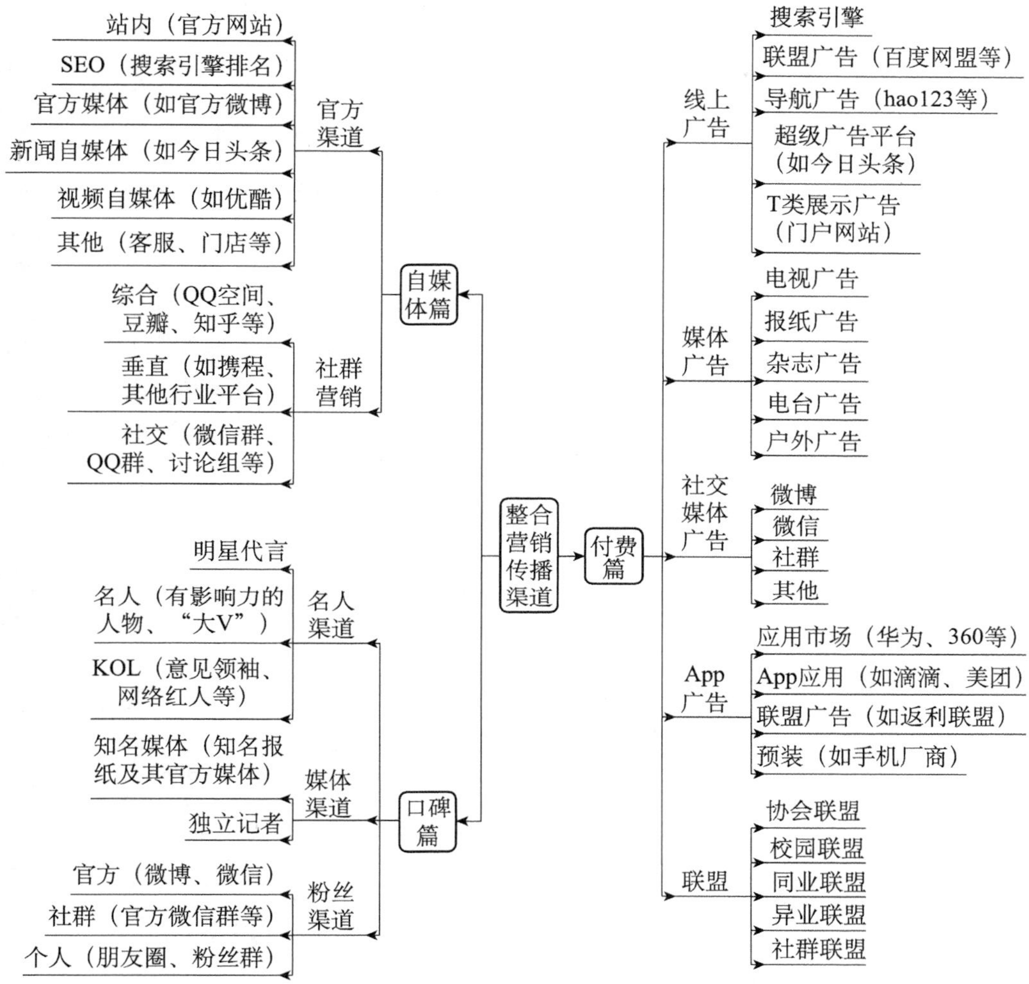

图 7－11　整合营销传播渠道汇总

2. 接触点控制

可控接触点是由传播者进行计划和设计来管理控制的，因此，应特别关注不可控接触点。常见的可控和不可控接触点如表 7－8 所示。

表 7－8　常见的可控和不可控接触点

可控接触点	不可控接触点
自身广告	新闻报道
新闻组稿	评论分析
促销活动	网络信息
公共关系	小道消息
产品包装	竞争对手的广告
人员推广	竞争对手的活动

续表

可控接触点	不可控接触点
顾客服务	竞争对手的公共关系
事件营销	口碑和评价
活动推广	顾客经验和体验
	危机和突发事件

营销传播媒体组合计划

媒体策划是基于市场营销环境和目标，针对目标受众，以最具成本-效益的媒体组合来达到营销传播目标的决策过程。一般有五个阶段：确定目标受众，制定媒体传播目标，制定媒体组合策略，制定媒体预算，明确媒体投放计划。制定营销传播媒体组合计划，媒体评估和媒体组合决策是关键。

1. 媒体评估

媒体评估主要有三个方面的重点，分别是客户接触习惯分析、影响因素分析、达成目标的效果分析（见表 7－9）。

表 7－9　媒体评估重点内容

分析要素	主要内容
客户接触习惯分析	媒体习惯 接触偏好 生活影响
影响因素分析	顾客类型 产品类型 媒体类型和特征 顾客决策过程和阶段 媒体对顾客的影响程度
达成目标的效果分析	到达率：某段时间内一位观众看见的概率；例如，目标受众有 10 万人，估计 60%的人至少可看见 1 次，则到达率为 60% 暴露频次：特定时期内感受到信息的次数 毛评点：到达率×暴露频次×100，例如 CCTV 收视率为 80%（到达率），暴露频次为 3，则毛评点为 240

2. 媒体组合决策

媒体组合决策是营销传播策划中比较难的一项工作，要根据具体的传播计划进行较为详细的规划，要解决的主要问题有以下几个方面：第一是媒体组合方案，要确定媒体的构成要素（由哪些媒体组合）、权重分配（每种媒体大致的权重以及媒体的集中度）、媒体整合（媒体间的分工和协同）；第二是预算媒体成本，例如千人印象成本（CPM）＝广告成本×1 000÷受众，单位反应成本（CPR）＝广告成本/反应数，即有反应的单位成本等；第三是确定媒体的投放计划，即在什么时间以什么媒体形式投放什么内容以及投放频率和持续时间等。

7.5 大众传播策划

大众传播主要包括广告、公共关系、销售促进和事件与体验，这些既是面向大众的营销传播手段，也是营销传播策划策略的重要组成部分。

广告

广告是广告主以付费的方式，通过特定媒体传递产品服务信息的大众传播活动。广告在我国企业的市场营销活动中发挥着重要的作用，广告的主要优点是覆盖面广、表现灵活、可反复刺激、传播迅速、渗透性强，其不足之处是所需费用较高、信息短暂、说服力小、单向沟通。

1. 广告设计

首先要明确广告设计的目标，广告传播一般有四个基本目标：告知目标（向顾客宣传产品的存在）、劝说目标（激发兴趣，说服购买）、提示目标（对顾客进行提示和提醒）、强化目标（强化品牌或产品认知）。其次要明确广告设计的原则，广告设计要遵循真实性、社会性、针对性、感召性、简明性和艺术性原则。

2. 媒体选择

既可以选择传统媒体如印刷媒体、电子媒体、户外媒体，也可以选择新媒体，具体选择根据广告设计确定。

3. 广告发布

广告发布策略有五种：席卷策略（多种媒体同时发布，协同作战），变换策略（定期变换媒体或者受众），均衡策略（稳定、长期、均衡传播），季节策略（随季节变化，旺季增加、淡季减少），短期策略（集中策略、连续策略和脉冲策略）。

4. 广告策划文案

通常情况下，广告策划文案包括但不限于以下内容：环境分析、广告目标、受众分析、设计制作、媒体组合、投放计划、费用预算、效果预期、组织和管理、执行保障等。

公共关系

公共关系是建立和处理企业与社会公众的关系，树立良好的企业形象，增进公众理解与支持的一系列活动。公共关系传播的优点是影响力大、真实坦诚、容易获得顾客信任，可建立良好的企业形象；缺点是见效慢，费用和管理控制难度较大。

1. 公共关系目标设计

公共关系关注企业形象或品牌形象，建立、处理与公众的关系，获得公众的认知、理解和支持，注重双向沟通，间接促销，突出营销传播的长期效应。

2. 公共关系实施步骤

主要包括公共关系调研、方案策划、公共关系执行、效果评估与改进四个阶段（见图 7－12）。

3. 公共关系对象设计

为了营造良好的营销环境，企业需要建立并维系与社会各界的公共关系（见图 7－13）。

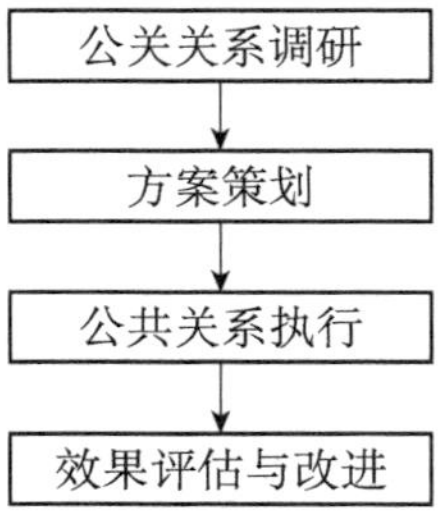

图 7－12　公共关系执行步骤

图 7－13　公共关系对象设计

4. 公共关系形式设计

在公共关系传播设计中，有很多形式可以选择，通常有新闻报道、公关广告、公益活动、公关交际、征询性公关、服务性公关、危机公关等形式（见表 7－10）。在实际中，可以根据需要进行选择。

表 7－10　公共关系主要形式和表现方式

形式	表现方式
新闻报道	专题报道 人物专访 企业特写 新闻发布 企业报告会 企业路演
公关广告	致意性广告 公益性广告 倡导性广告 解释性广告

续表

形式	表现方式
公益活动	赞助活动 慈善活动 公众活动
公关交际	节日庆典 会议展会 宴请酒会 座谈访问 慰问恭贺 联谊活动
征询性公关	调查调研 民意测验 信息交流 热线电话
服务性公关	免费咨询 维修服务 指导培训
危机公关	危机预防 危机管理准备 危机确认 危机控制 危机解决 危机转化

销售促进

销售促进也称营业推广，有学者认为这是狭义的促销，指为刺激顾客的购买欲望、提高销售人员和中间商的销售积极性与销售效率而进行的各种信息传播活动。简单地说，就是采用短期的刺激性手段促进顾客尽早购买、多买。其优点是灵活多变、刺激性强、吸引力大，可促进购买；不足之处是可能不利于品牌发展，容易出现短期行为。

（1）销售促进策划和执行流程。销售促进策划和执行分为确定目标、制定方案、实施方案、评估效果四个阶段（见图 7－14）。

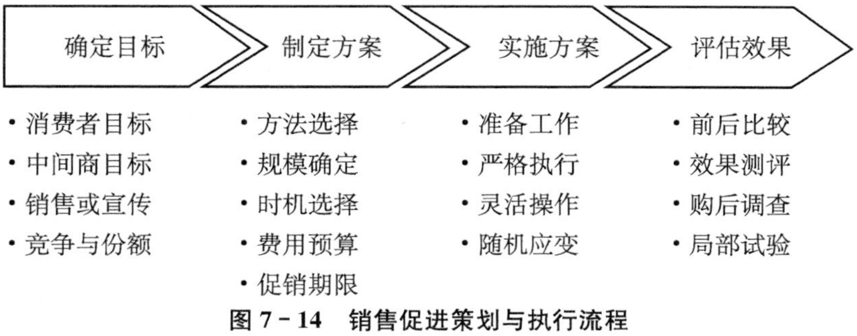

图 7－14　销售促进策划与执行流程

（2）销售促进策略选择。销售促进的形式很多，并且充满创造性。常见的销售促进可以分为三类：针对顾客的促销、针对中间商的促销以及针对销售人员的促销（见表 7－11）。

表 7－11　常见的销售促进形式和策略

形式	可选择的策略
针对顾客的促销	赠送样品、提供礼品、赠代金券、包装兑现、提供赠品、商品展销、有奖销售、现金折扣、免费试用、节事活动、消费信贷、装饰布置、陈列橱窗、答疑咨询、会员消费、积分积点
针对中间商的促销	交易折扣、经销奖励、销售竞赛、津贴补助、销售培训、销售支持、展销会、联合促销
针对销售人员的促销	销售竞赛、销售奖励、销售会议、主题活动（例如开门红）、销售培训、销售支持（产品、价格、广告）、团队建设

事件与体验

事件营销是指利用节庆和特殊事件，综合运用广告、促销、公共关系等传播手段进行的产品、品牌推介活动，旨在促进产品销售或提升品牌形象。

1. 事件营销目标设计

事件营销的主要目标可以根据实际需要进行确认，一般可以在以下目标中选择：第一是产品推广，当新产品上市或者需要向新顾客推介新产品时可以采用事件营销；第二是销售促进，开展直接促进销售的节事活动，例如淘宝的“双 11”；第三是强化关系，通过活动获取顾客资源、建立顾客关系、加强顾客互动；第四是强化品牌，通过活动传播企业品牌形象，提升知名度和美誉度，建立品牌偏好和品牌信任。

2. 事件策划

事件策划的核心是事件的选择，事件可以是企业创造的事件，也可以参与热点事件，可以是节日事件，也可以是公关事件、文化体育事件。企业应利用机会，善于“造事”。表 7－12 提供了一些节事选择的思路，可以为策划工作提供一些启发。

表 7－12　常见的节事营销事件

事件类别	可选择的形式
节日	传统节日、西方节日、企业节日、顾客节日
借助事件	新闻、时事、赞助、危机、颁奖、文化、体育、地区事件
庆典活动	开业、奠基、启动、上市、年庆
会展活动	交易、博览、展示、论坛

续表

事件类别	可选择的形式
仪式	签约、合作、项目、授权
交流事件	论坛、沙龙、答谢、团拜、调研、座谈会、参观
推广活动	说明、推荐、恳谈、招商、发布
服务	培训、咨询、答疑、讲座

3. 节事活动文案策划

节事活动文案策划在通常情况下包括但不限于以下内容：活动背景、活动名称、活动主题、活动目标、活动内容与议程、举办单位、嘉宾邀请、参与人员、媒体宣传、活动预算、物料准备、活动组织、实施计划、活动预案等。

7.6 人员传播策划

人员传播主要通过个人或者团队进行营销传播，也是营销传播的重要组成部分。特别是在互联网飞速发展和个人话语权自主化的今天，人员传播的重要性越来越突出，营销工具也日新月异。我们主要围绕人员销售、直销和互动营销、口碑营销对人员传播策划进行阐述。

人员销售

人员销售是通过人员或者销售团队直接向推销对象推销商品或服务的一种促销活动。人员销售的优点是销售方式灵活，可与顾客双向沟通，可有效激发购买，可建立和巩固顾客关系；不足之处是顾客接触面窄，单位顾客费用较高，对人员素质要求高，销售队伍培养周期长。

（1）人员销售的职能设计。人员销售的促销目标是多元化的，包括开发市场、寻找目标顾客、销售管理、推广和介绍产品、顾客联络和沟通、实施销售活动、提供服务、收集信息、安排实体分配等。在销售过程中，销售人员可与顾客深度接触，营销传播的效果较好，容易与顾客建立起长期的关系。

（2）人员销售的流程设计。如图7-15所示，人员销售的流程一般有销售准备、发现顾客、接近顾客、展示产品、处理异议、达成交易、回收货款、售后服务等循环的过程。

（3）销售团队设计和管理。主要工作是确定销售团队的目标、职能、结构、规模、报酬，并招聘、培训、监督、评价和激励销售人员。

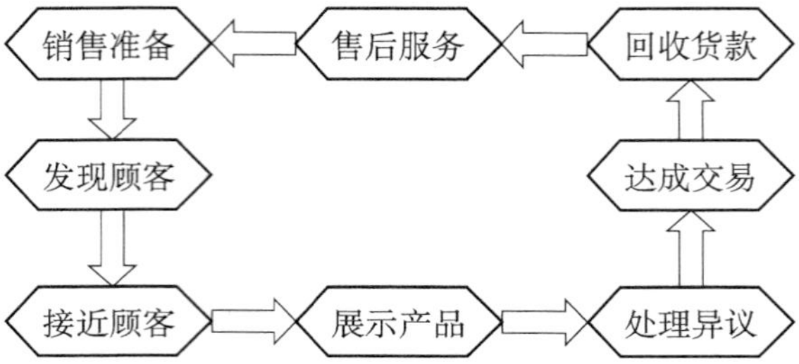

图 7-15　人员销售流程设计

直销和互动营销

直销（direct marketing）是一种不通过中间商，使用直接渠道来接触顾客，并向顾客传递产品和服务的营销方式，其主要特点是针对性强、个性化营销，具有及时性、灵活性、互动性且成本较低。互动营销是通过企业与顾客互动的形式传递产品和服务，其优点是顾客参与、双向互动，沟通迅速，可建立关系，成本较低、使用便捷，针对性强、精准营销。直销和互动营销往往相互渗透。

（1）直销的形式设计。直销的方式很多且具有创造性，常见的电话营销、短信营销、网络销售等均可以视为直销。直销的主要方式如图 7-16 所示。

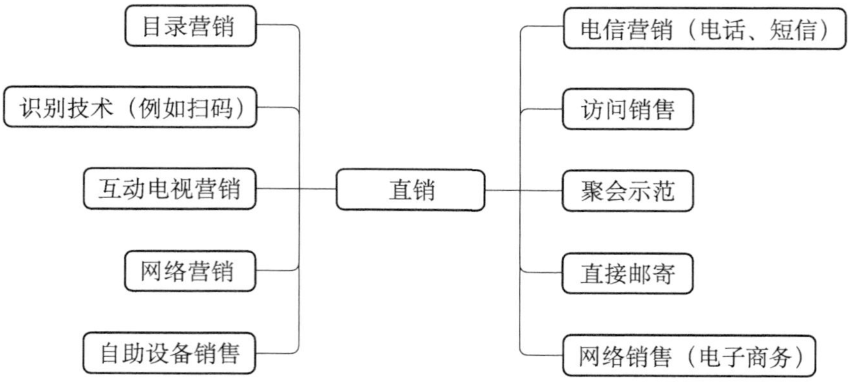

图 7-16　直销的主要形式和工具选择

（2）互动营销的形式设计。基于网络的互动营销发展极其迅速，常见的形式见表 7-13。

表 7-13　常见的互动营销形式和表现方式

主要形式	表现方式
网站	信息发布、产品介绍、企业推广、品牌推广、顾客服务
电子商务	B2C、B2B 以及其他形式的交易
搜索引擎	搜索引擎优化、推广、关键词广告

续表

主要形式	表现方式
网络广告	旗帜广告、文字广告、按钮广告等
网络社区	论坛、社区、社交网站互动
邮件营销	通过邮件或邮件列表交流
移动应用	通过 App、各类游戏、工具进行推广和互动
社交媒体	微博、微信、QQ、脸书、博客、社区、社交网站
通信技术	电话、短信、呼叫中心、热线
数据技术	顾客画像、客户分析、客户关系管理

口碑营销

口碑营销是利用人际关系或者社交媒体在人与人之间传递产品和服务信息的方式，逐渐成为互联网背景下营销传播的重要途径。我们平时所说的信任代理（他人、“大 V”和公众媒体）、介绍推荐、晒单评价、点评、病毒式传播、经验分享（如旅游攻略）都是口碑营销的表现形式。

（1）口碑营销的传播途径设计。如图 7－17 所示，口碑营销可以分为线上、线下两个途径。更多的内容参见本书第 9 章。

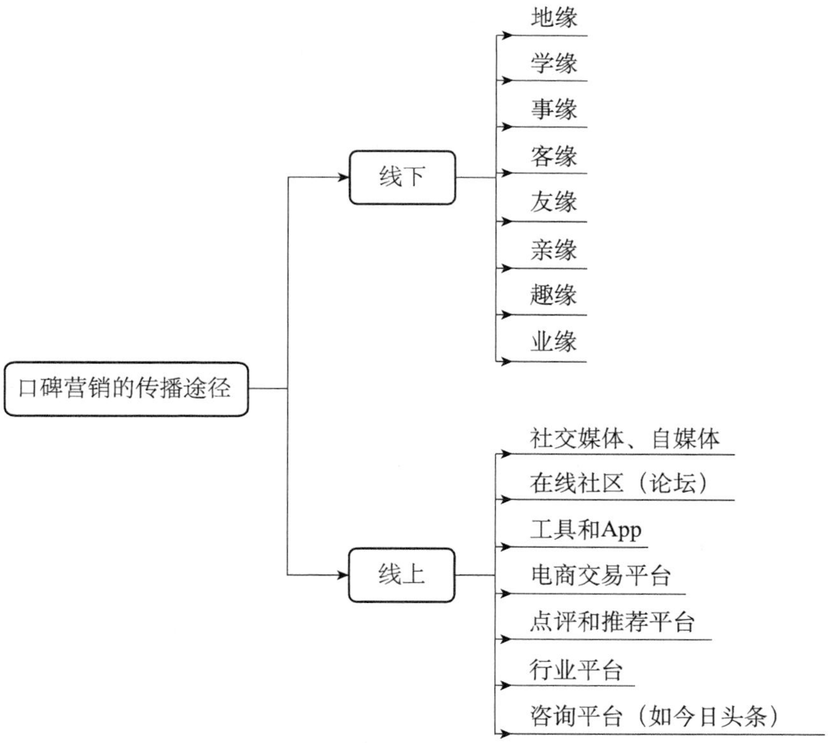

图 7－17　口碑营销的传播途径设计

（2）口碑营销的策略设计。口碑营销策略不断创新，常见的病毒式营销、粉丝经济、话题营销都属于这个类别。在具体的策划活动中可以参照表 7－14。

表 7－14　口碑营销策划策略矩阵

营销策略	实施要点
病毒式营销	像病毒一样扩散，利用别人的信息通道，大家告诉大家，具有持续性、无限性、感染性。特点如下： ● 信息有价值； ● 轻松的传播方式； ● 调动公众的积极行为（有趣、精美、娱乐性、慈善、善良、工艺、情感共鸣）； ● 利用网络和他人渠道资源
粉丝经济	架构在粉丝和被关注者关系之上的营销与传播行为。为演艺、文学、游戏、时尚产品、年轻人品牌采用。特点如下： ● 有明确的成员关系； ● 有明确的情感倾向和情绪； ● 有持续的相互交往； ● 有一致的群体意识和规范； ● 有一定的分工协作； ● 有一致行动的能力
小众品牌	小部分人所知、小部分人传播、传播受众有关联、针对性传播，又称圈子品牌。特点如下： ● 传播快、成本低； ● 信任度高，与传播者有联系、有情感，粉丝性； ● 容易形成共同支持
湿营销	强化顾客和营销者之间的关系，特别是情感关系。特点如下： ● 以社交媒体为工具； ● 以结缘的方式聚合群体，圈入用户； ● 可建立较为亲密的关系； ● 鼓励用户参与、找到存在感； ● 以温和的方式将用户转化为品牌追随者
情感营销	满足顾客情感需求，建立品牌和顾客之间的情感关系，获得理解和支持，建立美妙的体验，提升品牌黏性。具体涉及： ● 情感设计； ● 情感包装； ● 情感品牌； ● 情感广告； ● 情感软文； ● 情感公关； ● 情感服务； ● 情感环境
话题营销	制造或利用话题、事件进行传播，激发吸引力、冲击力、辐射力、聚变力、购买力与传播力

案例分析

路虎2018 “发现无止境·发现中国24节气”

1. 传播实施背景

为传递路虎“心至无疆”的品牌精神，强化路虎“发现”家族强大的全地能实力及非凡的多功能性，明晰车型市场定位，打造车型质量口碑，路虎品牌通过拍摄二十四节气特色视频、制作二十四节气创意长图文、打造二十四节气自驾路线，创造人物故事，举办独具特色的高端越野自驾活动，跨界合作，打造体验式营销，于2018年开展“路虎发现无止境·发现中国24节气”一系列品牌体验活动。

2. 传播核心洞察

创新值：打造全地形路线体验。路虎官方认证路线具有全地形科技体验，能充分展现车辆全地形能力；携手《中国国家地理》杂志及国内地理学家一同探寻中国二十四节气物候景致及人文风俗。

准确度：满足客户诉求，将路虎发现家族全球远征的探险之旅延续至中国，强化路虎发现家族强大的全地形实力及非凡的多功能性。

3. 传播策略与实施

(1) 策略。

覆盖率：相关内容通过微信、微博、门户网站、垂直网站、全媒体平台进行传播，实现目标人群的最大覆盖。

精准度&整合度：执行期间，邀请近百家媒体参与试驾活动，同时打造的“路虎自驾路线评级”汇集了地理、旅游及汽车媒体等专业领域合作方的经验，进一步扩大了影响力，让产品走进更多车主和消费者的生活。

(2) 实施。

拍摄“发现无止境”节气视频：白露、秋分、小雪、冬至。举办三程“发现无止境”媒体试驾活动。

夏至昼日之旅：6月20—24日，带领20家媒体驾驶路虎发现神行，从海拉尔出发横跨中国最美河谷草原额尔古纳，穿越亚洲最后的狩猎民族之地鄂温克族民族乡，最终到达中国最北点乌苏里浅滩，看晚上9点的日落，做“25小时”的鄂温克人，体验当地的民俗文化，体会路虎发现神行强度的全地形实力。

立秋远疆之旅：8月6—9日，带领20家媒体驾驶路虎发现家族两款车型，从新疆克拉玛依出发，穿过魔鬼城、原始胡杨林，寻访原始哈萨克族村落，最后到达青河县塔克什肯镇纵览秋日风光；还在被誉为中国的“落基山国家公园”的可可托海领略秋日景色的极致静美。车队穿越湿滑草原、坑洼戈壁等长距离非铺装砂石路况，穿越了牧民迁徙的必经之路，体验到哈萨克族历史悠久且独具特色的民族习俗。

秋分滇藏之旅：9月15—28日，带领80家媒体分两批从云南腾冲到西藏林芝进行道路试驾活动，穿越高黎贡山，捕捉最原始的生态；翻越澜沧江大峡谷，探索梅里雪山，邂逅“藏东南第一大湖”然乌湖，探寻来古冰川，发现中国最美的秋分胜景，一路品味云南秀丽的秋景与当地的特色民俗。

4. 项目效果

ROI：通过拍摄节气视频、制作节气创意长图文，携手权威行业顾问中国旅游协会和中国地理学会等机构发布“路虎自驾路线评级”，打造体验活动，与不同领域的媒体朋友、不同行业的车主及意见领袖一同发现二十四节气之美；用相机记录旅程，创造了多角度的节气故事，活动吸引了更多人的关注和参与。

客户满意度：传播期间，全媒体平台共收获1 645条优质媒体原创内容、官方社交媒体平台浏览量达40 000余次，累计创造公关价值达40 202 712元。

影响力：路虎“发现无止境”携手超级“星爸”吴尊探寻中国二十四节气，在活动之初就引发关注和话题。通过全平台多渠道持续打造品牌影响力，带来持续的关注和话题。

社会舆论口碑：活动迎合了近年来中国消费者对自驾游的喜好，获得了市场的认可和参与者的高度评价。同时体现了路虎发现家族强悍的全地形实力、出色的多功能性。吸引了上百名车主参与发现之旅。

5. 案例亮点

创新内容，打造二十四节气系列故事：探寻中国最美二十四节气景致，体验中国人文风俗，将发现精神提升至全新的人文高度。打造二十四节气自驾游故事，融合家庭出游理念，将父子探寻自然、传承中华传统文化作为内容亮点，吸引消费者关注。

传承路虎品牌体验文化，丰富路虎体验式营销表现形式：通过独具特色的高端越野自驾活动，加强与媒体及消费者的沟通，让他们亲身体验路虎全地形科技的魅力，传递路虎的品牌精神。

跨界合作，打造更专业的自驾生态体系：携手《中国国家地理》及国内地理学专家共同设计研发自驾旅行路线，打造路虎专属的全地形自驾体验。将酒店、餐饮、专业旅行网站、车友俱乐部等高端自驾游周边产业整合，打造更专业的自驾游行业生态圈。

资料来源：国际公关，2019（3）；项目主体：捷豹路虎中国与奇瑞捷豹路虎汽车有限公司联合市场销售与服务机构；项目执行：科达股份爱创.

案例思考

1. 路虎的品牌体验活动有何特点？

2. 案例的传播创意给人什么启示？

实用工具

本章提供的实用工具：

1.5W 传播模式

2. 创造企业价值的五大关键步骤

3. 开发有效传播的八个步骤

4. 目标受众分析方法：顾客数据库、反应层次模型

5. 公共关系的主要形式

6. 销售促进策划流程

7. 销售促进的主要形式和工具

8. 直销的主要形式和工具

9. 口碑营销策划策略矩阵

复习思考

1. 什么是营销传播？什么是整合营销传播？
2. 简述开发有效传播的八个步骤。
3. 论述识别和开发目标受众的方法。
4. 如何有效分析传播受众？
5. 如何策划和设计营销传播的内容？
6. 简述传统媒体的类别和创新。
7. 什么是新媒体，新媒体包括哪些应用？
8. 什么是接触点管理？结合一个具体的企业设计顾客接触点。
9. 在进行传播媒体组合决策时，如何进行媒体评估？
10. 什么是广告？广告的优点和缺点是什么？
11. 简述公共关系的主要形式。
12. 简述销售促进的主要形式。
13. 什么是事件营销？
14. 简述人员销售在营销传播中的作用。
15. 列举直销和互动营销的主要形式。
16. 列举口碑传播的主要途径。
17. 简述口碑营销的主要策略。

章节测试

章节测试答案

参考资料和推荐资源

[1] 卫军英．整合营销传播理论与实务．北京：首都经济贸易大学出版社，2017.

[2] 汤姆·邓肯．整合营销传播：利用广告和促销建树品牌．北京：中国财政经济出版社，2004.

[3] 黄鹂，何西军．整合营销传播：原理与实务．上海：复旦大学出版社，2012.

[4] 唐·舒尔茨，海蒂·舒尔茨．整合营销传播：创造企业价值的五大关键步骤．北京：清华大学出版社，2013.

[5] 菲利普·科特勒，凯文·莱恩·凯勒．营销管理：第15版．上海：格致出版社，2016.

[6] 王月辉，杜向荣，冯艳．市场营销学．北京：北京理工大学出版社，2017.

[7] 左仁淑．创业管理：慕课与翻转课堂．成都：西南财经大学出版社，2018.

[8] 乔治·贝尔奇．广告与整合营销传播视觉：第9版. 北京：中国人民大学出版社，2014.

[9] 赵洁，曹芳华．2.0营销传播：互动整合营销传播策略．厦门：厦门大学出版社，2009.

[10] 吴健安．市场营销学．5版．北京：高等教育出版社，2015.

[11] 唐·E. 舒尔茨，菲利普·凯奇．全球整合营销传播．北京：机械工业出版社，2012.

第8章

终端促销策划

学习目标

1. 知识学习

(1) 了解终端促销策划的内涵

(2) 掌握终端促销策划的基本类型

(3) 掌握节假日促销策划的技能和技巧

2. 能力训练

(1) 终端促销策划顶层设计能力

(2) 终端促销策划创意能力

(3) 终端促销各类策划方案撰写能力

3. 素质养成

(1) 培养策划者的终端策划创意思维

(2) 培养策划者的细节思维

(3) 培养策划者的新媒体思维

章节概要

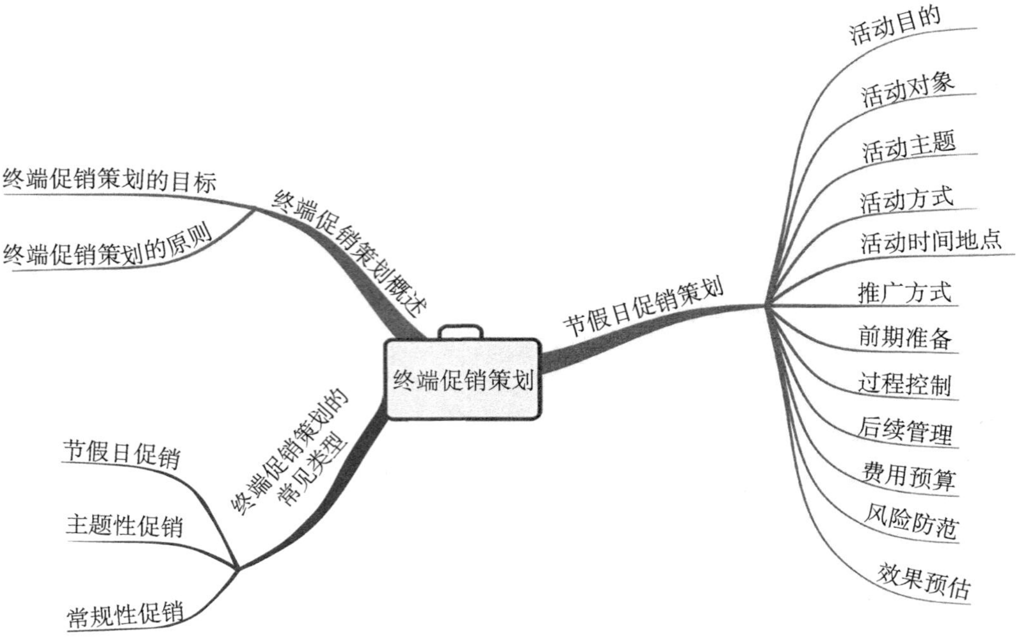

慕课资源

1. 学习视频

2. 学习课件

翻转任务

1. 个人：提前观看慕课视频，回答课后复习思考题，准备课堂提问。

2. 团队：为某零售卖场策划一次母亲节活动。

导入案例

成都大悦城的“疯抢节”

1. 购物与体验相融合再次刷新消费纪录

2018 年 9 月 15 日“疯抢节”当天，成都大悦城客流量突破 13 万人，总车流突破 1.2 万车次，营业额更是突破 2 757 万元，比 2017 年 9 月“疯抢节”增长近 30%。

这场每分钟交易额达3.1万元的疯抢狂欢节是400余家大品牌共同引爆的实体销售高潮。在单日销售数据方面，ZARA、MO&Co.、Calvin Klein Jeans、ECCO、鳄鱼等80个品牌创历史新高，单个品牌销售最大增幅达189%。

2. 跨界合作资源联动，全面发力引爆热情

在购物与体验充分融合下，成都大悦城将线上与线下进行了有效结合。通过"全民造节"，与大众点评等平台的跨界资源联动推动消费升级，从而提升了消费者黏性和大悦城品牌的溢价能力。

另外，大悦城独有的JoyPay会员支付系统在提升会员尊贵感的同时，也转化了客户的忠实度，实现会员、销售的双增长。据统计，本次新增会员3 192人，会员消费占比更是达到60%。

在本次"疯抢节"上，成都大悦城首创"疯抢早场1小时"活动，现场限时扫码参与"69团100"活动吸引了大量消费者。同时，奈雪的茶早场买一送一、优衣库扫码领红包等限时优惠活动聚集了大批年轻消费群体，现场人气火爆。

3. 品牌更新迭代加速，再造"网红""潮玩"标签

2018年下半年，成都大悦城在品牌上发力，进行了有针对性的改进并引入全新品牌，包括智胜乐飞航空体验中心、七田真、新鸿书院、培飞思维数学、嘻哈帮街舞等，精准聚焦家庭客户群体，实现0～12岁儿童的综合素质培养，致力打造出超过8 000平方米的寓教于乐的创想天地——悦空间。

另外，大悦城迎来全新"网红"品牌的进驻。2018年9月5日，最热茶饮品牌奈雪的茶城西首店在大悦城开业，"疯抢节"单日销售额创下西南地区新高。

IBM创始人沃森曾经说过，科技为企业提供动力，而促销为企业安上了翅膀。由此可见，促销对企业至关重要。促销实质上是一种沟通活动，即营销者（信息提供者或发送者）发出刺激消费的各种信息，把信息传递给一个或更多的目标对象（即信息接收者，如听众、观众、读者、消费者或用户等），以影响其态度和行为。常用的促销手段有广告、人员推销、销售促进和公共关系。本章主要聚焦于零售终端的促销策划。

8.1 终端促销策划概述

终端是指产品销售渠道的最末端，是产品到达消费者完成交易的最终端口，是商品与消费者面对面展示和交易的场所，如超市、购物中心等。这里的终端促销策划主要研究在销售终端针对消费者设计的促销策略，主要介绍销售促进的策划。

终端促销策划的目标

1. 提高销量

提高销量是终端促销策划的常见目标，可通过形式多样的促销方案刺激消费者多购买、冲动购买或提前购买，以实现终端销量的提升。常见的方法有“买三赠一”“满500减150”等。

2. 消化库存

在季末或者销售淡季时，销售终端经常通过促销活动来吸引消费者购买过季商品或大批量存货，以实现消化库存、资金回流的目的。常见的方法有“季末三折清仓”“100元3件”等。

3. 提升品牌知名度

有的终端促销策划是为了提升品牌的知名度，通过开展一些有吸引力的促销活动让消费者认识品牌，扩大品牌影响力。常见的方法有免费试吃、到店送大礼包、转发抽奖、竞赛等。

4. 开发新客户

通过策划创新的促销活动来吸引新客户也是常见的策划目标，如贝店的“分享赚钱”等成功开发了新客户，帮助其快速完成客户积累。

5. 维护客户关系

有的终端促销策划是为了维护老客户，通过回馈性质的促销设计，让老客户感到被重视或被特殊对待，促使老客户重复购买，以维系良好的客户关系。常见的方法有“会员积分兑换”“老客户享受7折优惠”等。

6. 吸引竞争对手的消费者改变购买习惯

还有的终端促销策划是为了抢夺竞争对手的市场份额，如通过策划与竞争对手相对应的促销活动、凭竞争对手VIP卡可享受同等待遇等竞争性促销活动，来使竞争对手的客户改变购买习惯。

终端促销策划的原则

1. 差异性原则

在复杂的市场环境中，顾客每天被迫接触大量的信息，如何能够保证销售终端的促销信息不被淹没呢？这就要求在促销的策划阶段坚持差异性原则，也就是赋予促销活动方案不同于其他活动的思维和操作方式，制造独特的亮点，让消费者从活动中获得新鲜感从而关注促销活动。

2. 系统性原则

每个促销活动都是阶段性的，促销计划也有一定的时效性，需根据企业的经营状况、经济环境、市场变化进行调整。系统性原则体现在销售终端能将零散的促销活动统一到整体发展战略中去，这就要求销售终端全面考虑不同市场的情况、不同消费者的心理，并采取不同的促销战术达到一致的促销效果。

3. 实用性原则

应当从消费者的角度来考虑促销活动的细节。首先，促销活动应该让消费者花最低的成本。其次，促销活动应该让顾客真正享受实惠。促销活动所提供的赠品、折扣、奖励等，都应该充分考虑顾客的心理、实际需求和市场本身等因素，力求实用。

4. 成本性原则

无论基于什么样的促销目标，都要考虑促销活动的投入产出比，权衡收益与成本，进行预算控制，并在促销时采用不同的促销手段，合理配置人力、物力和时间资源，以最低的成本达到最佳的效果。

8.2 终端促销策划的常见类型

终端促销策划的常见类型有节假日促销、主题性促销和常规性促销。

节假日促销

零售终端在做促销时，几乎不会放过任何一个节假日，节假日促销包括但不限于：元旦促销、春节促销、三八节促销、端午节促销、五一促销、中秋节促销、国庆节促销等。促销活动主要围绕各个节假日的特点来展开。

主题性促销

主题性促销指针对某一品类商品或事件策划组织的专项性主题促销，包括但不限于：

（1）围绕卖场重要事件开展的庆典促销，比如公司周年庆促销（见图 8－1）。

（2）新店开业促销。

图 8-1　成都银泰中心 in99 2019 年中庆主题促销

（3）厂商联合促销：指与某一个或某一类品牌厂家联合开展的活动，如品牌推广周（月）、品牌特惠周（月）等。

（4）一般主题性节日促销：情人节促销、“3·15”促销、父亲节促销（见图 8-2）、母亲节促销。

（5）卖场策划的主题性节日促销：购物节、狂欢节、化妆品节等。

（6）基于新媒体的主题性促销：引流、造势、营业推广、转发抽奖等。基于新媒体的促销主要以终端消费者为促销对象，借助目标消费者所喜爱的新媒体平台，如微博、微信、抖音等，策划各种主题性终端促销活动，如转发抽奖、转发免费获赠、限时打折抢购、集赞换购/免费等，实现广泛引流、扩大促销范围、拉动销售等目标。这种主题性促销因具有传播广、发酵快、成本低等特点，成为零售终端热衷使用的促销手段。需要注意的是，对于有实体零售终端的企业，基于新媒体的终端促销需要线上与线下密切配合与互动，这样才能收到良好的效果。

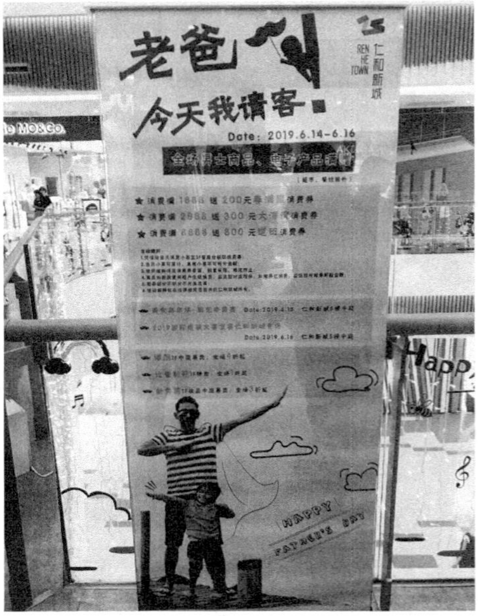

图 8-2　成都仁和新城 2019 年父亲节主题促销

2018 年，抖音上突然流行起海底捞的一种神秘吃法——鸡蛋虾滑面筋：生鸡蛋＋虾滑倒入油面筋，然后丢进锅中煮熟。这一招被抖音的网友玩得不亦乐乎，甚至有人为拍抖音视频专门跑去吃海底捞。在抖音上，关于海底捞的神秘配方还有三四条，被网友玩得不亦乐乎，比如网红蘸料、番茄牛肉饭、网红潮汕海鲜粥。海底捞的抖音同款被抖红后，海底捞的反应速度惊人，它在第一时间培训了所有门店员工，部分门店要求前厅服务人员在顾客到店时主动介绍本店的“抖红款”。在服务员的“安利”下，到店客人的兴趣和创造力被激发出来，海底捞“抖红款”的菜单越来越丰富，不但有了抖红蘸料，还有抖红海鲜粥。

服务员对于这些“抖红款”心领神会，与顾客形成了一种奇妙的默契（见图 8-3）。

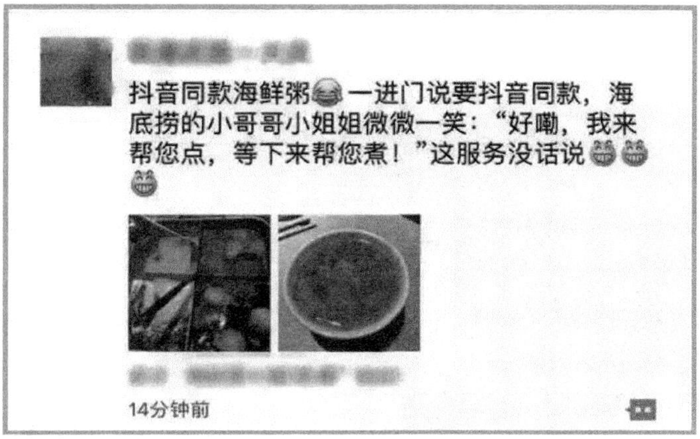

图 8-3　海底捞顾客朋友圈

同时，海底捞还设计了这个游戏的 2.0 版本——服务员为顾客出一道测试题，答对了才有鸡蛋用来做抖音同款菜品。

没有得到鸡蛋的顾客不仅不生气，反而开心地将这个视频录下来上传到抖音，这又为海底捞带来一大波流量。

常规性促销

为了活跃现场气氛，围绕某一特定目的或市场变化开展的小规模促销称为常规性促销，主要包括以下几类：

（1）周末提升人气和销量的小型促销。

（2）应对竞争对手开业等活动的促销。

（3）针对清理库存的专项促销。

（4）店庆促销。

（5）新品上柜促销。

（6）有重大活动或节日的借势性促销。

促销的手段多为销售促进，包括免费样品、附送赠品（随赠、批量赠送、赠奖)、赠券/印花、折扣、竞赛、展销、现场演示/陈列、消费信贷服务、会员制等。

8.3 节假日促销策划

节假日促销策划是特定节假日的促销活动策划，是有别于常规性促销的特殊活动，呈现出集中性、经常性和规模性的特点（见表8-1）。

表8-1 零售终端常用节假日

中国传统节日	现代节假日	西方经典节日
春节	元旦	情人节
元宵节	三八妇女节	母亲节
二月二龙抬头	消费者权益日	父亲节
清明节	劳动节	万圣节
端午节	五四青年节	感恩节
七夕节	六一儿童节	圣诞节
中秋节	教师节	
重阳节	国庆节	

终端促销策划的内容包括以下12个部分。

1. 活动目的

此部分主要对市场现状及活动要达到的目的进行阐述。需要考察：市场现状如何？开展这次活动的目的是提高认知度，提升销量，打击竞争对手，新品上市，还是提升品牌认知度及美誉度？

2. 活动对象

活动对象的策划需要清楚地界定目标顾客群体，如需要明确活动面向的对象：是目标市场的每个人还是某一特定群体？活动控制在多大范围内？哪些人是促销的主要目标？哪些人是促销的次要目标？

3. 活动主题

节假日活动主题的策划主要解决两个问题：一是确定活动主题；二是包装活动主题。活动方式是降价、价格折扣、赠品、抽奖、礼券、服务促销、演示促销、消费信用，还是使用其他促销工具？

促销工具和促销主题的选择要考虑活动的目的、竞争条件和环境，以及促销的费用预算和分配。

策划要点：把握活动主题。活动主题作为活动内容的高度提炼，可以第一时间向顾客传递促销信息，好的活动主题可以更有效地激起顾客的购买欲望，促进销售，起到锦上添花、画龙点睛的作用。让活动主题既吸引眼球又充分传播活动信息是主题设计的关键。节假日促销要将活动主体与促销时机结合起来，如六一儿童节推出以“玩具总动员”为主题的促销活动，母亲节推出以“给母亲最好的礼物”为主题的促销活动，等等。

4. 活动方式

活动方式需要重点考虑两个问题：

（1）确定活动形式。包括确定活动中促销的产品、促销的具体形式，是否要与其他合作伙伴合作，通过线上还是线下，等等。

（2）确定刺激程度。通常来说，节假日促销活动刺激程度越高，对销售的促进效果越好，但这种刺激也存在边际效应，应根据促销实践进行分析和总结，结合市场环境确定适当的刺激程度和相应的费用投入。

策划要点：富有吸引力与竞争力的折扣。无论是注重品质的顾客，还是注重价格的顾客，“超值”是多数顾客的共同需求。许多顾客平常不购物，专门等零售商大力促销时才出手，临近重大节假日销售整体略有下降的现象充分说明了这一点。因此，对于重大节假日促销活动而言，富有吸引力（针对目标客群）和竞争力（针对竞争对手）的折扣是保证促销活动取得成功的关键。当然，这是相对顾客的心理预期及竞争对手而言，不存在绝对的低折扣概念。此外，我们所说的富有吸引力和竞争力的折扣，许多时候要基于成本考虑，未必是全场范围，那些能够刺激顾客需求、带动大众消费的几个重点品牌的折扣已极具吸引力与竞争力。

5. 活动时间和地点

在确定活动时间时，要将时间跨度与节假日时间衔接，尽量延长节假日的时间效应。在活动地点的选择上，要决策是在销售地还是客户居住地，或者是顾客活动地域，精心选择的地点有助于活动的成功开展，决策的核心点在于促销对象的使用场景。

策划要点：甄选促销时机。消费者的购买行为深受节令、天气、季节、月份等因素影响，把握好这些机会是店铺促销活动成功的重要因素之一。根据我国当前的休假政策，重大节假日一般指五一劳动节、国庆节以及春节三个大节，促销时机的选择意味着企业要顺应顾客的需求，顺应市场环境变化而制定相应的促销活动。由于公众在这些重大节假日期间有充裕的购物、出行时间，潜在需求得到释放，自然更愿意消费，在此期间的促销活动往往比平常的促销活动更受人欢迎，销量自然也更高。

随着竞争的加剧，零售企业的活动除了原有三大节的促销，现已步入“有节做节，无节造节”的时代，我们在抓住已有节假日的同时，还可以创造性地打造一些节日。“双十一”就是个非常成功的例子。

6. 推广方式

成功的节假日促销活动需要全方位的推广配合。零售终端需要考虑选择什么样的推广创意及表现手法，选择什么样的推广媒介，以及以什么样的内容去推广。

策划要点：及时、到位的活动推广。建立顾客信息数据库，进行差异化、精准化的营销推广对企业的销售促进及成本控制起着决定性作用，特别是在重大节假日的促销活动中，为了凸显差异以及控制成本，越来越多的零售商开始利用不同门类针对不同客群进行差异化、个性化的营销传播。

7. 前期准备

前期准备工作包括人员安排及培训、产品及物料准备、应急方案制定、促销现场布置等。

策划要点：到位的执行准备。执行到位是促销活动成功的关键，通常需要重视以下方面。

（1）准备充足、高质的商品。营销组合策略包括产品、价格、渠道、促销，即产品本身仍是顾客的第一需求，因此，任何一次促销活动，无论促销时机、活动主题如何，充裕、高质、低价的商品是保证活动取得成功的第一要素。特别是在重大节假日时，由于客流量大，购买力强劲，很容易存在断货、缺货问题，零售商提前做好销售预估以及商品准备至关重要。

（2）准备充足、专业的销售人员。由于重大节假日对消费者的刺激性，活动期间客流较日常会有大幅的攀升，零售商如果没有提前做好充足的人手准备，现场可能会出现拥挤、跑单甚至失窃现象，不但白白流失营业额，还影响企业声誉及员工士气。出于成本的考虑，企业可以聘请少量兼职人员，经过短期培训担任销售人员。当然，销售人员的专业性也是留住顾客的重要因素。

（3）准备生动的装饰及营造气氛。物质的大大丰富能引起顾客的购物欲望，使其享受商品本身带来的价值，购物过程中的体验对顾客更具吸引力。节假日对公众来说是放松休闲的好时光，更是体验美好生活的契机，因此，零售商要趁势为顾客提供生动的现场装饰。此外，门店营造热烈的气氛也是吸引人流的一大惯用招数。一般来说，可以借助流行音乐、销售人员的服饰妆容、口号等来活跃气氛。

（4）充分的内部沟通。在重大节假日促销活动期间，各部门的工作量较日常经营及小型促销活动有很大的不同，因此，企业内部的沟通协调更加重要。在活动确定之后，企业就应及时通报活动内容，明确各部门的具体职责。活动执行人员应在活动开展前进行彩排，避免由于前期内部沟通、传播不畅而产生问题。

8. 过程控制

过程控制主要包括活动纪律和活动现场的控制。由于重大节假日促销活动的规模较大，牵涉人员和物品较多，在活动筹备时一定要对相关环节指定责任人。活动执行时各责任人对自己负责的事项进行跟踪，并及时向活动负责人汇报进度。保证每个环节有人负责，人人职责清楚，才能避免活动过程中手忙脚乱，忙中出错。

9. 后续管理

后续管理主要涉及媒体宣传和活动总结，如这次活动将采取何种方式在哪些媒体进行后续宣传。此外，对活动及时总结也至关重要。

策划要点：及时总结与评估。重大节假日促销活动的目的是期望在节假日期间增加客流量，提高客单价，促进商品的销售，提升业绩，同时提高知名度，吸引更多的顾客以后经常光顾。因此，在促销活动结束后，召开总结会分析促销活动成果是必不可少的，及时的总结与评估能确保促销活动的成效，为下次促销活动提供参考。

一般来说，促销活动的评估分析涉及促销活动前、活动中、活动后三个方面。

（1）促销活动前——计划、准备是否及时。一般包括所选日期是否合适，时间长短是否适中，活动方式是否繁杂，是否给顾客造成不便，促销商品库存在活动前是否已准备充裕，商品陈列是否有不当及需要改进的地方，商场装饰是否完善，媒体运用如海报、横幅、现场 POP 制作等是否及时，商品变价手续、促销联是否完善，预增设收银台、收银人员是否已经安排妥当，等等。这个阶段的评估主要是对活动计划的评估，以为后续活动计划提供参考。

（2）促销活动中——执行是否到位。对活动执行过程的评估包括：活动期间商品是否够用，有无需要再续订货促销商品，特例柜台是否都张贴明确告示，价格标识是否明显，商品销售的分析，业绩及毛利情况是否符合预期，各部门的衔接是否符合预期要求，等等。本阶段主要评估活动执行过程中存在的执行问题，并总结出可供今后参考的正面经验。

（3）促销活动后——活动效果与预期的差距及对后续活动的建议。活动结束后的评估包括：过期的宣传品是否完全撤除，商品是否已恢复原价，商品销售业绩、利润分析，主力商品坪效分析，等等。本阶段的评估可以衡量活动整体的成败，总结活动中的亮点，指出活动中的缺陷，以指导后续活动的改进和优化。

10. 费用预算

费用预算包括物料成本、人力成本、场地成本、推广成本等，费用预算的目标是以最低的成本获得最佳的促销效果。

11. 风险防范

风险防范指要对一些意外因素进行防范，比如政府部门的干预、消费者的投诉，甚至是天气突变导致户外促销活动无法继续、物业不支持、门店停电、有人捣乱、客流量稀少等。对于这些问题，活动前一定要有周详的考虑并制定应急预案，必须做到防患于未然。

12. 效果预估

最后是预测本次活动会达到什么样的效果，以便于活动结束后与实际情况进行比较，通常从刺激程度、促销时机、促销媒介等各方面总结成功之处和失败之处。

节假日促销策划是终端促销策划的一种类型，也是零售终端最偏爱的促销类型。总结起来，一次成功的节假日促销策划有五大要点：

（1）策划有新意。策划主题一定要突出，要抢眼，要契合环境，要合理。策划的利益点要明确，有吸引力。

（2）准备够充分。人、财、物要准备齐全，细节考虑到位。

（3）传播要到位。要明确传播受众，传播要聚焦，传播方式要适应受众，传播时间和力度要得当。

（4）执行要给力。执行方案要考虑周到，落实到每一个环节、每一个人员，并进行必要的培训和演练。

（5）监督要及时。过程监督尤为重要，以便及时发现问题并做出调整。

案例分析

重庆格蕾希娅教堂婚礼中心“幸福 99”第二季“誓言的初心”集体婚礼系列活动策划方案

该品牌公益活动方案于 2018 年 7—9 月执行，在活动开放报名 20 天左右的时间里，总共有 700 多对夫妻报名，公证处摇号产生 99 对，参与媒体 20 余家，爱心企业 50 余家，99 辆奔驰车作为爱心车队也参与其中，网络直播平台累计观看量超过 800 万人次。

下面为策划方案的 PPT 展示。

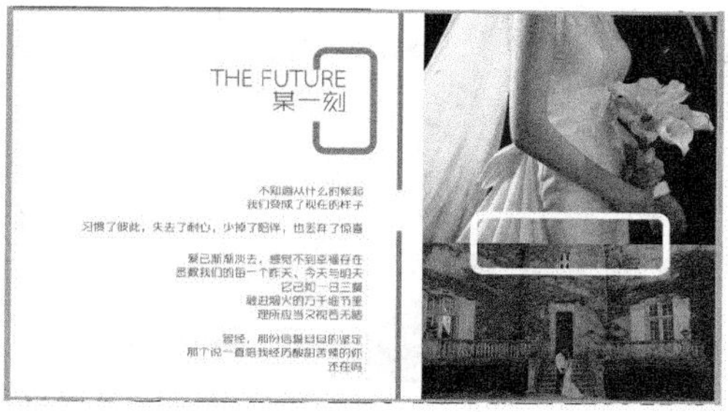
THE FUTURE
某一刻

一场震撼全城的集体婚礼
一次关于誓言的自问自答
一份关于爱的重新思考

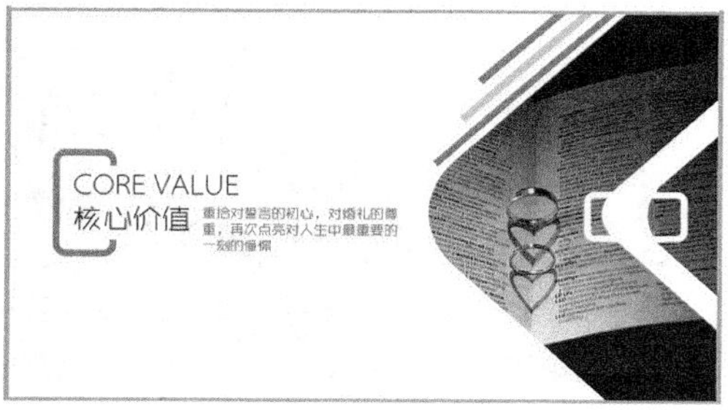
CORE VALUE
核心价值
重拾对誓言的初心，对婚礼的尊重，再次点亮对人生中最重要的一刻的憧憬

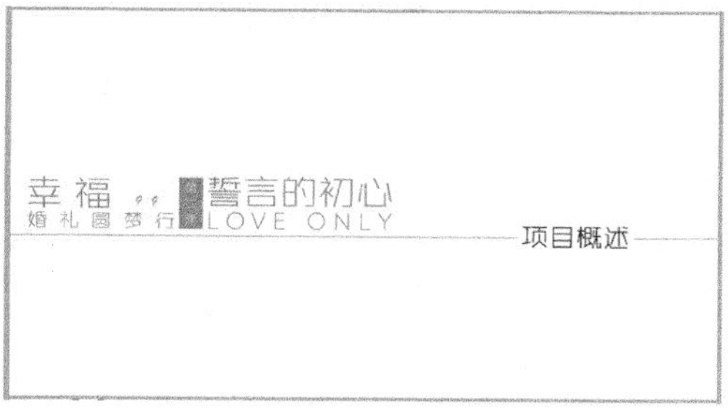
幸福
婚礼圆梦行
誓言的初心
LOVE ONLY
项目概述

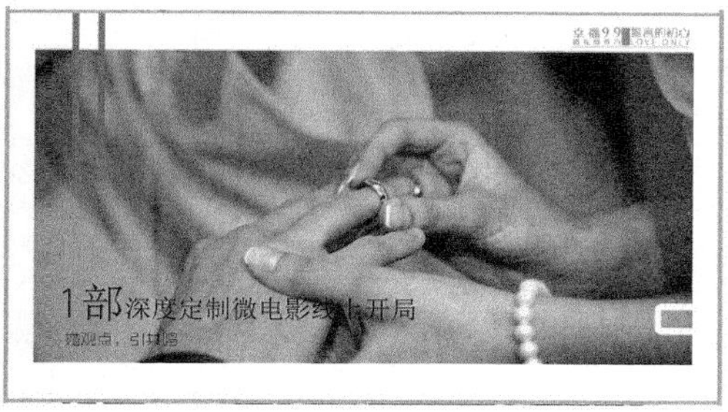
1部深度定制微电影线上开局

一个大型事件营销进一步深入话题
引发公众探讨，制造舆论高潮

1场高规格正统西式教堂集体婚礼
核心价值观的集体呈现，以爱之名，集中引爆传播

1部制作团队高品质访谈纪录片

广播电视
新媒体
网络媒体
户外媒体
自媒体
MEDIA MATRIX
全媒体矩阵
全程不间断持续露出

头条
今日头条
你关心的 才是头条
独家合作媒体
今日头条全系产品
抖音
西瓜视频
火山小视频
悟空问答

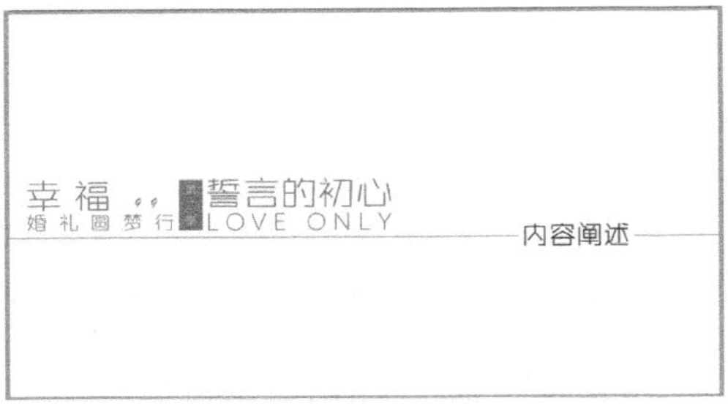

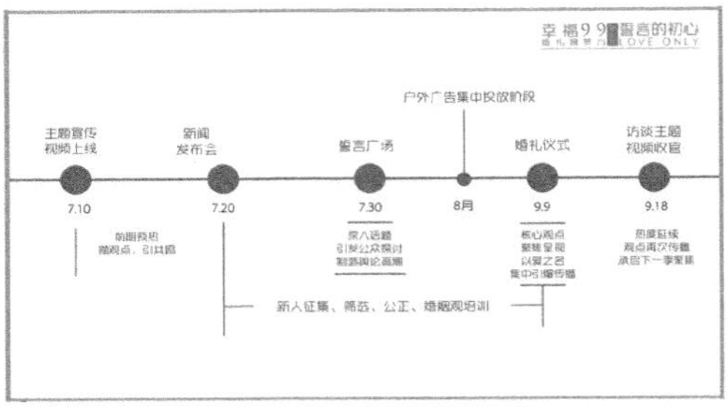

资料来源：重庆格蕾希娅教堂婚礼中心.

案例思考

1. 该策划案的创新点有哪些？
2. 通过以上案例，思考一个成功的终端促销策划要具备哪些要素。

实用工具

本章提供的实用工具：

1. 终端促销策划方案结构
2. 方案实施 PDCA 表

复习思考

1. 终端促销策划的目标有哪些？
2. 终端促销策划的原则有哪些？
3. 终端促销策划的常见类型有哪些？
4. 节假日促销策划的主要内容是什么？

5. 节假日促销策划的要点是什么？

章节测试

章节测试答案

参考资料和推荐资源

[1] 沙振权．零售学．广州：广东高等教育出版社，2006.

[2] 袁昊，白露．浅析终端促销活动的发展现状、问题及优化路径．中国市场，2014（11）：17－19.

[3] 刘朝晖，陈攀峰，姜会．浅析节假日促销策略．中国商贸，2010（2）：10－11.

第 9 章

网络营销策划

学习目标

1. 知识学习

（1）掌握网络营销策划的基本概念、原则、内容和策略组合

（2）掌握网站策划的主要内容

（3）掌握网络广告的主要形式和策划管理过程

（4）掌握社会化媒体营销的概念，掌握顾客营销、内容营销、顾客销售、工具选择和组织策略的内容

2. 能力训练

（1）培养网络营销策划的基本能力

（2）学会网站建设和运营策划

（3）学会网络广告策划

（4）学会社会化媒体营销策划

3. 素质养成

（1）培养互联网思维

（2）培养营销创新意识

（3）提升互联网背景下营销人员的视野和格局

章节概要

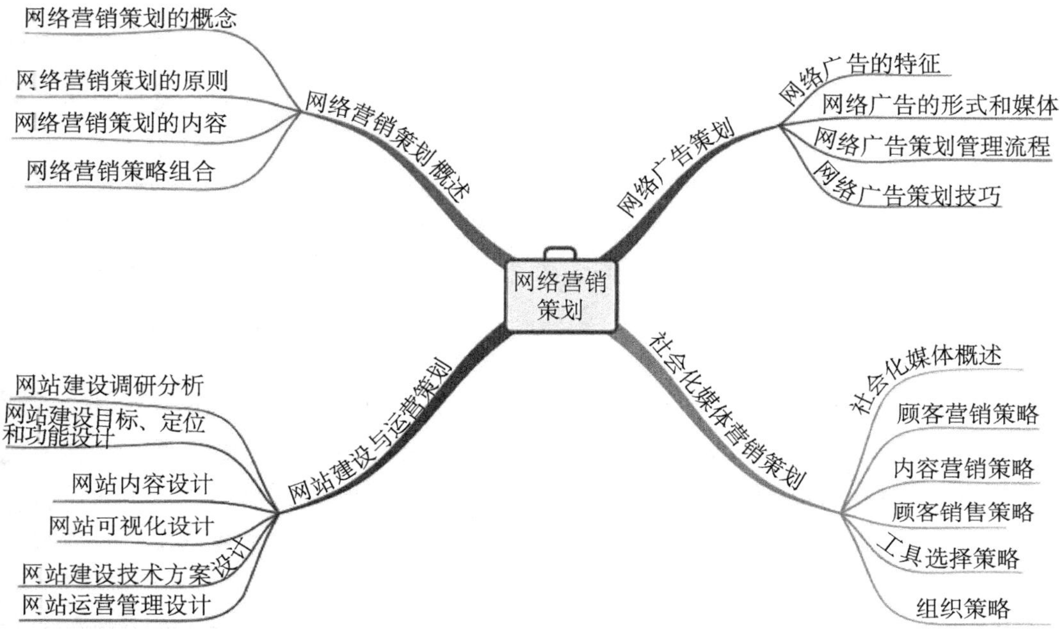

慕课资源

1. 学习视频

2. 学习课件

翻转任务

1. 个人：提前观看慕课视频，回答课后复习思考题，准备课堂提问。

2. 团队：围绕网站建设与运营策划、网络广告策略、社会化媒体营销策划任选一个主题，完成策划方案并展示。

导入案例

“李子柒”品牌营销

随着科技的不断发展，人们对于互联网的需求逐渐增多，社会化媒体作为社会化创意的信息表达渠道，成为人们日常交流的主要平台。“李子柒”品牌通过一系列的内容生产和营销传播，达到了营销目的，实现了品牌的社会价值。

1. “李子柒”品牌的内容策略研究

（1）打造个性化 IP 品牌。在市场竞争日趋激烈、产品高度同质化的情况下，具有独特性、差异性的品牌更吸引消费者的目光。“李子柒”品牌内容的个性化体现在展现带有古风色彩的田园式生活，古风是指现代社会流行的古代潮流，田园式生活是指日出而作、日落而息慢节奏的生活方式。个性化的品牌定位下，内容生产和垂直用户的定位也会不同，内容定位是品牌进行内容生产的关键一步，只有明确了定位，品牌的内容生产才会有目标、有针对性。“李子柒”品牌的内容定位是古风美食，使用中国传统技艺制作，垂直用户是已经与品牌建立牢固关系的用户。由于内容定位的差异化，垂直用户更具针对性。根据调查统计，“李子柒”品牌的用户大多是 15～30 岁的年轻人，其中女性偏多。

（2）基于品牌调性的内容生产。内容是内容营销最关键的环节，只有不断打磨内容，才能在后面的营销环节取得好的成绩。内容包括很多方面：热点性内容、时效性内容、即时性内容、持续性内容、方案性内容、实战性内容、促销性内容等。“李子柒”品牌的内容生产包括其中的几个方面，例如时效性内容是指在特定时间段内生产的内容具有较高的价值，促销性内容即在特定时间段内进行促销活动产生的营销内容，持续性内容是指内容含金量不会受到时间的限制，不管在哪个时间段都具有价值。

（3）明确内容生产的目标。“李子柒”品牌通过内容生产，最直观的目的是扩大品牌的知名度，提高用户的品牌忠诚度，促进电商平台的销售。品牌内容生产的最终目标是引导用户关注中国传统文化，弘扬中国传统文化，主动承担品牌的社会责任，实现品牌的社会价值。

2. “李子柒”品牌的内容营销方式研究

（1）以短视频为主的内容营销传播。在“李子柒”品牌的内容营销中，短视频是内容的载体，也是传播的手段。短视频的优势在于，可以在各种社交媒体、自媒体平台上播放，适合用户在移动状态和短暂休息状态下观看，使用户有效利用碎片化时间。以视频作为内容表现形式不仅符合互联网时代人们的阅读习惯，还便于用户更好地学习。

（2）多媒体平台投放，建立传播矩阵。在营销市场上，媒介平台有很多种，精准投放很重要。“李子柒”品牌的内容投放平台有微信、微博、B 站、美拍、秒拍等，其中社交媒体平台用得最多。

（3）与跨界 IP 合作，实现品牌社会价值。2018 年 5 月 24 日，李子柒与朕的心意·故宫食品在北京举行签约仪式，开始正式合作。“李子柒”品牌与跨界 IP 合作，在达到商业目的的同时能够实现品牌的社会价值。

（4）实现商业变现，达到营销目的。2018 年 8 月 17 日，李子柒淘宝旗舰店开业，实现商业变现。“李子柒”品牌的商业变现可以说是流量或者 IP 变现，实现流量变现要有足够的粉丝基础。“李子柒”现有的粉丝量和视频浏览量为实现商业变现打下了好的基础。

通过以上对“李子柒”品牌内容营销的分析，可以看出只有优质、独特的内容才能吸引消费者的注意力，在营销平台的选择上要根据用户的特点选择合适的平台，最重要的是要建立品牌独特的价值观，使用户与品牌之间产生沟通元，对用户不能仅索求利益，还要进行人文关怀。

资料来源：http：//www. zzqklm. com/w/xf/9501. html. 2019－08－20，有删减.

9.1　网络营销策划概述

网络营销是营销理论和实践的重要应用，是对传统营销理论的发展和创新，是对传统营销实践的变革和突破。在信息化时代，网络营销已经成为企业营销的重要组成部分，网络营销策划也成为营销策划的重要内容。

网络营销策划的概念

和许多新兴学科一样，不同的专家学者和业界人士对网络营销有不同的理解，目前网络营销还没有一个公认的定义。有人认为网络营销是基于网络的营销活动的总称；或者是“网络＋营销”，即网络是手段，营销是目的。也有人认为网络营销是充分利用网络资源，营造一个有利于企业发展的经营环境。还有人将网络营销定义为整体营销活动的组成部分，是指为发现、满足和创造顾客需求，利用互联网所进行的市场开拓、产品创新、定价促销、宣传推广等活动的总称；或者基于传统营销的概念植入新的方法和工具，将网络营销作为企业整体营销战略的一部分，是个人或组织以互联网络为载体，以新的方式、方法和理念创造并与他人或组织交换有价值的产品以满足自身需要和欲望的一种社会活动的管理过程。冯英健认为，网络营销是基于互联网及社会关系网络连接企业、用户及公众，向用户及公众传递有价值的信息和服务，为实现顾客价值及企业营销目标所进行的规划、实施及运营管理活动。

在实践中，笔者通过分析也发现了许多不同观点：技术派强调网络技术手段和工具的应用，包括互联网、通信技术、数据技术等；策略派强调通过互联网应用市场营销战略和策略，包括目标市场和市场定位、市场营销组合等；推广派认为网络营销就是网上推广或者网上销售；变革派则认为网络营销是对传统营销的颠覆，是全新的理念、思维和方法。本书认为，网络营销是对传统营销的继承、融合、发展和创新。

网络营销策划是对企业的网络营销活动进行的规划和设计，是指在特定的网络营销环境和条件下，为达到一定的营销目标而制定的综合性的、具体的网络营销策划及活动计划，或者说网络营销策划是为了达成特定的网络营销目标而进行策略思考和方案规划的过程。网络营销策划结合企业的互联网环境，遵循营销策划的基本原理，使用营销策划的方法和工具，并进行融合创新。

网络营销策划的原则

不同于传统营销策划，网络营销策划应该遵循以下基本原则。

1. 创新性原则

网络营销的实践日新月异，不断迭代创新，互联网运营的实践往往走在理论研究的前面，创新思维也是互联网思维的根本属性。与传统的营销策划相比，网络营销策划的创新性原则至关重要，在营销理念、营销模式、营销策略、营销工具、营销内容、营销组织、管理运营等方面都有巨大的创新空间。

2. 系统性原则

网络营销是基于网络的营销活动，是企业营销活动的有机组成部分，与企业的运营系统密切相关。网络营销策划不仅仅是对网络营销活动的规划，更要注重系统性的思考，正确处理企业内部条件与外部环境、线上与线下、战略与战术、近期与远期、目标与过程的关系，使网络营销策划有效促进企业的发展。

3. 经济性原则

企业的运营活动要充分考虑经济性，互联网的优势之一就是为企业提供了众多的低成本营销工具。经济性原则也是网络营销策划和执行的基本原则，在策划活动中，要关注两个重点：

（1）网络营销活动的投入。即网络营销项目或者活动的投资、运营成本、资源消耗等。在促进目标达成的基础上，保障策划和方案实施成本既定的情况下取得最大的经济收益，或花费最低成本取得目标收益。

（2）网络营销活动的收益。这些收益可以表现为经济收益如收入、利润，运营收益如品牌提升、顾客开发、渠道建设、竞争优势，资源收益如合作资源、信息资源、顾客资源，等等。

4. 可行性原则

可行性是营销策划的基本要求，网络营销策划方案要符合以下要求：

（1）环境适应性。指策划方案在当下的政治、商业和法律环境下能够实现。

（2）企业适应性。指策划方案必须符合企业的具体情况，包括企业目标、管理运营、资金实力、人力资源等客观条件和制约因素。

（3）技术可行性。即策划方案提出的实施过程要有成熟的技术支持。

（4）可操作性。即策划方案要有明确的目标、进度或阶段计划、组织和人员分工、投入和支持，还要进行检查、考核和控制。

5. 协同性原则

网络营销策划对于企业的协同性要求更高，主要包括：一是目标协同，即网络营销策划方案的目标与企业战略目标和运营目标的促进和协同；二是运营协同，网络营销策划方案的执行需要营销、采购、生产、技术、人力等相关部门的协同，才能达成目标；三是线上与线下协同，即在营销方案的策划和执行中，线上活动和线下活动的有效对接、促进和呼应；四是工具和媒体协同，例如综合使用微博、微信、社区等资源进行推广。

网络营销策划的内容

企业的所有网络营销活动均可以作为网络营销策划的内容，根据企业营销活动的需要，我们对网络营销策划的内容从以下三个方面进行描述。

1. 基于营销流程体系

可根据本书第 1 章图 1－2 所示营销思维五步法（R-STP-MM-I-C）确定网络营销策划的内容。

2. 基于网络营销职能体系

冯英健教授提出了网络营销的职能，同时说明了网络营销所包括的基本内容，这些也是一般网络营销策划的主要领域，主要表现在八个方面。网络营销职能体系强调了网络营销策划的重点内容，可以以此为依据进行专题的网络营销策划内容规划（见图 9－1）。

（1）网络品牌。即通过网络品牌策划进行品牌定位和设计、品牌应用、品牌推广和品牌运营，提升企业或产品的品牌。

（2）网站推广。即通过网站建设和运营策划，进行网站设计、建设、推广，提升企业知名度，宣传企业形象，推广企业的产品。

（3）信息发布。确定企业的信息发布受众、发布内容、发布媒体、发布策略，实现有效的信息传递。

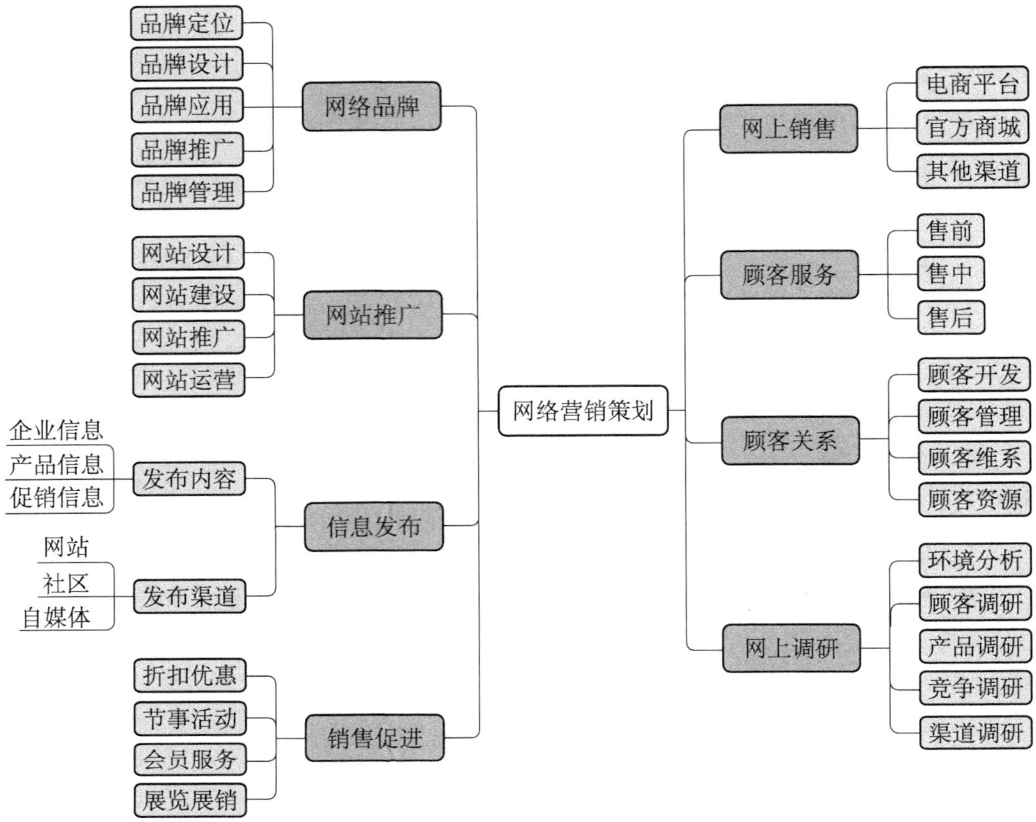

图 9－1　基于网络营销职能的网络营销策划内容体系

（4）销售促进。通过网络开展系统的促销活动，鼓励顾客购买或者多买，推广新产品。

（5）网上销售。通过电商平台、网店或者其他渠道销售产品和服务，开拓线上渠道。

（6）顾客服务。通过网络实现售前、售中、售后全过程的顾客服务和支持。

（7）顾客关系。网络营销策划可以针对顾客资源、顾客分析、顾客开发、顾客服务、顾客维系等活动实现顾客关系管理。

（8）网上调研。即通过网络进行信息收集、数据分析和处理，获取市场信息。

3. 基于市场营销层次体系

基于市场营销层次的网络营销策划内容体系将网络营销策划的内容分为四个层次（见图 9－2）。

（1）战略层策划。解决营销目标、目标市场、市场定位、竞争战略、增长战略问题。

（2）战术层策划。基于 4P 营销组合进行产品及品牌策划、价格制定策划、营销渠道、促销方案策划。

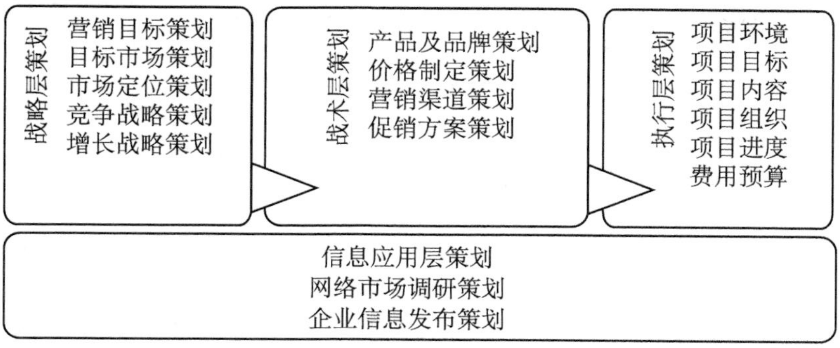

图 9-2　基于市场营销层次的网络营销策划内容体系

（3）执行层策划。即基于一个具体的方案，进行项目环境、项目目标、项目进度、项目组织、费用预算等执行环节的策划。

（4）信息应用层的策划。包括网络营销环境分析、网络市场调研的信息输入环节和企业通过各类媒体和工具进行信息发布和输出的策划。

网络营销策划的内容非常丰富，企业的网络营销环境调研、战略和战术、活动均可进行有效的策划。由于篇幅有限，本书仅对网站建设和运营、网络广告、搜索引擎营销、社会化媒体营销等几个重点专题进行描述。

网络营销策略组合

美国营销学学者杰罗姆·麦卡锡在 20 世纪 60 年代提出产品、价格、渠道、促销营销组合策略，即 4P 营销组合，这是营销策略的基础，也是营销策略基本和经典的框架。随着营销理论和营销实践的发展，营销组合不断发展，内涵和工具不断丰富，目前比较典型的有 4P，4C，4R，4V，4S，4I 等组合，为网络营销策划提供了丰富的策略支持（见表 9-1）。

表 9-1　营销组合策略及其发展（4X）

营销组合	要素	说明
4P	产品（product） 价格（price） 渠道（place） 促销（promotion）	最基本最经典的营销策略框架。
4C	顾客（consumer） 成本（cost） 方便（convenience） 沟通（communication）	（1）从以企业为中心转化为以顾客为中心，营销组合站在顾客的角度，例如对企业而言是产品，对顾客而言则是需求；对企业而言是价格，对顾客则是获得产品和服务的成本； （2）框架和 4P 一致，理念更新，内涵比 4P 更加丰富，方法和工具更多，创新更多。对企业而言，也有更多的竞争手段。

续表

营销组合	要素	说明
4R	关联（relevance） 反应（reaction） 关系（relationship） 回报（reward）	（1）4R组合以客户保持为目标，突出和强调顾客关系管理； （2）关联：建立企业与顾客的关联、产品和需求的关联（互求、互需、互动）；反应：快速反应、敏捷反应，追求顾客满意；关系：建立和保持长期稳定的顾客关系；回报：为企业和顾客带来价值。
4V	差异化（variation） 功能化（versatility） 附加价值（value） 共鸣（vibration）	（1）4V以产品和服务创新为目标，突出和强调产品和服务，也可以理解为是对产品策略的发展和创新，例如通过互联网打造爆品的策略； （2）差异化：通过差异化获得顾客的认可，并与竞争对手显著区别开来；功能化：突出或者强调产品的某些功能；附加价值：通过增值服务等增加产品的价值以提升对顾客吸引力；共鸣：让顾客尖叫，让顾客喜爱，让顾客着迷。
4S	满意（satisfaction） 服务（service） 速度（speed） 诚意（sincerity）	（1）4S强化服务，以追求顾客满意为目标，以服务为突破，以服务创特色； （2）满意：通过服务管理提升顾客满意度；服务：强化服务意识，创新内容，优化流程；速度：提升服务速度和效能，增强服务体验，列入互联网企业的“极速”服务；诚意：服务人员、服务态度的改善，增强顾客理解、建立顾客信任。
4I	趣味（interesting） 利益（interests） 互动（interaction） 个性（individuality）	（1）可以理解为4I以营销传播为目标，突出和强调营销传播的策略，特别是网络营销传播； （2）趣味：在网络背景下趣味性能增强受众的接受和转发兴趣；利益：消费者拒绝广告，不拒绝利益，利益是传播的重要动力，例如红包；互动：是网络营销传播独特的优势，通过互动建立顾客关系、强化顾客服务、增强顾客信任；个性：突出个性，精准营销，例如自媒体。

9.2 网站建设与运营策划

网站是在互联网上占据一定的磁盘空间，根据一定的规则提供信息或应用服务的网页集合。一个功能齐全的企业网站是网络营销的重要工具，是企业对外的窗口，是所有信息的源头和仓库，是企业正式沟通的渠道，也是企业网络活动的枢纽、重要的顾客接触点。因此，网站的建设和运营策划对于企业的网络营销策划有着十分重要的作用。网站建设与运营策划的主要内容包括：网站建设调研分析，网站建设目标、定位和功能设计，网站内容设计，网站可视化设计，网站建设技术方案设计，网站运营管理设计。

网站建设调研分析

1. 网站建设环境分析

调研分析是营销策划活动的基础，网站建设策划也是以调研分析作为主要依据。在网站建设实践中，调研分析可以用 4C 分析方法重点围绕行业（category）、顾客（consumer）、公司（company）、竞争者（competitor）几个方面进行，具体如图 9-3 所示。

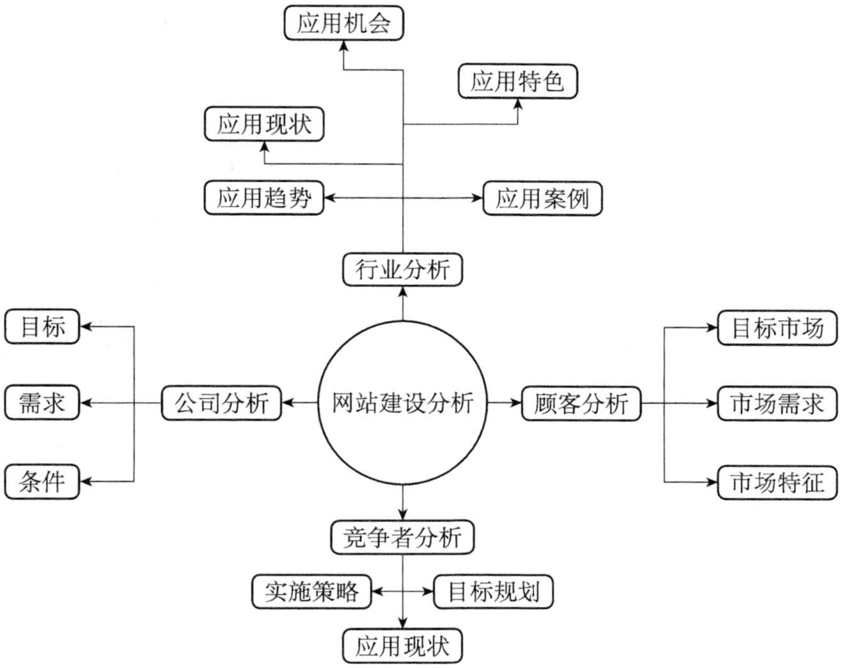

图 9-3　网站建设调研 4C 分析

（1）行业分析。主要分析企业所在行业的网站建设应用机会、应用现状、应用特色和应用案例等。行业分析不仅可使企业适应行业的发展趋势，也能够有针对性地结合行业进行网站设计和运营创新。

（2）顾客分析。包括分析目标市场现状、特征和需求等，是实现网站营销功能的重要依据。

（3）公司分析。即对自身的目标、条件和需求进行分析。

（4）竞争者分析。充分了解竞争对手网站建设和运营的现状、规划和目标，保持竞争优势。

2. 网站建设可行性分析

第一是需求分析，即分析企业经营活动对网站的需求，在各个营销环节中对网站的具体要求；第二是技术分析，即分析网站建设和运营中应用到的计算机、互联网和通信技术，网站设计和开发，网站运营和管理相关的技术及趋势；第三是投入分析，即分析建设和运营网站的综合投入和成本；第四是效益分析，即分析网站运营带来的市场、财务和资源方面的效益。

网站建设目标、定位和功能设计

1. 网站建设目标设计

网站在网络营销中起着基础性的作用，网站建设的目标，可以从战略到战术进行规划，也可以根据网络营销的职能进行规划，例如品牌建设、网站推广、信息发布等。本书结合中小企业运营的实际提出六个具体的目标，在进行网站建设和运营策划的时候可以参考。网站建设目标体系如图 9－4 所示。

（1）品牌建设目标。通过网站展示、宣传、推广企业的品牌和形象，建立公众对企业及产品的认知，提升知名度。

（2）顾客关系目标。包括实现顾客开发、顾客服务、顾客沟通、顾客管理和维系等目标。

（3）信息管理目标。网站作为企业的信息源，可进行信息的调研、收集与发布，网站是企业的信息窗口和媒体中心。

（4）销售目标。通过网站可进行产品和服务推广，产品和服务展示，产品促销，广告宣传，完成售前、售中、售后的服务，开发销售渠道提升销售业绩。

（5）资源目标。即通过网站聚集顾客资源、合作资源、信息资源、渠道资源、服务资源等，为企业的营销活动奠定基础。

（6）竞争目标。通过网站建设开发新市场、建设新渠道、创新竞争方法和工具，提升市场竞争能力。

2. 网站定位设计

基于企业网站，我们将网站定位设计的内容总结为以下几个方面。

（1）受众定位。即对网站的目标受众进行定位，网站的目标受众比企业的目标市场要宽泛得多，主要包括现有客户、潜在客户、合作伙伴、新闻媒体、政府部门、中介组织、社会大众。

（2）品牌定位。网站的品牌定位与企业的品牌定位一致，在网站策划中要充分考虑以下要求：网站名称简短易记，网站定位应与企业、品牌、产品、行业相关，应体现企业文化与创新。

（3）建设主体定位。企业网站的建设主体一般就是企业本身，但我们也看到有不少创新，例如一些具备行业影响力的企业除了建设自身网站以外，还会建设行业网站，甚至行业和区域平台。另一种策略是为了全方位展示和宣传企业和产品，进

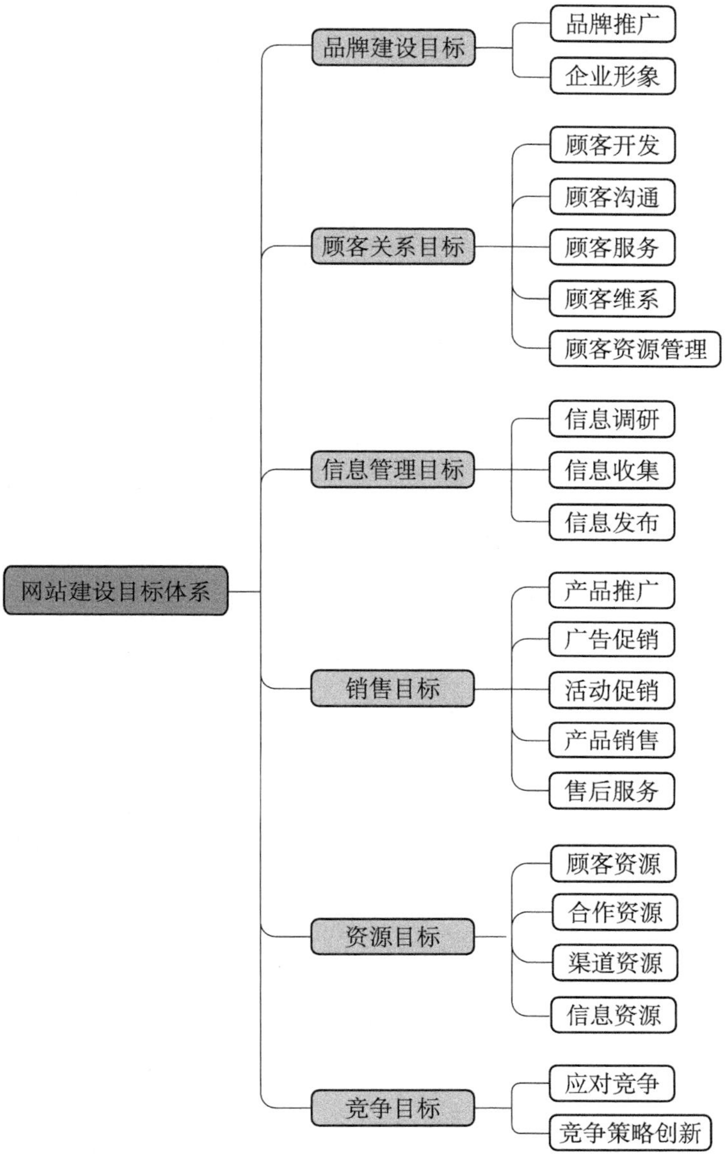

图9-4　网站建设目标体系规划图

行网站群建，即一个企业建立多个网站，例如有官方网站、事业部网站、集团分公司网站、部门网站、产品网站、客户服务网站、销售网站（商城），还有在其他平台如电商平台或者行业平台上建设的页面或者网店等。这些网站相互呼应，实现整合营销，可提升网络营销的整体效率。网站群建规划如图9-5所示。

3. 网站功能设计

策划企业网站的功能时要充分考虑网站承担什么职能。从战略层次看，网站是企业的信息中心、展示平台、媒体中心、服务中心、营销工具，这些在设计上应得

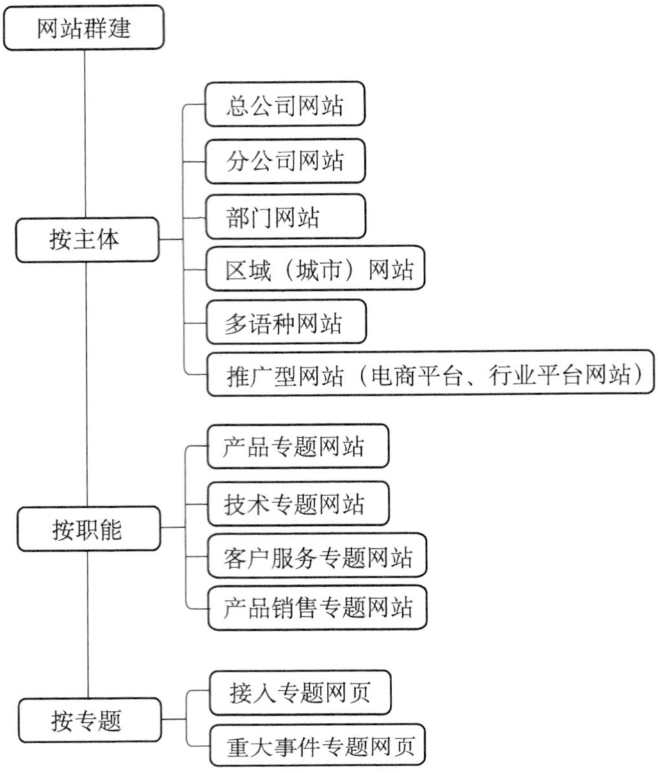

图 9－5　网站群建规划

到体现。在具体设计网站功能的时候可以有以下选择，即信息发布型、宣传推广型、客户服务型、电子交易型和完全运作型（即所有功能都实现），中小企业的网站会根据自身需要更多地选择前三个功能。

网站内容设计

1. 网站内容策略

内容是网站的灵魂，也是企业网络营销活动的关键。根据网站运营的经验，我们将网站内容设计的策略总结为六个字：

（1）新。是指网站内容要及时更新，内容也要创新。

（2）亮。是指网站的内容要有亮点，有访问者感兴趣的内容。

（3）特。网站的内容要有特色、独到性和原创性。

（4）详。即内容介绍详细、信赖可靠，特别是对产品的介绍。

（5）多。是指网站内容丰富，增加出镜。

（6）实。内容实事求是，让用户放心安心。

2. 内容素材收集

要具有敏锐的市场意识和传播观念，充分挖掘和开发来自企业、产品、技术、运营、营销、市场、客户的信息，通过有效的编辑和包装，形成网站的内容。信息来源可以是企业内部和外部，包括内部的各个部门、员工，企业外部的政府部门、报纸杂志、电视、网站、自媒体、专业机构客户和合作伙伴等。

3. 栏目规划设计

根据网络营销对网站的要求，我们对网站栏目规划提出六个建议（见表 9－2)，企业在进行网站设计时可以根据需要进行选择和组合。

表 9－2 网站内容规划设计框架

栏目类别	内容体系
企业介绍类	用于企业的介绍和推广，包括公司概况、发展历程、企业战略、企业文化、组织结构、企业荣誉、联络沟通、领导致辞等
能力展示类	用于展示企业的能力和实力，包括人力资源、企业资质、研究开发、厂房设备、生产能力、营销能力、物流能力、服务能力等
资讯信息类	用于发布行业、公司、产品、顾客等信息，包括公司新闻、公司动态、行业资讯、用户资讯、技术发展等
产品展示类	这是重要的内容之一，以产品线、产品项目为线索展示产品和服务的优势、特点、价值和利益，以及产品和服务的使用方式等；此外设备、工程、项目等可以充分展示解决方案和客户成功案例等
交易功能类	用于实现产品销售和服务，主要包括产品搜索、介绍展示、产品促销、决策参考、购买订单、支付结算、物流查询等
客户服务类	主要围绕客户服务和客户交流，包括服务中心、客户支持、帮助中心、客户社区、投诉建议、呼叫中心、客户留言、即时交互、评价反馈、查询搜索、常用工具、论坛社区、下载专区等

在网站内容规划方面，复杂的网站可以设计二级网站、子站或频道，可以根据需要或者策略设置专题或者专区（例如糖酒会专题、广交会专题)，也可以与其他企业或者媒体合办合作栏目（例如房产公司与地方媒体合办“新盘推荐”栏目)，还可以进行栏目定制。

网站可视化设计

1. 识别体系设计

网站是企业的门户和媒介，其传播设计也应基于企业的品牌体系，符合企业形象识别系统（CIS)。在品牌标识方面，应使用企业特有的符号或徽标，符合企业特点、宣传企业品牌、体现企业文化并且简单易记，最好每个页面都要使用；在色彩设计方面，使用企业标准色彩色系，并配合背景颜色、前景颜色、节庆色系等；在网站呈现方面，应体现企业标准字、企业精神、企业文化、企业广告语。在设计时一般要注意字体不超过 3 种、颜色不超过 5 种，图片要标注名称，视频要考虑兼容性，广告等设计形式要多样化。

2. 网页布局设计

网站可视化布局设计的基本原则是：整体布局、和谐统一，主次分明、中心突出，疏密有度、错落有致，图文并茂、相得益彰。典型的网页布局如图 9 - 6 所示。此外还有 POP 布局、Flash 布局、目录列表式布局、定制化布局（不同的用户进入后显示不同的页面）等。

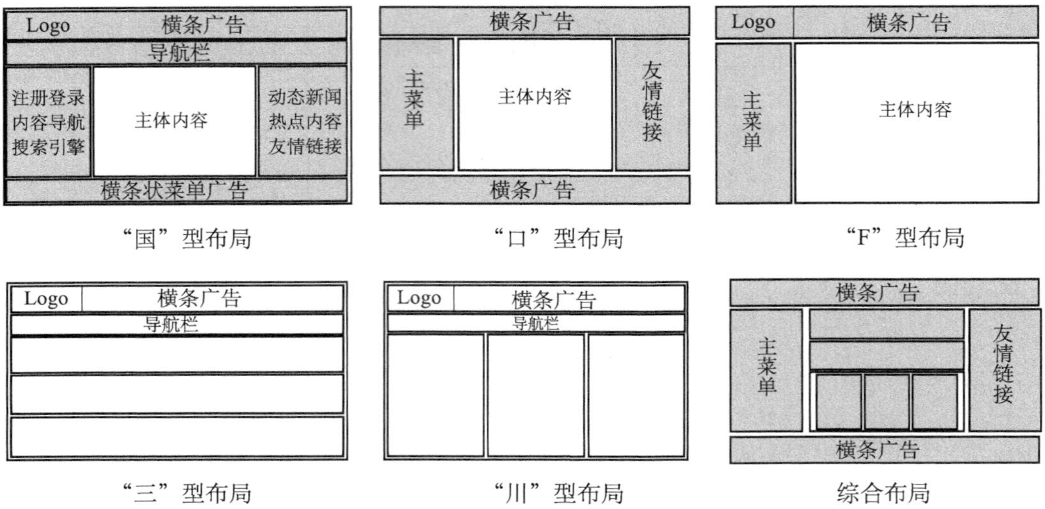

图 9 - 6　常见的网页布局设计

网站建设技术方案设计

1. 网站域名注册

IP 地址是在互联网上唯一标识计算机的地址，域名是唯一标识计算机的名称，与 IP 地址对应，网站域名具有重要的商业价值，也是企业知识产权的重要组成部分。由于域名在互联网上是唯一的，即一个域名注册后，其他任何企业不能再注册相同的域名，这就使域名与商标、企业标识物有了类似的意义，因此有人把域名称为“网络商标”。域名设计的基本要求是：符合规范（国际域名 . com，国内域名 . com. cn，政府部门 gov. cn）、短小精悍、容易记忆、与公司相关（名称、品牌、产品、业务）。域名注册是先申请先注册，主要流程是与注册服务机构签订在线（或书面）域名注册协议，向注册服务机构提交域名注册申请，同时提交书面申请材料，缴费，域名开通使用。

2. 网站技术选型

网站技术选型主要涉及服务器的选择，有主机托管、主机租用、虚拟主机等形式，开发方式主要有自主开发、外包、委托开发、借助第三方平台等形式。企业网站的技术选型一般由相应的服务公司解决。网站开发过程还涉及操作系统、数据库和开发工具的选择，发布前还需要进行网站测试，从性能、速度、界面、兼容、安全、负载等方面进行全面测试，并进行改善和优化。

网站运营管理设计

网站运营管理也是网站营销策划的重要内容，我们把运营管理的设计分为五个方面，如图 9－7 所示。

图 9－7　网站运营管理设计导图

（1）运营管理。确定网站管理的组织和团队，制定运营战略和战术，进行合作资源开发，分析运营状况并制定对策，进行知识产权管理等。

（2）网站推广。包括线上线下的广告宣传、搜索引擎优化、大型门户或者平台的推广、自媒体推广、站内推广、线下活动和人员推广、信息发布、合作推广等。

（3）业务管理。即通过网站运营进行营销业务管理，包括顾客开发、顾客分析、销售管理、服务管理、客户沟通、市场分析、业务分析等。

（4）内容管理。包括内容规范、内容策略、信息收集、编辑创作、信息发布等工作。

（5）技术维护。即在网站运营期间提供有效的技术支持，包括网站优化、用户体验、技术支持、域名管理、安全管理、数据备份、升级改版、应用开发等。

9.3 网络广告策划

网络广告内容广泛、形式灵活，媒体和工具选择面大，几乎无处不在。根据相关资料统计，2018 年网络广告已经超过电视广告，网络广告在企业的营销活动中发挥着越来越重要的作用。网络广告策划主要包括环境分析、传播目标、传播受众、媒体选择、设计制作、发布与投放、费用预算、效果预测、组织实施等环节。

网络广告的特征

1. 网络广告的定义

《中华人民共和国广告法》中规定：本法所称广告，是指商品经营者或者服务提供者承担费用，通过一定媒介和形式直接或者间接地介绍自己所推销的商品或所提供的服务的商业广告。通俗地讲，广告是广告主以付费方式、运用大众传媒说服公众的一种信息传播活动。所谓网络广告，就是广告主以付费的方式利用网络渠道和工具向受众进行传播和沟通的活动。与传统的广告概念比较，网络广告有很大的变革和创新，如表 9－3 所示。

表 9－3　网络广告相对传统广告概念的变化

概念	变化
广告主	广告主是广告发布方，泛指单位和个人；在网络背景下，企业/个人话语权更强、参与门槛更低、选择方式和途径更多
广告媒体	广告媒体有更多的创新，主要包括互联网、移动互联网及其应用、程序、工具，种类更多，选择余地大，表现形式更丰富，互动性更强，促进交易的功能更完善

续表

概念	变化
广告费用	广告费用比传统广告更低、更灵活，也有免费广告的形式
广告受众	在互联网背景下，广告受众就是信息接收者，具有分众特点，具有更大的自主性、选择性和针对性，更加精准
广告信息	广告内容更丰富，表现形式多样，传播内容自主性、灵活性更强

2. 网络广告的特点

与传统广告相比，网络广告具有显著的特征，即直接性和针对性（直接面向顾客，针对顾客特点精准投放）、双向性和交互性（可以与顾客通过网络广告进行双向沟通）、广泛性和开放性（面对受众广、媒体开放度高、普通企业和大众都可以使用）、大容量与低成本（广告信息容量大，相对于传统广告成本更低）、灵活性与丰富性（广告媒体灵活选择、广告内容灵活设计）、实时性和可控性（随时随地进行投放、分析和监控管理，可随时调整广告策略和形式）。

3. 网络广告的营销价值

如图 9－8 所示，网络广告在企业营销中的主要功能体现在以下五个方面。此外，网络广告在市场调研、网站推广等营销活动中起到重要的作用。

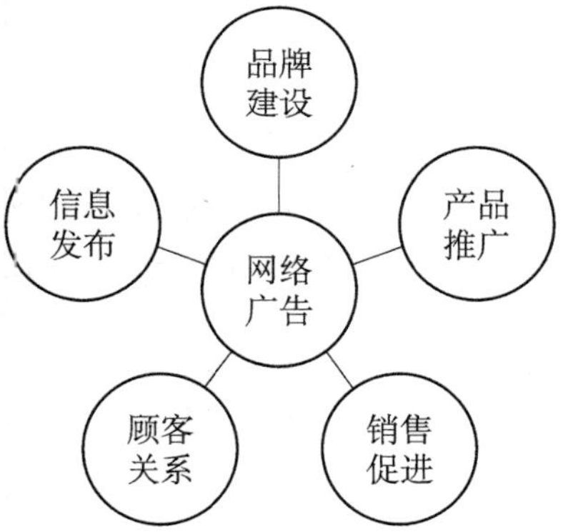

图 9－8　网络广告的营销价值

（1）品牌建设。即通过网络广告进行品牌传播，提升企业品牌知名度和影响力。

（2）销售促进。即通过网络广告传播促销信息，发布促销活动信息，促进顾客早买、多买，提升销量。

（3）产品推广。即通过网络广告展示和推广企业的产品和服务，特别是新产品上市时。

（4）信息发布。即通过网络广告发布企业、产品、顾客、技术等信息。

（5）顾客关系。即通过网络广告开发顾客资源、强化与顾客的沟通、会员管理、对顾客进行持续的信息传播和影响。

网络广告的形式和媒体

1. 网络广告的主要形式

网络广告发展非常快，形式的分类有很多，没有统一的标准。冯英健教授将网络广告的主要形式分为展示性广告、网络分类广告、搜索引擎广告、手机广告和其他（视频广告、社交媒体等）。为了便于理解和操作，本书将网络广告的形式分为旗帜广告、文本链接、插播式广告、按钮广告等形式，如表 9-4 所示。除此之外，还有屏保广告、免费 ISP 等形式。

表 9-4 网络广告的主要形式

广告形式	说明
旗帜广告	在页面中分割出一定大小的画面发布广告，因其像一面旗帜得名旗帜广告，又称为横幅广告或网幅广告，是目前最常见和传统的广告形式，布局灵活，随处可用。旗帜广告还有竖边/对联广告、摩天楼广告、通栏广告和巨幅广告等演化形式。
文本链接	在页面上通过文本链接的形式可直接进入企业或产品的广告页面，文本可以是企业和产品名称，也可以是广告语。文本链接形式的广告通常出现在网页的一些分类栏目中。文本链接形式灵活、费用较低。
按钮广告	在页面上适当位置设置图标或动画，例如企业或者产品标识，也可以是一个象形图标，有的就是一个按钮的形状，因其与相关的广告页面链接，故称按钮广告。按钮广告通常位于页面左栏。
分类广告	网络分类广告是一种全新的网络广告服务形式，主要按照行业、目标客户、区域、城市等进行信息分类，展示供应和需求等商务信息。常见于企业黄页、行业网站、二手交易市场、社交平台、电子商务网站等。
浮动广告	在页面沿一定轨迹浮动的广告形式。其特殊的表现形式与传统的形式相比更能吸引网络访客的眼球。也可以视为按钮广告的一种形式。
插播式广告	是在用户浏览内容的时候插入的广告形式，通常有弹出式广告、过渡式插入广告和智能插播式广告。
搜索引擎广告	搜索引擎广告的主要形式是关键词广告，用户在搜索引擎输入特定的关键字后，除了出现搜索结果，在广告区域中会出现预设的广告。这种广告形式充分利用了网络的互动特质，因此也称为关联式广告。搜索引擎广告因为其灵活性、精准性、可控性高等受到企业的认可。
电子邮件广告	电子邮件广告是以电子邮件为传播载体的一种网络广告形式。电子邮件广告可以分为：邮件广告，即邮件本身就是广告内容；邮件列表广告，用户需要事先同意将广告加入邮件列表，以表示同意接受这类广告信息；邮件本身作为媒体发布广告，例如免费邮件附带广告。
流媒体广告	采用流式传输的方式在互联网播放的媒体广告，如以音频、视频或多媒体文件的形式播放广告。
富媒体广告	是网络广告的一种呈现形式，是声音、视频、文字与图片的组合，形式多样、表现丰富、冲击力强。
赞助式广告	赞助式广告确切地说是一种广告投放传播的方式。赞助式广告的常见种类包括：内容赞助式广告、节目/栏目赞助式广告、事件赞助式广告、节日赞助式广告等。
植入式广告	将广告植入软件、游戏、应用、工具、网络出版物（视频、小说、电子书、电子杂志）。

2. 网络广告媒体选择

网络媒体是网络广告发布的主要渠道和工具，随着互联网和通信技术的快速发展，移动互联网及其应用将成为重要的网络广告发布媒体。从实践的角度，我们把网络广告媒体分为网页、社会化媒体、软件与应用等类别。其中网页即各种形式的页面，社会化媒体包括各类社交网络、社区、论坛、即时通信工具、微博等，软件与应用包括各类应用软件、杀毒软件、游戏、电子出版物等。

网络广告策划管理流程

网络广告策划管理过程可以分为确定目标受众、决定广告目标、网络广告设计、选择渠道和媒体、编制广告预算、制定发布计划、广告效果分析等环节（见图 9－9）。

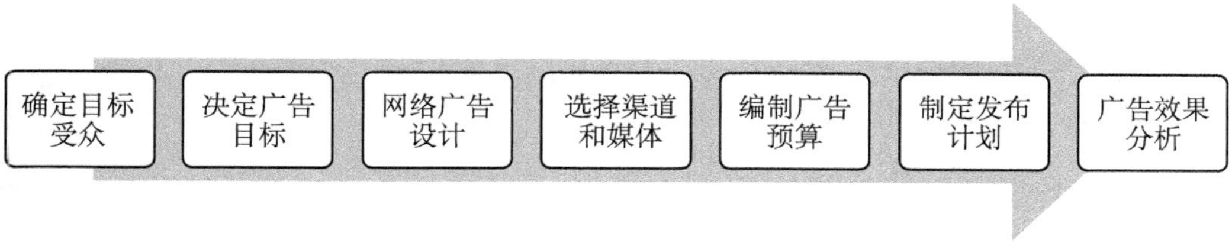

图 9－9　网络广告策划管理流程

1. 确定目标受众

目标受众是公司产品的潜在购买者、现有用户、决策者或有影响力的人，以及个人、团体、特定或一般公众。目标受众决定了信息发送者应当说什么（信息内容）、怎么说（信息结构和形式）、什么时候说（发送时间）、在什么地方说（沟通渠道）、由谁来说（信息来源）。网络广告确定目标受众的方法有市场细分法、资源聚集法、顾客驱动法和行为集中法等。借助大数据分析，能对目标受众进行精准分析，从而提升广告的传播效率。

2. 决定广告目标

按照广告学理论，广告的目标一般有告知目标（向顾客宣传产品的存在）、劝说目标（激发兴趣、说服购买）、提示目标（对顾客进行提示和提醒）和强化目标（强化品牌或产品认知）。我们也可以用 AIDA 模式设计网络广告的目标。

（1）A（attention）表示注意。用户看到广告后逐渐对广告主的产品或品牌产生认识和了解。

（2）I（interest）代表兴趣。网络广告受众注意到广告主所传递的信息之后，对产品或品牌发生了兴趣，想要进一步了解广告信息，他可以点击广告，进入广告主放置在网上的营销站点或网页。

（3）D（desire）表示欲望。感兴趣的广告浏览者对广告主通过商品或服务提供的利益产生“占为己有”的意图。

（4）A（action）表示行动。广告受众把浏览网页转化为符合广告目标的行为，可能是在线注册、填写问卷、参加抽奖或者在线购买等。

3. 网络广告设计

这和传统的广告设计一致，需注意以下三个方面：

（1）设计内容。一般广告信息的策划可以围绕企业信息、产品相关信息、营销相关信息进行设计和整合。

（2）设计原则。网络广告的设计要兼顾真实性、社会性、针对性、感召性、简明性和艺术性。

（3）设计策略。一是提炼策略，充分提炼企业、产品、品牌、文化中的精华；二是简明策略，即广告要易识、易懂、易记；三是表现策略，网络广告应鲜明生动，富有艺术性；四是竞争策略，全面考虑竞争目标，定位准确。

4. 选择渠道和媒体

网络广告渠道和媒体在不断发展变革，包括网站、自媒体、应用和软件等诸多选择，选择媒体考虑的因素有受众特征、企业因素、广告目标、媒体特征、媒体效果、费用预算等。网络广告发布的资源可以分成两类：

（1）内部资源。内部资源即企业自行创造、积累和拥有的各种网络广告资源，例如企业自建的网站、发行的电子刊物等。内部资源可以由企业自行控制和自由利用，一般不会涉及交易费用的问题，往往不被纳入网络广告预算。

（2）外部资源。外部资源则是利用专业服务商，通过购买其广告空间或者利用合作伙伴的资源投放网络广告。外部资源的利用涉及广告费用，需要做预算。

5. 编制广告预算

传统的广告预算编制有量力而行法、销售比例法、目标任务法、竞争等价法等方法。可采用以下方式计算网络广告费用：

（1）CPC（cost per click），即按点击付费，例如关键词广告。

（2）CPM（cost per thousand impression），即按展示付费，例如每千人浏览量。

（3）CPA（cost per action），即按行为付费（注册、加入、采购）。

（4）CPS（cost per sales），即按销售额付费。

（5）CPT（cost per time），即按时长付费，例如一个月费用。

（6）CPO（cost-per-order），按订单付费。

（7）FC（fixed cost），即固定费用。

（8）免费，例如内部资源、免费推广、资源交换、友情链接等。

6. 制定发布计划

广告发布策略可从以下策略中选择。

（1）席卷策略：多种媒体同时发布，协同作战。

（2）变换策略：定期变换媒体或者受众。

（3）均衡策略：稳定、长期、均衡传播。

（4）季节策略：随季节变化，旺季增加、淡季减少。

（5）短期策略：有集中策略、连续策略和脉冲策略。

（6）协同策略：线下广告与线上广告协同发布，或者线上广告与线下活动协同推进。

7. 广告效果分析

网络广告效果的评估，不仅能对企业前期的广告做出客观的评价，而且对今后的广告活动有指导意义。网络广告效果评估的方法有对比分析法、加权计算法等，评估的具体指标见表 9－5。

表 9－5　网络广告效果评估指标

评价指标	说明
广告浏览	广告页面或本身的浏览量
页面浏览	广告指向页面浏览量
广告点击	点击广告的次数
点进率/点击率	点击进入或点击的比率
访问	访问数
重复访问数量	重复访问广告页面的数量
独立用户数	独立用户数量或者独立 IP 数量
注册量	通过广告获得的注册数量
订单量	通过广告获得的订单数量
销售额	通过广告获得的销售额

网络广告策划技巧

1. 策划技巧

在网络广告的策划中，一些实践经验能帮助我们取得更好的策划效果(见图 9－10)。

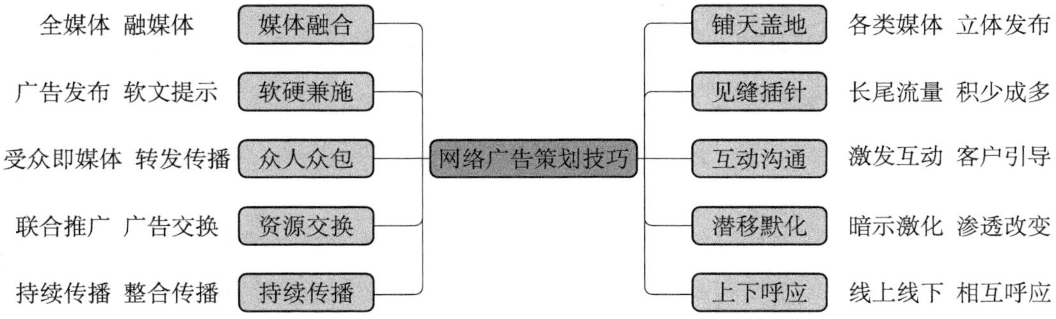

图 9－10　网络广告策划技巧

2. 发展趋势

除移动化趋势之外，网络广告发展还呈现以下趋势：类广告化（对不是以广告形式出现的企业和产品信息进行传播），泛媒体化（全媒体、融媒体，各类媒体广泛使用，产品、包装、二维码等均可以成为媒体），多主体化（企业、个人以及其他的组织机构都可以发布广告），极碎片化（随时随地），高融入化（高度融入企业的运营和用户的生活），强互动化（互动性、交互性、社交化更强），等等。

9.4 社会化媒体营销策划

社会化媒体（social media），也称为社交媒体、社会性媒体等。随着互联网和通信技术的发展，社会化媒体作为重要的互联网应用，带来了深刻的社会关系变革，在企业营销活动中的作用也越来越大。

社会化媒体概述

1. 社会化媒体的概念

社会化媒体并非一个全新的概念，最早出现在电子书《什么是社会化媒体》中。安东尼·梅菲尔德认为社会化媒体是一种给予用户极大参与空间的新型在线媒体。丹尼尔·斯科克则认为社会化媒体是各种形式的用户生成内容（user generated content，UGC），以及使人们在线交流和分享的网站或应用程序的集合。罗恩·乔尔斯提出社会化媒体是这样一类在线媒体，人们在在线媒体上谈话、参与、分享、交际和标记。苏珊·沃德认为社会化媒体是一种促进沟通的在线媒体，这一点正与传统媒体相反，传统媒体提供内容，但是不允许读者、观众、听众参与内容的创建与发展。卡普兰和亨莱因给出的定义是：一组基于互联网的应用，这些应用建立在Web 2.0（内容的创造和交流来自用户）的理念和技术基础之上。在本书中，我们将社会化媒体定义为彼此之间用来分享意见、见解、经验和观点的工具和平台，是能参与、能互动的媒体。社会化媒体营销是利用社会化媒体进行的营销活动。

2. 社会化媒体的特征

与传统媒体比较，社会化媒体带来的显著变化是取消界限、消灭距离、消除等级、打破时间约束、瓦解空间。社会化媒体具有以下特征：

（1）参与性。社会化媒体是可以互动和参与的媒体，信息发布者和接收者的划分是相对的，受众可以参与话题的讨论，也可以创作内容进行发布。

（2）共享性。观点、内容等信息可以通过社会化媒体在社交圈子中共享和传播。

（3）交流性。社会化媒体的参与者是平等的，可进行充分深入的沟通与研讨。

（4）社区性。社会化媒体具有社区和圈子的功能，相关的参与者具有一定的关系或者人脉基础，相互之间也比较了解和认可。

（5）连通性。社会化媒体以社会关系为基础，强调参与各方的关系，具有广泛深入的联通性。

（6）无限性。依据六度人脉理论，以原有的社会关系为基础，可以通过社会化媒体拓展人脉，拓展与社会的联系，信息传播具有无限性。

3. 社会化媒体的形式

社会化媒体的形式不断创新、层出不穷，不同的学者有不同的划分标准。常见的形式和工具如表 9-6 所示。

表 9-6　社会化媒体的主要形式和工具

形式	工具
即时通信工具类（IM）	QQ、TIM、微信
博客类	新浪博客
微博类	新浪微博
视频类、直播类	抖音、快手和相关直播平台
论坛/社区类	各类 BBS、专业社区、技术、兴趣社区
社交平台/网站类	婚恋、交友、职场、校园、城市等社交平台
内容平台类	头条、照片、书签、豆瓣、视频
维基类	维基、百度百科、在线百科
问答类	百度知道、爱问、知乎
位置签到类	LBS（基于位置的服务）相关应用交流
其他类	基于游戏平台、App、E-mail 群组、新闻组等讨论交流空间

4. 社会化媒体的营销功能

社会化媒体营销的本质是建立与人的关联，社会化媒体营销也能承担企业市场营销的多数功能，包括顾客关系建立、品牌建设、销售管理及其他营销功能（见图 9-11）。

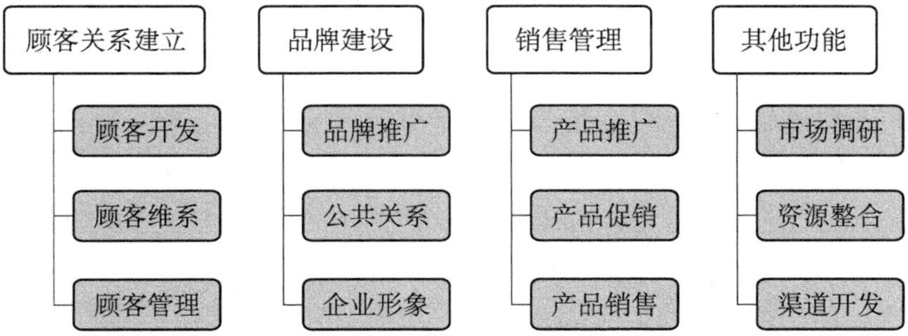

图 9-11　社会化媒体的营销功能

社会化媒体的顾客营销策略

1. 顾客开发策略

社会化媒体顾客开发的核心概念就是顾客入口，掌握顾客入口就是掌握未来核心竞争能力，聚客功能是社会化媒体营销的核心功能，顾客入口创新就是未来的营销创新。

（1）顾客开发模式。传统营销的顾客开发模式如图 9－12 所示，社会化媒体的顾客开发模式如图 9－13 所示。两者有显著的区别，传统的顾客开发是发现顾客、分析顾客、顾客接近、推销说服、异议处理、达成交易的过程；社会化媒体营销则是基于关系模式，从抓潜（潜在顾客）、圈子、互动、熟悉、信赖，到转化（成为顾客）、交易、分享，再到传播。

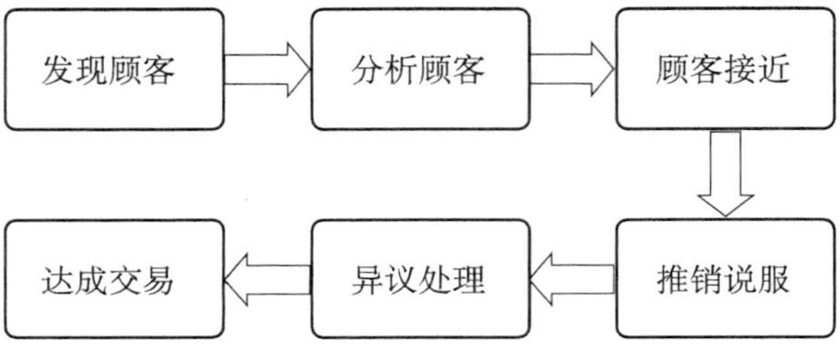

图 9－12　传统营销的顾客开发模式

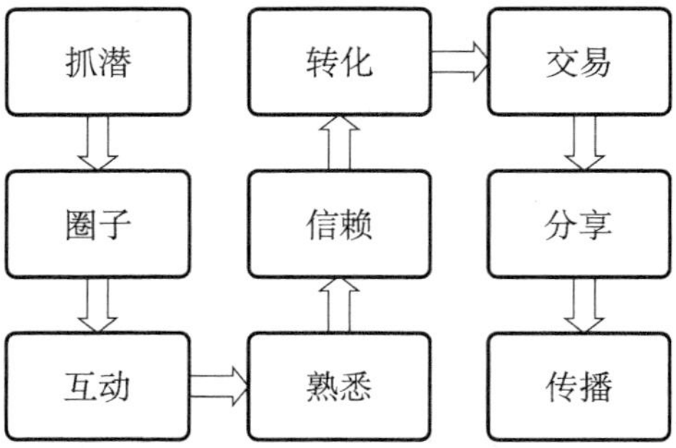

图 9－13　社会化媒体营销的顾客开发模式

（2）顾客开发方法。社会化媒体营销的顾客开发方法其实兼具传统营销的特点，如图 9－14 所示，可以在传统营销的基础上融合创新。具体而言，社会化媒体的顾客开发可以充分利用社会化媒体工具，极尽一切资源圈客，包括线上线下、全网拉客、全员开发、360 度人脉拓展等，形成强大的潜在客户资源，为社会化媒体营销奠定坚实的基础。具体途径如表 9－7 所示。

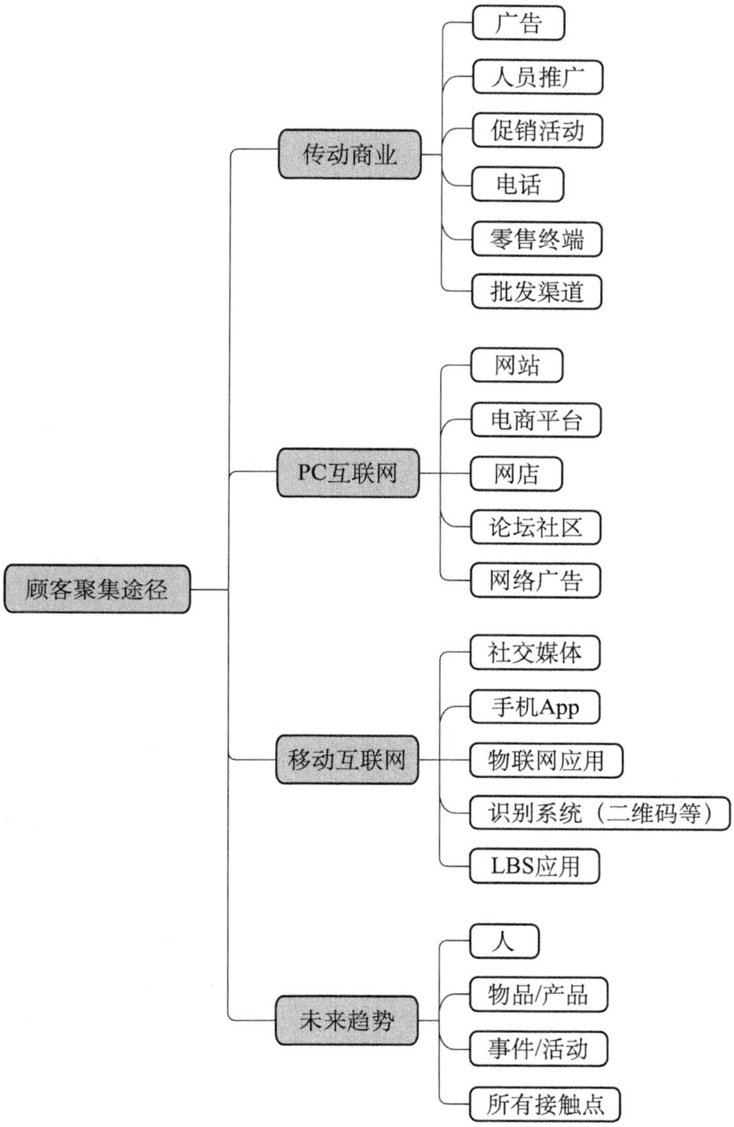

图 9－14　社会化媒体营销的顾客聚集途径

表 9－7　社会化媒体顾客开发的主要途径

线上	通讯录（手机、微信、QQ 等）
	朋友圈、QQ 空间
	关注、加粉、互粉（微博等）
	网络广告
	线上活动
	热点话题
	转告/转发
	红包/促销
	邀请会员/网销客户关注

线下	线下广告（传统媒体、现场）
	扫码
	线下促销/推广/活动/会议
	现场服务加入
	利用事件
	产品/包装（二维码）
	呼叫中心/客服中心
	客户转介绍/分享传播

2. 顾客关系策略

社会化媒体营销是基于关系的营销，是关系营销的重要实践，顾客关系是社会化媒体营销的核心。在传统营销中，顾客与企业的关系非常脆弱，顾客仅仅是购买者、使用者和服务对象，而在社会化媒体营销中，顾客的角色发生了重大的变化，企业与顾客的关系也发生了重大的变革，为营销活动提供了巨大的创新空间。社会化媒体营销顾客关系的变革如表 9－8 所示。社会化媒体营销的核心是顾客价值，实质是关系，最高境界是信任。营销的核心任务是推广品牌，从某种程度上讲就是建立顾客关系。在社会化媒体营销实践中，我们可以根据“信任半径”来建立和强化顾客关系。在网络信息不对称的商业环境下，建立顾客的信任体系，例如通过口碑、点评、品牌、信任代理（“大 V”、公知）等在社会化媒体营销中进行广泛的应用，如图 9－15 所示。

表 9－8　社会化媒体营销中企业与顾客关系的变革

传统顾客角色	社会化媒体营销可以构建的顾客关系
购买者 使用者 服务对象	合作者 支持者（粉丝） 交流者 体验者、意见领袖 传播者、媒体 销售渠道（帮助企业推广、介绍新顾客，甚至销售） 产品设计者（参与设计、改进产品，提出建议） 产品创作者（和企业一起创作，例如电视、文学作品） 服务提供者（提供服务，例如百度知道） 内容提供者（例如百度文库、知乎） 项目投资者（例如游戏装备） 社区或联盟（成为社区成员，成为企业的人脉圈）

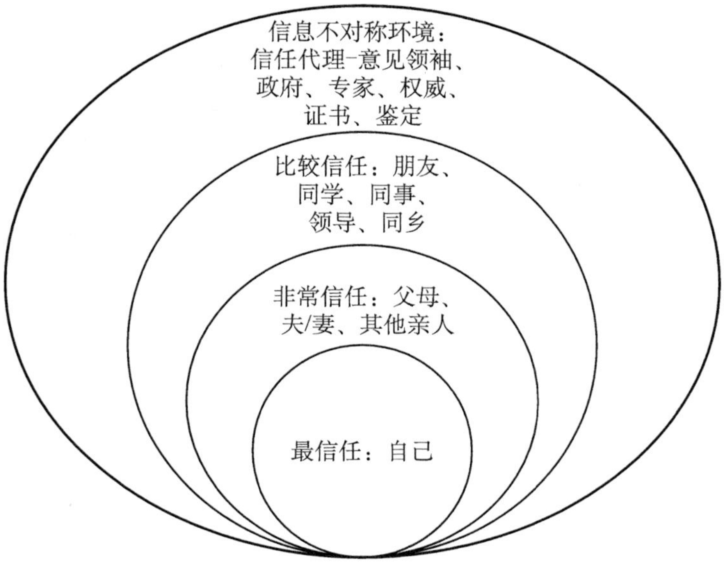

图 9-15　顾客信任半径

3. 顾客维系策略

社会化媒体营销中，在顾客开发之后要进行有效的顾客维系，将顾客关系由弱向强逐渐沉淀，例如小米手机通过微博拉新，在大范围人群中快速传播、分享、体验、发布；通过论坛沉淀，提供 MIUI 刷机、解锁、设置、开发、交流、知识库，保持用户活跃度；通过微信客服，建立强关系，提供客户服务。在社会化媒体营销中，顾客维系的方法如表 9-9 所示。

表 9-9　社会化媒体营销中顾客维系的方法

顾客维系方法	说明
价值维系	社会化媒体一直对顾客有用，顾客需要
内容维系	提供有用、有趣的信息（例如抖音、知乎）
互动维系	通过互动联络增强关系，联络感情
关系维系	建立圈子或者某种组织，争取顾客的参与
产品维系	经常使用产品或者服务（例如会员、VIP）
利益维系	提供某种长期利益（如优惠、积分、回报、红包）
身份维系	可以积累某种身份（长老、版主、达人、黄钻、会员级别）
感觉维系	存在感、参与感、荣誉感、情感
特色维系	提供有特色的服务或者内容

社会化媒体的内容营销策略

1. 社会化媒体内容组织

内容是网络营销的灵魂，社会化媒体内容是顾客价值的重要体现。作为长期的营销规划，建议从顾客价值、产品特性、企业特性、营销者个性四个方面组织社会化媒体营销的内容（见表 9－10）。

表 9－10 社会化媒体营销内容组织

顾客价值	主要用于传递产品和服务对顾客的价值，表现为顾客得到的利益或者解决顾客的问题，围绕顾客价值可以进行众多的内容提炼和发布，与顾客沟通其感兴趣的信息
产品特性	围绕产品的优势、特点、使用等组织内容，包括使用范围、属性、品质、功能、包装、价格、产地、材料等
企业特性	围绕企业和品牌组织内容，包括人员、技术、设施、项目、企业文化等，展示企业实力，建立顾客信赖
营销者个性	营销者个性在社会化媒体营销中起着重要的作用，幽默风趣、知识面广、独特新异、气质品格、个人影响力、情感与人情味等能有效吸引顾客

2. 内容策略的建议

社会化媒体内容营销没有固定的法则，在设计内容时可考虑以下建议：先建感情、然后推广，巧妙植入、不留痕迹，助人求助、水到渠成，多引导、少推销，持续影响、引导教育，别出心裁、与众不同，给予利益、吸引接受。在发布内容的时候，注意以下细节：

（1）对顾客有用，即内容对顾客有价值。

（2）引发互动，内容便于顾客参与，产生互动，有参与感，话题亲近、知识不深、能发表见解、有话可说、引发讨论。

（3）有人情味。例如认同式：赞成和认同顾客观点；关心式：关心顾客的心情、身体；照顾式：照顾顾客的想法、情绪；帮助式：帮助提供信息、方法；解决式：帮助解决一些问题。

（4）有趣幽默，易引起顾客的关注。

（5）与业务相关，想要做哪个行业的生意，就圈该行业的人，提供该行业的信息，讲该行业的故事，用该行业的素材，提供该行业感兴趣的内容。

在发帖子的时候也要进行有效的编辑和包装，表 9－11 提供了一些关于发帖类型和内容的建议，对社会化媒体内容营销有参考作用。涉及星座、心灵鸡汤、成功学、卖货、微商、刷屏的帖子尽量少发，不发违反国家法律、违背社会公德和大多数用户价值取向的帖子。

表 9－11 社会化媒体营销发帖类型

类型	举例
知识型	糖尿病患者应注意的问题
新闻型	庆祝一下：×××来我单位考察
经验型	我是如何从 95kg 减到 75kg 的

续表

类型	举例
情感型	父爱如山
娱乐型	一只狮子引发的离婚案
争议型	扶不扶?
征集型	谁能解决汽车怠速抖动的问题?
爆料型	阿里帝国背后的故事
悬念型	这招把日本人吓坏了!
故事型	创业的心酸
技术型	3 招消除手机卡顿!
恐吓型	××%的鼻炎患者可能发展成癌症
资源型	免费餐厅汇总、吃货大世界、装机必备的软件

社会化媒体的顾客销售策略

1. 社会化媒体在销售中的应用

社会化媒体在营销活动中有重要的作用：第一，社会化媒体是重要的顾客引流和聚客工具，可以向网点和实体店引流，是重要的顾客入口；第二，社会化媒体是重要的顾客信任代理工具，也是保持顾客关系、树立品牌形象的重要工具；第三，部分社会化媒体平台能直接实现销售。传统模式下的消费者购买模式如图 9－16 所示，社会化媒体营销背景下，消费者购买行为模式发生了重要的变化，具体如图 9－17 所示。

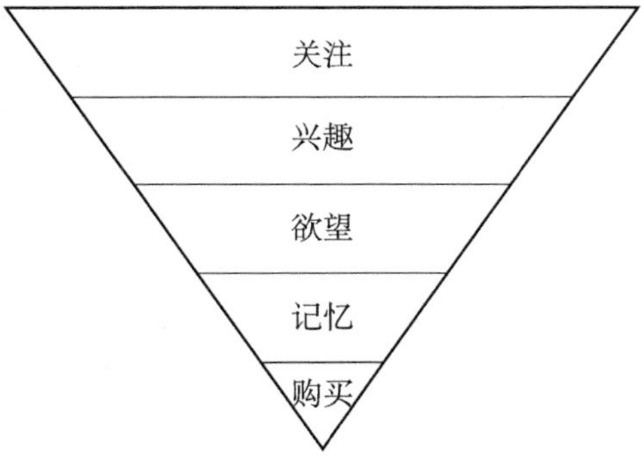

图 9－16　传统营销模式下的消费者购买行为

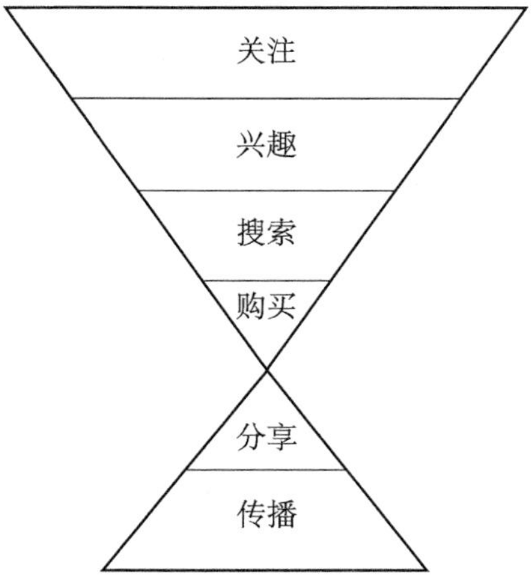

图 9－17　社会化媒体营销模式下的消费者购买行为

2. 社会化媒体销售策略

我们可以将社会化媒体销售策略简化为一个流程，即“听说→了解→喜欢→记住→购买→体验→转告/传播”，通过这个流程中每个环节的社会化媒体运作，促进销售，同时也进行有效的传播，开发更多的顾客资源，达成社会化媒体营销的良性循环。具体策略见表9-12。

表9-12　社会化媒体销售策略规划

流程	策略要点	备注
听说	(1) 听谁说：我说（自证）、他说（意见领袖）、大家说（点评）、媒体说（报道） (2) 在哪里说?（圈子、晒单、评价、推荐） (3) 什么时候说?（产品上市、推广） (4) 说什么?（体验、感受、炫耀、价值）	制定整合营销传播计划；制定媒体计划
了解	(1) 了解什么?（USP、质量、特色、性能、款式、服务、企业） (2) 在哪里了解?（圈子、介绍、搜索、评价） (3) 让消费者动心的信息有哪些?（主动梳理） (4) 打消消费者顾虑的信息有哪些?（如何呈现）	制定内容营销计划
喜欢	(1) 顾客价值是什么? 对顾客有什么好处? (2) 喜欢什么?（颜色、款式、质量、品牌、性价比、体验）	产品卖点、产品爆点、爆款
记住	(1) 如何加深顾客印象? (2) 如何让顾客识别? (3) 产品的特色和优势是什么?	突出自己的企业和产品
购买	(1) 在哪里买? (2) 如何支付? (3) 物流服务如何? (4) 售后服务如何?	购买必须极速、极惠、极便
体验	(1) 如何优化顾客体验? (2) 是否赢得顾客的认可? (3) 投诉和建议的处理如何?	顾客体验是转告的基础
转告/传播	(1) 评价：让更多人看到 (2) 口碑：让更多人听到 (3) 分享：让更多人感受到 (4) 媒体：大众化传播	客户的转告带来新客户；意见领袖的转告带来信誉；众人的转告带来品牌；媒体的转告带来资源

社会化媒体营销的工具选择策略

社会化媒体营销多种多样，并且在持续创新，企业营销策划中社会化媒体工具或形式的选择十分重要。常见的社会化媒体工具或形式如表9-13所示。

表 9-13　主要的社会化媒体工具或形式

工具或形式	说明
微博	多对多、公开性 现场性、事件性、围观性 弱关系 媒体性：信息发布优势 曝光率高 单向关注
微信	一对一、一对多，相对封闭 事务性、交流性 强关系 信息推送、到达率高 双向关注
视频	受众广泛 选材多样且生活化 生产高效、生动有趣 传播迅速 可打破传递者与接收者的界限
论坛（BBS）、社区、帖吧	人群集中，交互性强，更新迅速、针对性强、持续性好（长期性） 可持续影响、系统引导和教育消费者 深度交流，顾客稳定，沉淀性好
博客	企业和个人可利用博客平台，通过博文形式进行营销 提高知名度、扩大影响、传播信息、促进销售、进行客户开发、提供客户服务、保持客户 增加高级外链
社交网站	找准目标顾客：社交网站一般都有特定群体 有选择地营销 建立深度关系

在选择社会化媒体工具时可考虑以下建议：

（1）利用搜索引擎进行信息预埋、顾客教化和影响，作为顾客的重要入口。

（2）利用微博拉新，挖掘潜在客户。

（3）通过内容营销影响顾客，可借助视频、百科、问答等方式。

（4）利用论坛沉淀、积累客户资源。

（5）利用微信客服，加深顾客关系。

（6）通过网店（实体店）进行销售和服务。

社会化媒体营销的组织策略

社会化媒体营销作为营销的职能之一，也需要良好的组织、执行和保障。本书根据社会化媒体营销的实践，总结出社会化媒体营销组织策略的要点：

（1）产品是核心。在互联网背景下，企业的好消息与坏消息都传播得特别快，因此，产品的概念特别重要，在4P组合中，没有产品，其他无从提起。产品要么有优势，要么有质量，要么有特色，要么可提供良好的体验。

（2）能力是依据。企业的研发和技术能力、产品生产能力、管理能力、营销能力、资本财务能力、人力资源支持都是赢得顾客信赖的重要手段，只有具备这些能力，才能给社会化媒体营销提供足够的支持。

（3）计划是关键。社会化媒体营销必须有科学的规划，明确谁来营销、向谁营销、目的是什么、通过什么渠道及使用什么工具、什么时候做、如何营销等。

（4）组织是保障。我们用“四全”来代表营销组织（见表9-14），通过影响力塑造来提升营销效果（见表9-15）。

表9-14 社会化媒体营销的组织

类别	形式
全员营销	（1）人员矩阵：CEO、高层管理人员、中层管理人员、营销人员、产品人员、技术人员、服务人员、业务人员、合作伙伴、顾客、粉丝团 （2）账号矩阵：（博客、微博、微信）群建、分工、呼应、分部门、分产品、分区域、分顾客群
全网营销	（1）官网、网店、实体店、博客、微博、微信、QQ空间、论坛、社区 （2）分工：引流、销售、客服、推广
全面营销	新闻、信息、推广、互动、交易、支付、客服
全程营销	产品设计、测试、发布、上市、销售、维护、服务

表9-15 社会化媒体营销的影响力提升

类别	内容
企业影响力	产品、品牌、特色、企业家、用户证言、评价、口碑、转发（传播）、企业信用、信赖；凡是网上能看到的都会慢慢积累成企业的品牌和影响力
营销者个人影响力	信誉度、品格、信用、才能、知识、思考、观点、态度、气质、独到之处

案例分析

2018年10元风暴整合营销传播

1. 背景

2018年是招商银行信用卡推出品牌营销活动“10元风暴”的第8个年头，该活动通过更加贴合年轻人喜好和潮流趋势的规则、玩法、传播，获得了千万级别用户的关注。对于银行业而言，10元风暴已经成为引领行业的标杆性营销活动。

过往的10元风暴主要面向招行持卡用户，招行持卡人通过活动期间的刷卡消费获得相关利益，整个传播都围绕招行持卡用户展开，垂直属性更强。而2018年的10元风暴是一场辐射全网用户的年终消费盛会。

如何把多趣味、轻娱乐、强互动的活动内容传达给受众，提高用户的参与积极性，让10元风暴在银行业中保持引领地位的同时，在互联网圈层里更具有冲击力与影响力，成为2018年10元风暴整合营销的最终诉求。

招商银行信用卡中心针对目标人群的特点，围绕“10元”及掌上生活展开思考，启动2018年10元风暴整合营销传播。一方面结合更开放的活动属性，通过社会化的传播达到为掌上生活App拉新、促活的目的；另一方面通过本次传播强化10元风暴IP标签，形成10元风暴与招行信用卡的强关联属性，增加用户黏性。

2. 策略和创意

(1) 策略。招商银行信用卡中心结合多趣味、轻娱乐、强互动的活动理念，通过娱乐化、本地化、视频化的传播思路，从内容出发，把10元风暴塑造成一场辐射全网用户的年终消费盛会。

(2) 创意。26～35岁的年轻客群是本次活动的核心目标受众，与此同时，一二线以外受众的占比也在逐渐增加。调研发现，目标用户的资讯消费呈高频化、碎片化特征，偏好泛娱乐内容且打发时间诉求强，更加喜欢图片、短视频、直播类的碎片化的娱乐性内容。基于活动本身和用户洞察，招商银行信用卡中心提炼出“来掌上生活，10元抢好礼”的活动口号，并将此作为活动传播主题，简单直接地向用户传达“只要10元，就能把超级大礼带回家”。希望通过这个主题，以娱乐化的内容火爆社交媒体；借助本地化传播渠道，实现由大到小的精准传递；通过视频化强化用户感知，实现从主动到被动的信息获取，达到辐射全网用户群体的目的。

3. 执行

(1) 娱乐化内容覆盖。有趣的内容是成为爆款的充分必要条件。活动尚未开始，招行信用卡聚焦活动内容，以有趣好玩的动态海报作为这场年终狂欢的预热，成为线上传播最有效的道具，成功吸引受众的关注。30余天活动期内，通过招商银行信用卡官方渠道发布32篇传播帖，结合活动节点，通过多图文、UGC等内容形式，发布官方攻略、活动提醒、阶段总结等内容，强调“注册用户即可参与”，提高用户对活动的持续关注，在完成活动信息高效传递的同时，实现活动与用户的高频互动。

(2) 本地化传播渠道。10元风暴席卷万达院线：结合本地化策略，与万达院线合作，在全国10个重点城市近百家万达院线进行10元风暴物料展示，同时选取10个城市的核心院线搭建10元风暴定制堆头。配合特殊的阵地媒体资源，在深度触达线下消费人群的同时进行线上二次传播。推动本地化线下事件——小招喵探店奇遇：与本次活动人气礼品品牌联合，以小招喵探店的形式推荐10元风暴同款礼品，通过线上线下的双向互动，实现品牌双赢。

(3) 视频化强化感知。上线10元风暴映前广告：在4大核心城市和39个一级城市投放10元风暴映前广告；将视频作为活动传播物料进行二次传播。李永乐“10

元风暴最优解”：与西瓜视频科普红人、科普狂人李永乐老师合作，从博弈论或概率学的角度分析10元风暴的竞拍活动机制，给参与活动的用户提供最优解，以数学科普的形式巧妙带出活动信息，吸引外部用户参与。

4. 效果

(1) 业务层面：2018年的10元风暴活动参与用户超过800万人次，超过1亿只小招喵被领取，拉新促活效果显著。

(2) 传播层面：招商银行信用卡官方渠道内容点击量达500万人次；外部渠道总曝光量超过6 000万人次；李永乐“10元风暴最优解”播放量达10万次以上。

(3) 案例亮点：卡圈垂直媒体主动参与；科普“大V”李永乐跟进10元风暴热点。

资料来源：http://www.sohu.com/a/320366531_483768.

案例思考

1. 线上线下获客的思维对于传统企业有什么启发？
2. 该案例中，线上获客体系还有哪些地方需要优化？

实用工具

本章提供的实用工具：

1. 市场营销思维五步法
2. 基于网络营销职能的网络营销策划内容体系
3. 网站建设调研4C分析
4. 社会化媒体营销顾客开发模式

复习思考

1. 什么是网络营销？
2. 网络营销策划应遵循哪些原则？
3. 论述网络营销策划的内容。
4. 网站建设与运营调研的内容有哪些？
5. 网站建设与运营策划的主要内容有哪些？
6. 常见的网络广告形式有哪些？
7. 简述网络广告策划管理的流程。
8. 如何评估网络广告的效果？
9. 什么是社会化媒体，有哪些特征？
10. 常见的社会化媒体形式和工具有哪些？
11. 如何进行社会化媒体的顾客营销策划？
12. 如何进行社会化媒体的内容营销策划？

13. 如何进行社会化媒体的顾客销售策划？

14. 如何有效提升社会化媒体营销的管理水平？

章节测试

章节测试答案

参考资料和推荐资源

[1] 冯英健．网络营销基础与实践．5 版．北京：清华大学出版社，2016.

[2] 朱迪·斯特劳斯，雷蒙德·弗罗斯特．网络营销：第 7 版．北京：中国人民大学出版社，2015.

[3] 谭贤．新网络营销推广实战从入门到精通．北京：人民邮电出版社，2015.

[4] 刘芸．网络营销与策划．2 版．北京：清华大学出版社，2014.

[5] 马继刚．网络营销与策划项目教程．北京：机械工业出版社，2013.

[6] 曹磊，陈灿，郭勤贵，等．互联网+：跨界与融合．北京：机械工业出版社，2015.

[7] 卢彦．互联网思维 2.0：传统企业互联网转型．北京：机械工业出版社，2015.

[8] 何新起，娄彦杰．网站设计开发维护推广从入门到精通．2 版．北京：人民邮电出版社，2016.

[9] 陈超华，朱颖博．网站策划与设计．北京：北京邮电大学出版社，2014.

[10] 谢松杰．网站说服力：营销型网站策划．2 版．北京：电子工业出版社，2017.

[11] 黄亮新．互联网创业前奏曲：网站策划九步走．北京：电子工业出版社，2008.

[12] 郭宏霞，闫芳．网络广告策划．北京：电子工业出版社，2012.

[13] 李雪萍，刘丽彦．网络广告策划、设计与制作．北京：化学工业出版社，2012.

[14] 杨英梅．网络广告设计．3 版．北京：机械工业出版社，2015.

[15] 朱海松．移动互联网时代国际 4A 广告公司媒介策划基础．北京：人民邮电出版社，2015.

[16] 叶开．社会化媒体运营．杭州：浙江人民出版社，2013.

[17] 佐拉蒂，加拉赫．精准营销：社会化媒体时代企业传播实战指南．北京：企业管理出版社，2013.

[18] 希夫·辛格，斯蒂芬妮·戴蒙德．社会化媒体营销（SMM）方法与技巧：第2版．北京：人民邮电出版社，2015.

[19] 朗恩·萨福科．互联网时代营销圣经：社会化媒体营销全流程策划指南：第3版．北京：人民邮电出版社，2015.

[20] 王易．微信营销与运营：策略、方法、技巧与实践．北京：机械工业出版社，2014.

[21] 谭静．新媒体营销运营实战208招：微信公众号运营．北京：人民邮电出版社，2017.

[22] 2018年10元风暴整合营销传播．http：//www.sohu.com/a/320366531_483768.

图书在版编目（CIP）数据

营销策划：原理与方法 / 左仁淑主编．--北京：中国人民大学出版社，2020.8
“十三五”普通高等教育应用型规划教材．市场营销
ISBN 978-7-300-28385-2

Ⅰ.①营… Ⅱ.①左… Ⅲ.①营销策划-高等学校-教材 Ⅳ.①F713.50

中国版本图书馆 CIP 数据核字（2020）第 127938 号

“十三五”普通高等教育应用型规划教材·市场营销
营销策划：原理与方法
主　编　左仁淑
副主编　朱丽萍　杨泽明
Yingxiao Cehua：Yuanli yu Fangfa

出版发行	中国人民大学出版社		
社　　址	北京中关村大街 31 号	**邮政编码**	100080
电　　话	010－62511242（总编室）		010－62511770（质管部）
	010－82501766（邮购部）		010－62514148（门市部）
	010－62511173（发行公司）		010－62515275（盗版举报）
网　　址	http://www.crup.com.cn		
经　　销	新华书店		
印　　刷	固安县铭成印刷有限公司		
开　　本	787 mm×1092 mm　1/16	**版　　次**	2020 年 8 月第 1 版
印　　张	17.5 插页 1	**印　　次**	2025 年 7 月第 9 次印刷
字　　数	350 000	**定　　价**	48.00 元

中国人民大学出版社　管理分社

教师教学服务说明

中国人民大学出版社管理分社以出版工商管理和公共管理类精品图书为宗旨。为更好地服务一线教师，我们着力建设了一批数字化、立体化的网络教学资源。教师可以通过以下方式获得免费下载教学资源的权限：

★ 在中国人民大学出版社网站 www.crup.com.cn 进行注册，注册后进入“会员中心”，在左侧点击“我的教师认证”，填写相关信息，提交后等待审核。我们将在一个工作日内为您开通相关资源的下载权限。

★ 如您急需教学资源或需要其他帮助，请加入教师 QQ 群或在工作时间与我们联络。

中国人民大学出版社　管理分社

教师 QQ 群：648333426(工商管理)　114970332(财会)　648117133(公共管理)
教师群仅限教师加入，入群请备注（学校+姓名）

联系电话：010-62515782，82501868，82501048，62514760

电子邮箱：glcbfs@crup.com.cn

通讯地址：北京市海淀区中关村大街甲 59 号文化大厦 1501 室（100872）

管理书社　　人大社财会　　公共管理与政治学悦读坊